BERNAL ET LES FILS DE LA CORDILLÈRE

VOYAGE AU PAYS DES GRIMPEURS COLOMBIENS

ISBN : 978-2-263-17040-9
Code éditeur : L17040
Dépôt légal : mai 2020

Retrouvez-nous sur www.lisez.fr

Solar, un département d'Édi8

BERNAL ET LES FILS DE LA CORDILLÈRE

VOYAGE AU PAYS DES GRIMPEURS COLOMBIENS

GUY ROGER

SOLAR EDITIONS

« La vérité objective n'existe pas.
Ce qui m'importe c'est d'être enchanté. »
Jean Giono (1895-1970)

« L'émotion nous égare,
c'est son principal mérite. »
Oscar Wilde (1915-1985)

Les villes d'origine des principaux coureurs colombiens

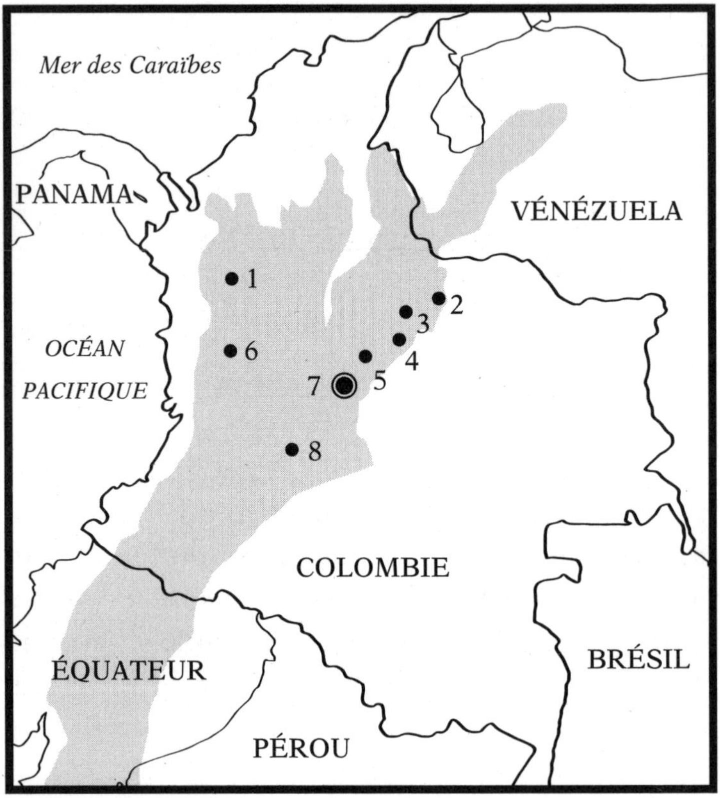

1) Medellín *(Cochise, S. Botero, F. Gaviria, R. Uran, S. Higuita)*
2) Sogamoso *(F. Parra, J. Acevedo, Chepe, Superman Lopez)*
3) Tunja *(N. Quintana)*
4) Ramiriqui *(Soler)*
5) Zipaquitá *(E. Forero, E. Bernal)*
6) Manizales *(Cacaito)*
7) Bogotá *(A. Pachon, M. Ramirez, E. Chaves)*
8) Fusagasugá *(L. Herrera)*

Cordillère des Andes

Préface

On m'appelle Lucho

Par Luc Leblanc

On m'appelle Lucho. C'est un honneur de porter le même pseudo que Lucho Herrera, une légende de la Cordillère, le meilleur grimpeur du monde des années 1980. La première fois qu'on s'est croisés – il serait plus juste de dire qu'il m'a doublé – c'était au Dauphiné 1988, dans un contre-la-montre qui passait par le col de Porte, avec une arrivée à Saint-Pierre-de-Chartreuse. Herrera, parti derrière moi, m'a rattrapé avant le sommet, je suis revenu à la fin de la descente mais il s'est envolé dans la dernière montée et a gagné ce Dauphiné. Le souvenir que je garde de cet immense champion, c'est sa fluidité, la souplesse de son coup de pédale, comme si pour lui, escalader des cols était une formalité. Je sais que l'impression est trompeuse, parce qu'en montagne tout le monde souffre, les grands comme les petits. L'expression des visages change mètre après mètre. La douleur, on la ressent partout. Mais en montagne, quand tu te bats contre la souffrance, tu le fais dans un décor grandiose, l'endroit rêvé pour offrir de l'émotion, des larmes, du drame parfois. Les spectateurs au bord des routes adorent, et au fond, nous aussi. Sans doute parce que tu es influencé par le poids de l'histoire, la légende, tu ne franchis pas le sommet du Galibier ou du Tourmalet sans avoir la chair de poule. Et parce que je suis un hypersensible, que ma vie a été faite de sacrifices, à cause du combat que j'ai mené pour surmonter le handicap d'une jambe diminuée, depuis le jour où j'ai été fauché à 12 ans par une voiture, un accident qui a coûté la vie à mon petit frère Gilles, âgé de 8 ans, il m'est arrivé en course d'être emporté par l'émotion. Après l'arrivée de l'étape que je gagne en haut d'Hautacam, dans le Tour 1994, devant Indurain, je n'ai pas pu résister, j'ai pris Miguel dans mes bras et je l'ai embrassé.

Tout môme, quand j'ai choisi de faire du vélo, je n'ai pas cherché à ressembler à un champion. S'il y en a un qui a déclenché cette vocation, c'est mon père, un très bon coureur chez les « Indépendants », licencié au Vélo Club Arédien, dans les années 1950. Mais forcément, dans mes souvenirs d'ado, il y en a qui te marquent pour toujours. J'ai encore devant mes yeux Bernard Hinault au Championnat du monde à Sallanches, en 1980. Je me revois devant le poste de télé, stressé en voyant Baronchelli collé à sa roue arrière, qui ne craque pas et on arrive dans le dernier tour. Quelle hargne il dégageait le « Blaireau » quand il grimpait ce col ! Il ne pouvait pas perdre. Ce sont des images inoubliables. Et voilà que quatorze ans après, je vis le même scénario, dans un championnat du monde, taillé aussi pour les grimpeurs, à Agrigente, en Sicile, avec un autre Italien dans ma roue, Ghirotto, dans la dernière montée, à 500 m de l'arrivée. Je suis à la limite d'exploser. J'ai des toxines partout, dans les jambes, dans la tête. C'est un vrai feu d'artifice. Je me retourne et il est toujours là. Et soudain je le vois à dix mètres derrière. Et là, plus de toxines. Tu ne sais pas comment, mais tu surmontes le seuil de la douleur, parce que dans une poignée de secondes tu es champion du monde ! Ça aussi c'est fabuleux.

Je ne sais pas si c'est un coup du destin, mais quand j'ai découvert la Cordillère, en 1995, où j'étais venu disputer le Clasico RCN, je portais le maillot arc-en-ciel. Jamais je n'aurais imaginé cette ferveur populaire, cet amour des Colombiens pour le vélo. Ma course, je n'en parle même pas. Un calvaire tous les jours. Largué au premier pont de chemin de fer, étouffé. Il aurait fallu que je coure avec une bouteille d'oxygène sur le dos. Il y a une chose que tu découvres très vite en devenant coureur, c'est que la montagne t'apprend l'humilité, te remet à ta place si tu ne la respectes pas. Comme dans la vie, il faut souffrir et suer pour y arriver. J'ai été éduqué comme ça, je n'y peux rien. Mais affronter la Cordillère avec une préparation aussi sommaire et expéditive, ce n'est même pas la peine ! Une pure folie.

Évidemment, comme le Mondial avait lieu cette année-là en Colombie, à la fin du Clasico RCN, je suis allé reconnaître le parcours. J'ai su tout de suite, en grimpant le col du Cogollo (longueur 4 km, altitude 2 833 m, 13 % max.), au-dessus de Duitama, à 2 500 m, sur ce qui n'était encore qu'un chemin de terre, que ce serait une horreur. Au total, les 265 km devaient représenter un dénivelé de 5 200 m. Et ça a été un carnage. Que j'ai évité, parce qu'au mois de juillet j'ai été opéré par le Pr Saillant, de ma jambe gauche, toujours la même, qui me faisait atrocement souffrir.

Je ne suis pas retourné au pays de Lucho Herrera et de Fabio Parra depuis. À tous les deux je voudrais transmettre un message : votre place est réservée au Panthéon des grimpeurs. Comme Marco Pantani qui y est déjà et avec qui je m'entendais bien. Mais je ne me résigne pas à ne pas revenir un jour en Colombie. Si j'arrive à monter ma propre équipe, ce n'est pas un rêve mais un objectif, je prendrai avec moi deux ou trois grimpeurs colombiens. Ils ont en eux quelque chose qui m'a toujours fasciné, ce sont des guerriers.

En attendant, je suis très heureux de l'avènement d'Egan Bernal. La Colombie méritait depuis longtemps d'avoir un coureur au palmarès du Tour. Ce que je lui ai vu faire dans le Tour 2019, à tout juste 22 ans, est formidable. Il sait tout faire. C'est la grande classe. Le premier à six victoires, ça ne peut être que lui.

Luc Leblanc, 53 ans, coureur professionnel de 1987 à 1998. Principaux faits d'arme : une journée en Jaune (Tour 1991), deux victoires d'étape à Hautacam (Tour 1994) et aux Arcs (Tour 1996), champion de France (1992), champion du monde (1994), meilleur grimpeur de la Vuelta (1994).

Introduction

Sa Majesté la Cordillère

« Je n'ai attaqué qu'à un kilomètre du sommet parce que je craignais de faire honte à ceux qui étaient mes idoles. »

Lucho Herrera,
vainqueur en 1981 en haut de La Linea,
un col à 3 265 m.

Un dimanche de décembre, 8 heures du matin. La guerre entre le soleil qui brûle sans chauffer et les nuages énormes fait une trêve. Des milliers de cyclotouristes, des femmes, des enfants, ont pris d'assaut la route qui mène au sommet du Alto del Vino, à une heure de Bogota. Rituel de fin de semaine, processionnaire, airs de souffrance. En haut sur la crête, le portrait quatre mètres sur trois de Nairo Quintana, bras au ciel, le geste du berger qui rassemble son troupeau, attend ces drôles de pèlerins. El Vino n'est pas le col le plus terrible des Andes colombiennes mais du haut de ses 2 835 m, ses 38,5 km d'asphalte, sa pente maximale à 10 % et un dénivelé de 1 984 m, il se fait respecter, éparpille et ventile sans pitié. Au volant de sa voiture, mon précieux guide, Alvaro Pachon, ancienne gloire des années 1960-1970, qui peut se vanter d'avoir battu un jeune Néerlandais prometteur, Joop Zoetemelk, au Tour du Mexique 1967, vainqueur également du Tour de Colombie et du Clasico RCN 1971, décide de mettre le cap sur le col de San Miguel, répertorié depuis longtemps comme le col éponyme de Lucho Herrera. Eucalyptus au garde à vous, maisons aux murs en torchis, publicités rouillées pour des sodas, jalonnent une route qui monte et qui descend, file entre des prairies à perte de vue, se retourne comme une truite et soudain, dans les dernières maisons de Fusagasuga, débouche au pied d'un col : « Voilà, nous sommes sur le terrain de jeu de Lucho Herrera. C'est ici qu'il s'est fait les mollets. Il habitait La Aguadita, une ferme sur la gauche, à la sortie, au tout début de l'ascension. Pour s'entraîner, il montait jusqu'au sommet, revenait, remontait encore, puis rentrait. Il faisait ça tous les jours. Il a commencé à l'âge de quinze ans. » Le menu du vainqueur de l'alpe d'Huez dans le Tour 1984 se concentrait sur ces 14,4 km de côte, avec des pourcentages à 13 % jusqu'au sommet, situé à 2 770 m. Le diagnostic d'Alvaro Mejia, meilleur jeune du Tour 1991 et 4e en 1993, devenu médecin, est sans appel : « Tout le monde, même Herrera, subit la loi du manque d'oxygène. Mais en vivant à 2 700 m, son organisme fabriquait plus de globules rouges, ce qui compensait la dette en oxygène à cette altitude. Sa pédalée a pu laisser croire que c'était facile, en réalité pas du tout. Il était à plus de 200 pulsations par minute et à ce stade-là, pour maintenir son effort sans baisser de rythme, c'est très violent et il faut se faire très mal. Mais Lucho, c'était un cas, des jambes et des reins extraordinaires. »

La Cordillère a divisé la Colombie en montagnes et vallées et, pour passer de l'une à l'autre, le vélo, depuis des générations, est le moyen de communication le plus utilisé et le moins cher. On en recense vingt millions sur tout le territoire et chaque jour, à Bogota, on dénombre plus de 1,2 million de trajets à bicyclette. Pour aller au travail, dans la rue, sur les routes, un chemin, une piste, on enfourche un vélo. Pour certains il est un outil, pour d'autres une fête ou une reconnaissance et ils sont rares ceux qui n'ont pas essayé un jour de mettre un dossard dans une course de quartier. Il y avait à Bogota (altitude 2 700 m) dans les années 1970 et 1980, les fameux *turismeros*, des courses impitoyables. Trois cents au départ, pignon fixe imposé.

Amateurs mais aussi travailleurs, écoliers, éprouvent pour le vélo un désir nécessaire, un fantasme assumé, un rêve parfois qui dure toute une vie. Certains en ont fait le meilleur usage. Depuis Concepcion de Combita, un hameau perché sur la crête du Alto del Sote, à 3 050 m, un gamin de 13 ans se rend chaque jour à vélo au collège Alejandro de Humbolt, dans la localité voisine de Arcabuco, à 2 000 m. Entre la maison et l'école, 16 km en descente à l'aller qui deviennent 16 km en côte au retour, parce qu'il faut rentrer à la maison, le midi, pour manger. Puis recommencer dans les deux sens l'après-midi. La carrière de Nairo Quintana, vainqueur du Giro 2014, de la Vuelta 2016, meilleur jeune, meilleur grimpeur et 2e du Tour de France 2013, à nouveau 2e du Tour 2015, a commencé de bonne heure. En Antioquia, Rigoberto Uran, 2e du Tour 2017, a longtemps été obligé de franchir le Alto de Palmas, 16 km, 14 % au plus fort de la pente, 2 500 m de haut, pour aller s'entraîner sur la partie orientale où le réseau routier est plus diversifié et mieux asphalté.

Depuis un siècle, la Cordillère est la nourrice de toutes les vocations cyclistes qui se sont envolées ou effondrées entre Bogota et Medellin. À Zipaquira, c'est entre les eucalyptus du Parque de la Sal, à 2 800 m, qu'un gamin de 8 ans, prénommé Egan, s'est découvert à VTT une vocation qui l'a propulsé sur la plus haute marche du podium du Tour 2019. La Cordillère alimente tous les rêves. Elle envoûte, elle inspire et possède cette majesté des grandes chaînes de montagnes, avec ses mythes, ses croyances et ses adages. Au pied du Paramo de Letras, dans les environs de Mariquita, à 1 800 m, il fait plus de 40 °C et on suffoque sans bouger un orteil. Ici, dit-on, même les moustiques transpirent. En quelques minutes, la chaleur vous rôtit. Et malheur à celui qui s'avance pour lire l'épitaphe du croque-mitaine, sur le panneau de bois, au bord de la route : longueur : 80,7 km, hauteur : 3 677 m, dénivelé : 3 200 m, 11 % dans sa partie la plus raide, 100 % d'humidité dans l'air. Des mensurations qui font frémir. Letras est aussi enveloppé d'une légende. Tout en haut, il se disait qu'un « sorcier gelait à volonté les nuages, obscurcissait le soleil, calmait les hystériques, rafistolait les pucelages perdus par étourderie, mariait et démariait à sa guise ». À longueur d'année, le « Monstre » attend qu'on le défie. Le verdict est immuable : jambes en guimauve et poumons en éponge. Ici, un coureur européen entre en territoire comanche. À 2 700 m, sa dette en oxygène est de moins 25 %, à 3 700 m il est au bord de l'asphyxie. Maillots Jaunes ou arc-en-ciel, Bernard Hinault, Laurent Fignon, Luc Leblanc, Charly Mottet, Greg LeMond, Vincent Barteau et récemment Julian Alaphilippe, aucun n'a été épargné. Pascal Simon, le héros malheureux du Tour 1983, présent dans le Clasico RCN 1982, serait une exception dans ce domaine. Deux victoires d'étapes, le sprint du peloton dans la première, un contre-la-montre dans la cinquième, et de bonnes sensations malgré tout à plus de 3 000 m : « Dans les grands cols, Herrera était hors concours, mais sur ces routes en terre sur dix, quinze kilomètres, je ne m'en suis pas trop mal sorti, se souvient l'ancien Maillot Jaune. Je revois encore Roland Berland, notre directeur sportif chez

Peugeot, sur une moto, les roues de dépannage sur les épaules. Ces cols interminables où il faut monter progressivement, être toujours en prise, j'adorais. » Les dirigeants colombiens ne s'y trompent pas. À la fin du Clasico, au banquet qui réunit toutes les équipes, quatre personnes s'approchent de Pascal Simon : « La discussion s'est engagée autour d'un contrat pour les années à venir, prolongé par une reconversion comme directeur sportif. Ils m'ont mis la pression pour que je reste. Dans ma tête, je n'étais pas prêt. Peut-être la barrière de la langue. Peut-être l'époque et les risques liés aux années 1980. »

Le Alto de Letras n'est pas le seul tyran qui martyrise les organismes. Dans la saga des cols mythiques, en Colombie, le Alto de la Linea, en pleine Cordillère centrale, attend aussi ses clients avec un marteau : 23 km de montée, pourcentage maximum 18 %, dénivelé 1 687 m, hauteur 3 265 m. Certains lui ont trouvé un air de ressemblance avec le Stelvio, dans les Dolomites. C'est par le versant oriental de La Linea qu'un inconnu de 21 ans, dans le Clasico RCN 1981, a mis à genoux tous les cadors, de Rafael Niño à Fabio Parra. Le jeune vainqueur s'appelait Lucho Herrera. Des années plus tard, il confessera : « Je n'ai attaqué qu'à un kilomètre du sommet parce que je craignais de faire honte à ceux qui étaient mes idoles. »

La Cordillère sait aussi être reconnaissante. Dans ces cols qui donnent parfois la sensation d'être à mi-chemin du ciel, les plus forts, les plus assidus, les plus sérieux finissent par y décrocher un contrat et parfois la lune. C'est arrivé à Cochise Rodriguez, Alvaro Pachon, Rafael Niño, Patrocinio Jimenez, Pacho Rodriguez, Martin Ramirez, Oliverio Rincon, « Cacaito » Rodriguez, « Chepe » Gonzalez ou Mauricio Soler qui, sans une terrible chute dans le Tour de Suisse, synonyme de fin de carrière, aurait pu être le premier Colombien à remporter le Tour de France, dont il était le grand favori, en 2011. Les exploits et les générations se succèdent. Tous ont eu à en découdre, un jour ou l'autre, pour un record, une échappée, une victoire ou une fringale. Alvaro Pachon, plus connu sous son nom de bataille « El Condor de Cundinamarca », conteur intarissable, revenu l'espace d'un dimanche trente ans en arrière, l'assure : « C'est une autre vertu de la Cordillère, elle fait rajeunir. »

Partie I

LA SAGA BERNAL

Chapitre 1

Zipaquira, pour toujours

> *« Ce collège était une punition et cette ville glacée, une injustice. »*
>
> **Gabriel Garcia Marquez**,
> interne dans un collège de Zipaquira.

Le 7 août 2019, un hélicoptère des Forces armées a ramené en héros Egan Arley Bernal, chez lui, à Zipaquira, au cœur de la Cordillère centrale, à une quarantaine de kilomètres de Bogota. Il ne le perçoit pas encore mais, en remportant le Tour de France, sa vie a franchi le mur du son, est entrée dans une autre dimension. Il n'y a pas mieux en cyclisme et peut-être en sport. Sa vie d'avant n'existe plus. La Colombie est à ses pieds et le monde entier se rend à son talent. Bernal est la quintessence du cyclisme colombien d'hier et d'aujourd'hui. Il a 22 ans et on le réclame partout. Pour tourner des spots publicitaires, assister à des shows télévisés ou à des pince-fesses officiels. Le 28 juillet 2019, le jour de son triomphe sur les Champs-Élysées, Paris l'honore. « La tour Eiffel qui s'ennuyait toute seule dans son coin » a sorti ses paillettes et scintille en jaune, bleu et rouge, les couleurs de la Colombie. Partout, partout « y a d'la joie », comme dans la chanson de Trenet. Le même jour, plusieurs associations pour la paix organisent une marche blanche à Bogota avec son portrait en tête de cortège. Le cabinet de la présidence de la République lui a proposé de célébrer son Maillot Jaune au palais Nariño, dans la capitale colombienne. Mais aux grandes amplitudes, il a préféré l'ambiance de Zipaquira, sa ville, où il a grandi, celle où les soldats espagnols du conquistador Gonzalo Jimenez de Quesada ont rencontré l'ultime résistance indigène.

Ce choix a un sens. On doute qu'il soit politique, même si le cadre des retrouvailles a eu lieu place de l'Indépendance. Familial, plus sûrement. L'endroit est chaleureux, festif, presque intime. Les huit mille personnes présentes ne font qu'une, frétillent, piaffent et murmurent à chaque phrase de leur chevalier servant. Cela fait penser aux battements d'un énorme cœur qui montent vers le ciel. C'est en ce lieu que le jeune Bernal, né un 13 janvier comme Marco Pantani, a connu ses premières émotions en VTT, validé son *bachillerato* à la fin du secondaire, dans un collège voisin où une autre célébrité, Gabriel Garcia Marquez, a passé le sien. Pour ces retrouvailles, il a convié les Anciens, qu'il faut écrire avec un A majuscule, pour tout ce qu'ils ont apporté au cyclisme colombien sur les routes du Tour ou ailleurs. Du plus illustre, Efrain « El Zipa » Forero, premier vainqueur du Tour de Colombie en 1951, à Mauricio Soler, maillot à pois de meilleur grimpeur en 2007, héros malheureux par la suite, en passant par Martin Emilio Cochise Rodriguez, recordman de l'Heure, élu plus grand sportif du xxe siècle en Colombie, Patrocinio Jimenez, Fabio Parra ou Lucho Herrera, tous les trois célèbres représentants de la grande époque « Café de Colombia » dans les années 1980. Fabio Rodriguez, son premier entraîneur de VTT à l'école municipale, naguère professionnel chez Mapei-Clas au côté de Tony Rominger, est également présent et serre contre lui le maillot blanc de meilleur jeune du Tour 2019 qu'Egan lui a offert. Le cénacle a pris place au premier rang. Le jeune lauréat s'est adressé à eux en premier. Il sait ce qu'il leur doit. Il sait qu'il n'est que l'héritier d'une longue histoire où le vélo et la Cordillère, le vélo et le Tour, n'ont jamais cessé d'engendrer des personnages pas croyables, héros bien au-delà de la fiction. Bernal les remercie longuement, insiste sur l'importance de leur « rôle de pionnier », sur « les rêves et les vocations » qu'ils ont suscités. Il n'oublie personne. Au micro, il adresse un affectueux bonjour à Nairo Quintana et Rigoberto Uran, chacun 2e du Tour, qui se trouvent ce jour-là sous d'autres latitudes, et l'ont « guidé, entouré et réconforté à [ses] débuts ».

Une onde de bonheur parcourt la ville. À l'entrée du musée municipal, ceux qui veulent faire un selfie devant une fresque murale de vingt mètres de long, doivent faire la queue. Le champion en Maillot Jaune tient un œillet rouge dans sa main droite, souvenir d'un temps où Flor, sa mère, travaillait dans une serre entre des parterres d'œillets. À sa droite, un enfant chevauche un petit vélo jaune qui ressemble étrangement au vieux vélo, gaines de frein apparentes, sur lequel il a appris à pédaler. Autour, l'artiste a peint des papillons de couleur jaune et qui volent, comme dans Macondo, le fameux village au cœur de l'intrigue de *Cent ans de solitude*, le roman le plus universel de Garcia Marquez, la seule œuvre contemporaine à rivaliser avec l'*Odyssée* par sa portée cosmique et qui relate l'histoire de ce petit village des Caraïbes. Bernal en rêvait mais il était loin de s'imaginer qu'il décrocherait si tôt, comme son vénérable aîné, le « prix Nobel » du cyclisme. Et si « Gabo » – comme Egan, de famille pauvre – a d'abord manifesté sa joie en gagnant une bourse pour aller jusqu'au bac, « ce fut comme d'avoir gagné un tigre à la loterie », bien vite ses trois ans d'internat, entre les vieux murs d'une bâtisse austère, le rendirent de fort mauvaise humeur. « Ce collège était une punition et cette ville glacée, une injustice », se plaint-il.

Rien de tout cela chez le champion en herbe, qui a dû jongler entre sa scolarité à l'Institution éducative municipale de Cundinamarca et le VTT – avec une forme de réussite d'ailleurs, puisqu'il finira par décrocher lui aussi une bourse et intégrer l'université de La Sabana. « Egan était un élève sans histoire, rapporte Maria Patricia Ochoa, la rectrice de l'établissement. Assidu, discret, timide, mais terriblement volontaire. Il allait toujours jusqu'au bout de ce qu'il décidait. Pour valider sa dernière année, avec deux autres camarades, ils avaient créé et rentabilisé une petite entreprise, La Conejera Limitada[1], un élevage de lapins de Nouvelle-Zélande. Egan, Michael et Cesar faisaient tout eux-mêmes, y compris les vaccins. Les étapes allaient de la reproduction à la vente, en passant par la maternité, l'engraissement et le sacrifice. Ensuite ils mettaient la viande sous vide et le client avait même le choix de se faire livrer. J'ai été très surprise d'apprendre un jour qu'il voulait devenir journaliste politique. » Elle parle de lui avec beaucoup de gentillesse et pas mal de tendresse. Mais Bernal n'est plus le gamin effacé et silencieux qu'elle a connu. Sur l'estrade, micro en main, en racontant des morceaux de son Tour de France, avec humilité, respect, d'une voix douce, il donne l'impression d'être assis autour de la table familiale. Le ton devient plus ferme en évoquant le verdict des trois semaines du Tour : « À la fin, la course met chacun à sa place. »

1. Il existe une trace de *La Conejera* sur Youtube. Les images sont à découvrir à l'aide du lien suivant : https://youtu.be/0b648Lv67sE

La foule joyeuse se disperse. Le fils prodigue a remercié pour la centième fois – « c'est un honneur pour moi, d'être devant vous » – avant de se rendre pour de nouvelles interviews sous le dôme de la cathédrale de sel, construite une centaine de mètres sous terre sur les vestiges des anciennes mines de sel exploitées jadis par les Indiens Muiscas. Un monument classé aujourd'hui au patrimoine mondial de l'humanité. Il n'y a pas mieux comme cadre pour sceller un événement, entrer dans l'Histoire. Comme un clin d'œil au passé, German, son papa, qui l'accompagne, a été ici même gardien de sécurité durant des années. Il y a un an, Egan a décidé qu'il pouvait subvenir seul aux besoins de sa famille et a estimé que son père avait assez travaillé. Et German a rendu sa casquette et son habit de gardiennage. À son tour, Flor, sa mère, a cessé d'être employée de maison chez les autres.

À Zipaquira, tout le monde connaît la petite histoire de cette bande de jeunes qui, deux fois par semaine, partait en VTT à l'assaut des sentiers du Parque de la Sal, la colline sous laquelle est enfouie la cathédrale. Egan a pris sa première licence à 8 ans. « Je ne peux pas dire qu'il était plus fort que les autres, rapporte Fabio Rodriguez qui l'a vu éclore. Mais peut-être déjà avec un mental qui lui a permis de passer les obstacles les uns après les autres, à l'inverse d'autres, plus doués mais plus fragiles. C'était un enfant très discipliné, attentif à tout, avec une bonne lecture de la course et qui en faisait toujours plus que ce que je demandais. Je ne me souviens pas lui avoir fait un seul reproche. Un gamin très attachant. » Après la génération Bernal, d'autres *chinos*, les gamins d'ici, ont continué et continuent à défier ces bouts de pentes à 20 % entre les eucalyptus centenaires. Egan avait toujours promis de donner un coup de pouce au club qui l'a vu naître. Il a tenu parole et convaincu le gouverneur de faire l'acquisition de 2 500 vélos aussitôt distribués aux enfants de Zipaquira. « Des vélos d'initiation de la marque GW, mais de très bonne qualité », a apprécié Fabio Rodriguez.

Il ne reste plus qu'à sortir du cadre et à s'effacer. « El Zipa » Forero, celui qui fut aussi premier, il y a soixante-dix ans, avec son Tour de Colombie, est le plus émouvant : « Egan m'a aidé à me redresser. À reconquérir un peu de dignité sur mes jambes qui ont du mal à suivre. » Le retour du héros, on devrait dire *des* héros, est sublime. Bêtement à la fin, on ne sait pas pourquoi, on a juste envie de dire à son voisin, parti dans des « si », des « Nairo » et des calculs de probabilité nébuleux, que c'est parler pour rien dire. La maison Bernal, nouveau propriétaire du Tour, n'est pas près de céder le fond.

Chapitre 2

Longtemps, German, son père, a freiné

« Laisse-le en baver. Souffrir, ça ouvre les yeux, ça va l'aider à grandir et à se faire le caractère. »

Fabio Rodriguez,
son premier entraîneur.

Le premier contre-la-montre de sa vie, Egan Bernal l'a fait quelques heures avant de naître et dans la précipitation. Flor Marina, sa mère, s'était rendue comme tous les jours à son travail, une horticulture à 4 km de Zipaquira. Mais dans l'après-midi du 13 janvier 1997, chez Agricola Guacari, où elle sélectionne les œillets destinés à l'exportation, l'heureux événement qu'elle attend depuis neuf mois s'est annoncé sans prévenir. Direction l'hôpital de Zipaquira où German, son mari, la rejoint. Ils sont accueillis par des piquets de grève et aucune ambulance n'accepte de les transporter à Bogota. Le temps presse, les contractions se rapprochent et c'est en taxi que les futurs parents partent pour la capitale. Quand ils arrivent enfin à la clinique San Pedro Claver, il est 20 heures Ils ont mis plus de deux heures pour faire 40 km. Le service de nuit est débordé et avant d'être auscultée, Flor doit attendre deux heures de plus dans un couloir où un médecin juge qu'il faut lui administrer une dose de pitocin, une hormone utilisée pour provoquer les accouchements, qui n'est pas sans risques quand elle est mal dosée. Le bébé naît à 23 h 55 mais la maman finira en soins intensifs à cause d'une violente crise de tachycardie.

German, le papa, n'a rien vu, rien pu faire. À l'entrée de la clinique où les gens sont assis par terre, se disputent, refusent d'évacuer, un agent de sécurité – un boulot qu'il connaît bien – lui en a interdit l'accès par mesure sanitaire. Mais son fils va bien. Ils savent depuis longtemps que ce sera un garçon. Le médecin de famille, José Bulla, un ami de longue date, a souvent pansé les plaies de German Bernal, du temps où il portait le maillot de CicloAses et allait « frotter » dans les *turismeros*, ces courses amateurs sur pignon fixe, véritables foires d'empoigne entre trois cents concurrents. Le jour où il a diagnostiqué la grossesse de Flor, le Dr Bulla, épris de mythologie et d'étymologie, assure avoir eu un pressentiment et raconte : « Je lui ai dit ceci : ce garçon, c'est le ciel qui te l'envoie. Dans la vie il va faire de grandes choses. Laisse-moi choisir son prénom et fais-moi l'honneur d'être son parrain. »

Flor n'est guère emballée par Egan. Cela ne s'accorde pas bien avec Bernal. Mais le docteur insiste : « En grec ancien, Egan, c'est un triomphateur, un homme qui entreprend et jamais ne se rend. C'est aussi celui qui domine le feu. Il a sa propre lumière, si éclatante, si attirante qu'Aphrodite en est tombée amoureuse. » Flor se rend à ses arguments à une condition, qu'elle décide seule d'un second prénom. À l'état civil, le patronyme complet de son premier enfant est : Egan Arley Bernal Gomez. Toute légende grecque mise à part, cela n'empêche pas le nouveau-né d'attraper une sévère pneumonie à 6 mois qui fait se demander aux jeunes parents si les « vibrations » du Dr Bulla ne sont pas le fruit d'un fantasme.

Dans le barrio Bolivar 83, la vie n'est pas facile pour le couple Bernal et leur enfant. Avec leurs faibles revenus, ils bénéficient d'un logement social. Le terme « logement » est presque indécent. Leur maison, c'est une chape de ciment, quatre murs en briques et rien d'autre. Toute la famille, beaux-frères, cousins, amis, doit se retrousser les manches pour qu'Egan ait un toit décent. En attendant, c'est le grand-père, Julio Bernal, qui les héberge. Un souvenir amer : « Il fallait toujours compter l'argent pour aller acheter du riz. Et quand il y en avait pour de la nourriture, il n'y en avait plus pour rien d'autre. » Une réalité dont ne s'est jamais caché le futur vainqueur du Tour 2019. Dans une interview donnée à la journaliste Vicky Davila, sur W Radio, il rappelle pudiquement : « Mes parents ont connu des moments difficiles. Ils se levaient à 4 heures du matin. Ma mère devait cuisiner pour laisser le repas de midi et souvent elle rentrait tard le soir parce qu'elle faisait des heures supplémentaires. »

Dans une famille où son père, ses oncles, ses cousins font du vélo, Egan se lance à 5 ans, sans les petites roues bien sûr. À huit, il gagne sa première course. Le coup de dé du destin. C'est dimanche, il se balade dans les rues de Zipaquira avec son père quand il tombe sur un attroupement. Des gamins de son âge piaillent d'excitation. Dans un moment, ils vont s'élancer sur leurs petits vélos à l'abordage du circuit dessiné par l'organisateur, l'Institut municipal de la culture et des sports de Zipaquira. Egan veut participer mais se heurte à un refus catégorique de son père. Il faut un casque, payer 5 000 pesos pour l'inscription et ils n'ont ni l'un ni l'autre. Egan insiste, trouve un casque d'adulte. Un ami de la famille avance l'argent. Malgré le casque qui lui descend sur les yeux, il rafle la mise : un an et demi d'abonnement au club municipal, un maillot, un cuissard, une cannette de soda et un poulet rôti ! Une veine, cet abonnement, que les parents n'auraient jamais pu lui offrir ! La chance aussi de tomber sur un copain de son père comme entraîneur, Fabio Rodriguez, douze saisons en professionnel dans les années 1990, et qui a longtemps épaulé Tony Rominger dans ses Tours d'Espagne, sous le maillot Mapei-Clas. En 1991, Fabio, le petit grimpeur des Andes, s'est adjugé le Clasico RCN, et en 1993 le Tour des Vallées Minières, avant de raccrocher en 1996 et de retourner vivre à Zipaquira. Il y a longtemps, avec le père Bernal, ils ont porté le même maillot à CicloAses, l'un des meilleurs clubs amateurs du pays et ils ont souvent roulé côte à côte à l'entraînement sur les contreforts de Cogua ou dans le col de Las Margaritas. C'est après, quand les routes se séparent, que les uns vont au bout de leurs rêves et que les autres pointent à l'usine, que la vie peut sembler belle ou injuste. German avait des qualités et rêvait de devenir professionnel. Il a même participé à un Tour de la Juventud mais il ne grimpait pas assez. Pourtant il ne comptait ni les sacrifices, ni les heures sur son vélo. Quand Egan a voulu participer à sa première course, son père a tout fait pour l'en dissuader et longtemps après, il se tiendra encore debout sur les freins. « Je voulais lui éviter de connaître les mêmes désillusions que moi, le vélo c'est trop de souffrance. » Pour le détourner, il programme des sorties trop dures, interminables. Son gamin accuse le coup puis, le moment de découragement passé, Egan revient à la charge. « On ira où la prochaine fois ? » Fabio Rodriguez, témoin de ce jeu de bascule, lui suggère un autre mode d'emploi : « Laisse-le en baver, souffle-t-il à German. Souffrir, ça ouvre les yeux, ça va l'aider à grandir et à se faire le caractère. »

En 2005, Egan a rejoint la vingtaine de licenciés sous les ordres de Fabio Rodriguez. Deux fois par semaine, il les emmène dans la forêt d'eucalyptus du

Parque de la Sal, la colline qui domine la ville. Ils grimpent et dévalent les pentes. « Certains jours une entreprise de bois vient abattre des eucalyptus et les tronçonne sur place. Je fais charrier les troncs aux gamins jusqu'au camion de la scierie. L'exercice les amuse. Pour travailler la résistance, le souffle, je te le recommande. » Au téléphone, il n'en dira pas davantage et la conversation s'est achevée par une invitation au grand air : « Le mieux est que tu viennes voir sur place comment on fonctionne. Depuis dix-sept ans que tout a commencé, on a grandi mais le fond reste le même. Le seul changement depuis l'époque d'Egan, c'est le nom de l'équipe. On ne s'appelle plus "Institut municipal de la culture et des sports" mais "Parque de la Sal", l'endroit le plus symbolique de Zipaquira, au-dessus de la cathédrale de sel. »

Un lundi après-midi du mois de novembre 2019. Le soleil brûle, à proximité un orage menace. Le groupe s'est élargi. Ils sont désormais soixante-quinze et Fabio Rodriguez a pris un adjoint. Une mère est venue de Bogota accompagner son fils à sa première séance. Pas de temps mort et du rythme. Montée d'escaliers VTT sur l'épaule, d'autres se passent des cônes de la main à la main en roulant, un troisième groupe saute des troncs. À la fin, il y a toujours les tours de circuit à boucler à toutes pédales. Et Egan alors, il avait quel niveau ? « Il a fait cinq ans avec moi. Dans son groupe, il n'était pas toujours le meilleur. Brandon [Rivera] le battait parfois et cette concurrence les stimulait tous les deux. À l'époque, sa grande qualité, c'était déjà son explosivité. Quand on partait en car disputer une compétition, Egan et Brandon se mettaient toujours devant pour parler avec moi. Je leur disais souvent que le moment viendrait où ils devraient se tourner vers la route. Parce qu'ils sont rares ceux qui gagnent leur vie en VTT. Pour revenir à Egan, je suis persuadé que l'école du VTT lui a beaucoup apporté. La technique, la concentration, l'équilibre sur le vélo, ce sont des qualités de base, sur la route comme en VTT. En regardant la vidéo d'une de ses premières courses, j'ai été soufflé de voir comment il tenait son rang dans les éventails par vent de côté. Il n'avait jamais connu ça avant et c'était presque lui le plus à l'aise. On a aussi beaucoup travaillé en intensité. C'est ici qu'il a appris à souffrir, à pédaler au seuil de la douleur sans fléchir. Si on avait mesuré sa VO_2 max[1] à 12 ans, on aurait découvert un phénomène. » La réflexion de Fabio Rodriguez vaut qu'on s'y attarde un instant. Deux mois après son Tour de France victorieux, à la journaliste Vicky Davila qui lui posait précisément la question sur sa consommation d'oxygène, le Maillot Jaune a consenti à dire qu'elle était « à peu près à 92 » ce fameux mois de juillet 2019. Mieux que Christopher Froome (85) ou Miguel Indurain (88) et à égalité avec Greg LeMond (92), tous de grosses

1. La VO_2 max est la quantité d'oxygène consommée en une minute pour produire de l'énergie.

cylindrées ! « Mais attention, s'est empressé d'ajouter Bernal. Si ça démontre que tu as un bon moteur, ça ne te garantit pas que tu vas gagner le Tour. Pour moi, l'aspect psychologique dans un défi comme celui-là est plus important. »

L'ancien professionnel, Fabio Rodriguez, a repris le fil de ses explications qui ne vont pas plus loin que Bernal à 12 ans. « Un jour Pablo Mazuera est arrivé, il m'a expliqué qu'il voulait former une véritable équipe avec les meilleurs et disputer des compétitions internationales. Il m'a dit qu'il apportait les vélos, les équipements et qu'il avait un budget pour les déplacements et les hôtels. C'est à ce moment-là qu'Egan l'a suivi et Brandon aussi est parti. Nous, on a continué. »

Un temps, Rodriguez a cru qu'un Bernal en chasserait un autre. Ronald, le petit frère, de huit ans son cadet, a pris une licence. Il a tenu trois ans. « Un beau jour, il a décidé qu'il ne voulait plus faire de VTT et, par mimétisme, il s'est mis à la route, comme son frère. Aujourd'hui, à 14 ans, il s'entraîne avec son père, derrière la moto. Il grimpe très bien, il est adroit et il a de la force. C'est German qui doit être content. »

Chapitre 3

Pablo Mazuera, l'ange gardien

> « *À l'aller, je le portais sur le guidon, au retour, on faisait l'inverse. Les autres délégations riaient, nous prenaient en photo, on était les folklos du circuit.* »
>
> **Pablo Mazuera**,
> sur le Mondial de VTT en Norvège.

C'est un projet social comme il s'en monte des centaines tous les ans, en Colombie. Celui de Pablo Mazuera Zambrano, ingénieur du son de 43 ans, diplômé de l'université américaine Full Sail, en Floride, voit le jour en 2013. Directeur de Mezuena Producciones, une société spécialisée dans les bandes-son, publicités et musiques de films, entiché de descente extrême en VTT, il décide de donner une chance à des « gamins issus de familles pauvres, d'un niveau socioculturel bas et dotés de bonnes qualités en VTT ». Il a entendu parler de l'école municipale de Zipaquira, dirigée par Fabio Rodriguez, cet ancien professionnel sur la route dans les années 1990, et connaît Hilvar Malaver, un vététiste chevronné qui s'entraîne parfois avec le groupe de Zipaquira. La mission de Malaver consiste à repérer quatre coureurs, âgés de 12 à 13 ans, et si possible les meilleurs. « Mon but serait de les guider et de les accompagner durant leur scolarité tout en leur ouvrant des perspectives sportives hors des frontières », explique Pablo Mazuera à Fabio Rodriguez. Les quatre élus, Egan Bernal, Brandon Rivera, Diego Vazquez et Jonathan Sotelo, sautent sur l'opportunité. Et leurs familles avec.

Il ne reste plus qu'à battre les blancs en neige. Mazuera porte seul son projet à bout de bras. En 2010, sans sponsor ni budget, pas faute d'avoir passé des dizaines de coups de fil pourtant, la petite équipe se lance dans l'aventure avec des maillots et des vélos achetés au rabais. La camionnette de Pablo Mazuera écume les courses régionales et son argent personnel sert à payer le matériel, les inscriptions, les repas et l'essence. Le souvenir de ces premiers pas reste attendrissant : « Les seuls qui ont accepté de m'aider, parce que le projet reposait sur des enfants issus de milieux défavorisés, ont été ma famille et des amis proches. Mais le grand inconvénient, c'était l'argent. Il fallait tout compter tout le temps. À l'inverse, cet arrière-goût de survie a fait naître chez les enfants une mentalité féroce. » L'initiative de Pablo Mazuera donne un autre sens à sa vie. Né avec une cuillère d'argent dans la bouche, arrière-petit-fils d'un président de la République de Colombie, Laureano Gomez Castro (1950-1951), fils d'un artiste peintre reconnu, Diego Mazuera Gomez, dont la dernière exposition, « El Imaginante », au musée d'Art moderne de Bogota, a été un succès, Pablo Mazuera aurait pu se contenter de ces fenêtres qui donnent sur la haute société colombienne. Il a préféré un autre style de vie, avec des bouffées d'émotions sociales et une taf de romantisme.

Egan Bernal a 12 ans quand il fait sa connaissance. La maturité de ce jeune garçon lui plaît tout de suite. En évoquant ces premières années, Mazuera révèle un détail de sa personnalité qui l'avait frappé : « Egan, c'était la tête et l'autorité de la famille, même très jeune. Son papa, gardien de sécurité, et sa maman, femme de ménage, suggéraient mais les décisions, c'est lui qui les prenait. » En Colombie, le Team Mazuera obtient de bons résultats et la persévérance de son manager est récompensée. Specialized, une marque de cycles, décide de l'équiper et Tugo, la plus importante chaîne de vente de meubles en Colombie, devient son premier partenaire, juste au moment où son projet baptisé « Fundacion Mezuena » voit le jour en 2013. Mais la réalité est faite parfois d'imprévu. Quelques mois plus tôt, en octobre 2012, Bernal et ses copains ont été retenus pour aller disputer le Championnat sud-américain à Balcarce, en Argentine. Felipe Martinez, un des meilleurs entraîneurs de VTT, en Colombie, ami de Mazuera, vient parfois leur donner des conseils. Ce jour-là, la séance se déroule à Neusa, une ville voisine de Zipaquira. Le terrain est très accidenté et Martinez propose de s'éloigner mais les garçons, Bernal en tête, insistent pour rester. Egan veut prouver qu'il maîtrise, dévale une descente empierrée, tombe et se fracture la clavicule droite. Il reste trois semaines avant la course la plus importante de sa vie, en Argentine. Ils ont alors la bonne idée de passer par le cabinet du Dr Bulla, celui qui a vu en Egan avant sa naissance « une force intérieure et de la noblesse ». Il l'ausculte et le rassure. Il n'y a pas de déplacement. Un bandage serré, une immobilisation du bras et quelques compresses d'une mystérieuse décoction de plantes seront, selon lui, plus efficaces qu'une opération.

Deux jours après, le jeune Bernal est sur son home-trainer. Le voyage en Argentine est sauvé. Mazuera : « On a fait la première sortie derrière voiture, une semaine avant la course. Deux jours avant, je l'ai laissé entrer sur le circuit. Mentalement je ne l'avais jamais vu aussi fort. Il est resté en tête de bout en bout mais au dernier tour, il a cassé net son vélo et a dû abandonner. »

Dès le début de la saison 2013, il survole les débats : champion panaméricain à Tucuman (Argentine), champion du Nacional à Cuenca (Équateur), champion latino-américain à Catamarca (Argentine). Sauf tremblement de terre, il disputera ses premiers Championnats du monde en 2014, chez les juniors, en

Norvège. Mais un séisme d'une autre nature se produit à la fin de l'année scolaire 2013, celle où Egan valide son bac de justesse. Nul besoin d'appuyer sur le mot « pauvre » pour lui rappeler qu'il s'est fait la promesse de sortir sa famille d'un embarras financier chronique. Son petit frère, son père, sa mère, ont toujours été sa priorité. Il a 16 ans et grâce à sa bourse à l'université de La Sabana, il pourra décrocher un bon job et les aider, à condition d'y consacrer toute son énergie. Diana Latorre Paez, professeure à l'Institut éducatif municipal de Cundinamarca, lui a conseillé les sciences sociales. Il se laisse tenter et s'inscrit en communication sociale et politique. Journaliste économique, voire politique, pourquoi pas. Se faire mousser en VTT ne lui apportera rien. Il fait part de son cas de conscience à Pablo-le-bienfaiteur, accepte dans un premier temps de combiner la fac et le vélo. Chaque jour, sur son VTT, il parcourt les 22 km, aller-retour, qui séparent Zipaquira de son campus, mais c'est trop peu comme entraînement. Les résultats sportifs le fuient et en cours, parfois, il se sent largué. Sa décision est prise, il choisit les études et restera un cycliste amateur. Mazuera n'a pas dit son dernier mot. Sa proposition, qui tombe à la fin du premier semestre, est la suivante : « Donnons-nous un an, Egan. Le temps de te rendre compte que ta voie est sur un vélo, pas derrière un bureau. Si j'ai tort, à 17 ans, tu pourras retourner à la U et je m'engage à payer les 9 millions de pesos par semestre pour que tu suives les cours. »

Bernal, l'un des meilleurs juniors de la planète VTT, ne termine même pas le début de sa nouvelle vie et se focalise à nouveau sur le Mondial norvégien. Tout ce qu'il y a autour, l'argent, les déplacements, c'est l'affaire de Mazuera et de sa Fondation, toujours un peu fauchée, d'ailleurs. Lui, il faut juste qu'il reprenne le guidon par en dessous pour rattraper le temps perdu. Mais Oslo, c'est loin et c'est cher et, pour s'en rapprocher, Mazuera a alors l'idée de lever des fonds. Porte-à-porte, messages sur Internet, la quête rapporte 50 000 pesos. Même pas le prix d'un taxi Zipaquira-Bogota. Le moment venu, la Fédération accepte de payer un billet d'avion (avec un seul vélo en soute) et Mazuera s'acquittera de tout le reste : son vol, les hôtels, le train Oslo-Hafjell et les repas. La suite, c'est lui qui la déroule avec une pointe de bonne humeur : « L'aéroport était loin de la gare et quand nous sommes arrivés à Oslo, il n'y avait plus de train pour Hafjell et nous avons dormi quelques heures sur des sièges dans la gare. À Hafjell, notre hôtel était aussi celui des Italiens. Ils étaient cinquante, avaient loué un bus pour aller au circuit, et leur stand, on aurait dit un village tellement il était grand. Egan et moi, on faisait les 3 km tous les deux sur le même vélo. À l'aller, je le portais sur le guidon, au retour, on faisait l'inverse. Les autres délégations riaient, nous prenaient en photo, on était les folklos du circuit. J'ai servi de mécanicien, de masseur, de directeur sportif. La Fédération ne lui avait donné qu'un maillot à manches longues, assez épais, mais le jour de la course il a fait une chaleur étouffante. Egan a failli mourir de chaud ! À deux tours de la fin, il était 4e puis il a avancé à la 3e place, juste sur les talons du 2e. On avait donné des noms aux endroits stratégiques et il savait qu'il devait attaquer dans la dernière bosse qu'on avait appelée « Egan ». J'ai crié de toutes mes forces et avant de basculer, il a sauté Maximilian Brandl, l'Allemand. Le Danois Simon Andreassen, le 1er, était trop loin devant. Je n'ai jamais vu autant de monde venir le féliciter à sa descente du podium. »

La bonne nouvelle est aussi ce petit salaire que Mazuera est parvenu à négocier avec Specialized. Désormais Bernal reçoit 300 000 pesos par mois. La mauvaise, c'est qu'en mars 2015, il se fracture à nouveau la clavicule, la gauche cette fois, à l'entraînement et à vingt jours du Championnat panaméricain, presque chez lui, à Cota, altitude 2 600 m, département de Cundinamarca. Il est opéré deux jours plus tard, monte sur home-trainer le quatrième jour et gagne. Puis il remporte les World Series juniors à San Dimas, Californie. Quand il arrive en Andorre, une semaine avant le début de son deuxième Mondial, Bernal est classé 1er sur les tablettes de l'UCI. À Vallnord, c'est un déluge qui les accueille. Entre deux orages, sur un circuit détrempé et contre l'avis de Mazuera, Bernal effectue plusieurs reconnaissances. La bonne intuition. Le soleil a effacé les traces de boue depuis longtemps quand les autres délégations débarquent et s'entraînent. Mais le 3 septembre 2015, le jour de la course, un violent orage s'invite à nouveau sur le circuit. Il est le seul à avoir les bons repères et termine 3e. Ce bronze et l'argent de Norvège juste avant ne sont pas les seules références du nouveau mondialiste. Avant de se rendre en Andorre, Bernal et Mazuera ont fait un crochet par Aigle, en Suisse, où l'UCI a délivré à Pablo son diplôme de directeur sportif. Au Centre mondial du cyclisme, c'est l'occasion, ils veulent voir ce qu'Egan Bernal a dans le coffre. Confidence de Mazuera : « Les résultats ont bluffé tout le monde. Ils nous ont certifié que jamais aucun autre coureur, dans la même tranche d'âge, n'était allé aussi haut dans les tests d'effort. »

En Andorre, Mazuera a pris aussi le pouls du marché auprès des autres managers. La déception est grande. Aucun n'est intéressé. En revanche, le nom de Bernal est déjà couché sur l'agenda de quelques agents et certains se sont renseignés.

Comment a-t-il atterri dans les papiers de Paolo Alberati, un agent Italien, ancien professionnel (1995-1998) ? Un autre Italien, Andrea Bianco, directeur des sélections colombiennes de VTT, aurait vendu la mèche. Vrai ou faux, cela lui coûtera son poste. Alberati qui a entre les mains les tests mirobolants du jeune Bernal, car lui non plus n'a jamais vu un gamin de 18 ans avec une VO_2 max à 92, n'a pas besoin de lui promettre la lune, il sait qu'il casera son nouveau poulain, les yeux fermés.

Le 20 septembre 2015, le clan italien souhaite quand même le voir à l'œuvre. Pour sa première course sur route, Sognando Il Giro delle Fiandre, une sorte de petit « Tour des Flandres » maison, réservé aux juniors, il fait une démonstration. Le soir même, Gianni Savio, manager d'Androni Giocatolli-Sidermec, une équipe en catégorie Continental, lui fait signer un contrat de quatre ans. Il n'a que 18 ans.

Chapitre 4

L'idole du Piémont

« Dans une autre vie, il aurait pu être consul honoraire, évêque auxiliaire ou acteur de films muets. Aujourd'hui, il pourrait passer pour un chanteur de Las Vegas, un joueur de piano-bar ou un pétrolier texan. »

Marco Pastonesi,
chroniqueur de *La Gazzetta dello Sport*,
à propos de Gianni Savio, manager italien.

La scène se déroule à Lissone, au nord de Milan, proche du circuit automobile de Monza. Ce 16 septembre 2015, Gianni Savio, le manager de l'équipe continentale Androni Giocatelli-Sidermec, assiste à l'arrivée de la Coppa Agostoni. Il recherche encore un coureur pour boucler son effectif de la saison à venir. Savio serre des mains, se renseigne, croise Paolo Alberati, un agent avec qui il travaille parfois. S'engage alors un dialogue surprenant :

– Gianni, j'ai un coureur qui va t'intéresser. Il va vite au sprint. C'est un jeune, Davide Pacchiardo...
Savio le coupe :

– Je n'ai pas besoin d'un sprinter, je ne veux pas non plus d'un rouleur, il me reste une place pour un grimpeur. Si tu entends parler de quelque chose...

– Mais je l'ai ici. Il est là, avec moi. (Il prend Egan Bernal par le bras et le lui présente.)

– Lui ? Mais c'est un enfant ! Moi, je veux un grimpeur pour tout de suite et marquer des points en Coupe d'Italie pour pouvoir disputer le Giro.

– Ce soir, je t'envoie les tests qu'il a passés en Suisse, il y a deux semaines, et tu me diras si c'est encore un enfant.

Le lendemain, tout le monde se tape dans la main. Le temps de préparer le contrat et le 20 septembre, l'affaire, un peu tombée du ciel, est scellée. Le Colombien Egan Bernal portera le maillot Androni Giocatelli-Sidermec en 2016. Mais ce sont ses tests qui intriguent le manager italien. VO_2 max, watts, seuil anaérobie, tout est hors norme chez ce jeune grimpeur de 18 ans. Savio n'a jamais vu ça depuis qu'il est dans le milieu du vélo. Un monde vers lequel il s'est tourné en 1985 et dont il ignore presque tout, quand il décide de ne pas poursuivre l'activité familiale de l'entreprise Giovanni Galli, son grand-père, spécialisée dans les freins et autres accessoires de cycles. Pour Giovanni Savio, le sport, c'était le foot, pas le vélo. Plus jeune, il a porté le maillot de l'équipe de

Vallorco, en 1re série, où ses copains l'ont surnommé « Gianni », comme Rivera, le grand attaquant du Milan AC et de la Squadra Azzura. Après son doctorat en économie et commerce, à l'université de Turin, Gianni (le surnom des footeux lui est resté) a compris que la partie était perdue face à la concurrence des marchés asiatiques et s'est lancé dans le montage et la gestion d'équipes cyclistes professionnelles, des petites structures. Cela fait trente-cinq ans que ça dure, qu'il relance des « vieilles montures », comme Lucien Van Impe en 1985, vainqueur du Tour 1976. Ou qu'il donne sa chance à des jeunes : Andrea Tafi en 1990, futur vainqueur de Paris-Roubaix en 1999 ou Romans Vainsteins en 1998, champion du monde deux ans plus tard, à Plouay.

C'est donc chez lui qu'atterrit Egan Bernal à l'automne 2015, un jeune coureur qui présente des données physiologiques de Martien.

Avec le temps, ce gentleman italien, tiré à quatre épingles, épris de bonnes manières, a hérité d'un autre surnom, « Il Principe », le prince. Mais par sa façon de bâtir ses équipes, d'empiler les sponsors comme de la vaisselle, seul moyen d'exister, il est vu parfois comme « le prince de la débrouille », titre d'un papier paru dans *Vélo Magazine*, en mai 2019, signé par Jean-François Quénet, où on peut aussi déguster l'humour de Marco Pastonesi, ancien chroniqueur de *La Gazzetta dello Sport* : « Dans une autre vie, il aurait pu être consul honoraire, évêque auxiliaire ou acteur de films muets. Aujourd'hui, il pourrait passer pour un chanteur de Las Vegas, un joueur de piano-bar ou un pétrolier texan. Non, Gianni Savio est "le Guépard" du cyclisme [allusion à un roman italien], le Gabriel Garcia Marquez [écrivain colombien] des deux roues. » N'empêche, après avoir tiré tant de fois le diable par la queue, il tient peut-être enfin, avec Bernal, le bon filon et, dans cette affaire, sa bonne étoile ne l'a pas abandonné. Quand Paolo Alberati lui présente le jeune Colombien, l'agent italien a déjà démarché les dirigeants de Katusha, qui voulaient bien de Bernal mais pour le placardiser dans leur équipe réserve, uniquement qualifiée pour le calendrier continental. Puis, il a frappé chez Orica (devenu Mitchelton) qui affiche complet et enfin, chez Vini Fantini qui a demandé à réfléchir. « Avec des tests pareils ! » s'indigne-t-il.

Entre-temps, Michele Bartoli, l'ancien grand champion des classiques (Tour des Flandres 1996, Liège-Bastogne-Liège 1997 et 1998, Tour de Lombardie 2002 et 2003), devenu entraîneur, lui a confirmé que les valeurs de sa nouvelle recrue étaient rigoureusement exactes. « L'enfant » présenté à Savio à l'arrivée de la Coppa Agostoni est un phénomène. Sa consommation maximale d'oxygène est de 92, il développe une puissance de 420 watts au bout d'un effort de vingt minutes, son seuil anaérobie est de 195.

Giovanni Ellena, directeur sportif chez Androni, est bluffé à son tour par les qualités du gamin : « Je ne sais pas si je vais revoir ça un jour. Parce qu'en plus de ses exceptionnelles qualités physiques, sa fantastique capacité de récupération, son potentiel de grimpeur et de rouleur, Bernal, pour son âge, a une intelligence et une maturité remarquables. Sa réflexion n'est pas celle d'un jeune de 19 ans mais d'un adulte de 40. J'ai toujours pensé qu'il avait un physique de Colombien avec une tête d'Anglais. Jamais satisfait de ce qu'il fait, posant des questions sans arrêt. "Pourquoi, pourquoi...", comme les enfants quand ils ont 3 ans. »

Originaire de Pertusio, une petite ville du Piémont, Ellena se préoccupe personnellement de son intégration. Près de chez lui, à San Colombano Belmonte, il connaît un lieu-dit, Buasca, où un petit restaurant du même nom a deux chambres à louer. Bernal va y passer six mois extraordinaires et nouer des relations d'amitié qui vont l'aider à supporter la solitude, loin de Zipaquira et de sa famille. Ses nouveaux amis, Massimo Giovando, Vladimir Chiuminatto, Paolino, la cuisine du chef bien sûr, l'aident à endurer les températures glacées de l'hiver piémontais. Giovanni Ellena n'est jamais loin. Pour rouler, à l'entraînement, il lui a trouvé un compagnon de route, Paolo Alberto, un amateur du coin. Ensemble, ils gravissent souvent les lacets du col du Nivolet, à 2 641 m, dans le parc national du Grand-Paradis. De la crête, on aperçoit les Alpes françaises, le parc de la Vanoise et l'Iseran qui pointe à 2 770 m. « 20 km à tire d'ailes, il faut juste imaginer », souffle Ellena. Parce qu'il n'y a pas de route pour s'y rendre directement. En plaisantant, il lui a souvent répété : « Un jour, quand tu seras là-bas, dans le Tour de France, tu penseras à nous… »

L'apprentissage de Bernal, abstraction faite du Tour méditerranéen en février 2016, sa première course dans l'Élite (« J'ai trouvé ça si dur, que j'ai pensé tout arrêter et retourner au VTT »), n'est qu'une mosaïque de trophées de meilleur jeune – Semaine internationale Coppi-Bartali en mars, Giro du Trentin en avril, Tour de la Communauté de Madrid en mai – bientôt suivis par une première victoire dans le Tour de Bihor, en Roumanie. Il avait bien des défauts, cherche-t-on à argumenter ? « Si je me réfère à sa façon de courir, dit Savio, je dirai aucun. Observateur, concentré, intelligent, humble. Tout le contraire de la star montante qui croit tout savoir. Il a suivi tous les conseils de Bartoli à la lettre pendant deux ans : alimentation, programmes d'entraînement… Plus rigoureux, ça n'existe pas. »

Ce n'est pas son directeur sportif, épaté par le coureur et qui découvre l'homme, qui dira le contraire : « En course, son adaptation a été météorique. Jamais une fausse note. Mais c'est en dehors qu'il m'a soufflé. Comme dans toutes les équipes, il y a parfois des petits différends entre coureurs. En bon partisan de la démocratie, je l'ai vu défendre des camarades qu'il estimait injustement accusés avec une telle conviction qu'on sentait déjà une âme de leader. Les autres avaient beau avoir 30 ans et lui 19, il ne cédait pas. »

Tout s'accélère en 2017. Maintenant Egan habite Cuorgnè. Mais Buasca, où l'ambiance est toujours chaleureuse et familiale, reste le lieu de rendez-vous. L'idée d'un fan-club Egan Bernal fait son chemin (il est né depuis et compte 400 tifosi). Vladimir Chiuminatto, le boute-en-train de la bande, lui a fait aussi une promesse : « Si tu gagnes un grand Tour, je peindrai un mur de ma maison en rose, en jaune, en ce que tu voudras. » Egan a souri et l'a pris au mot : « Tu n'as qu'à commencer par peindre le drapeau colombien sur ta façade. » Vladimir a tenu parole et, deux ans plus tard, a orné sa façade d'une fresque murale de « l'idole de Buasca », en Maillot Jaune, régulièrement mitraillée par les cars de touristes qui s'arrêtent à l'auberge, chez Massimo. Les meilleures équipes du World Tour l'ont repéré depuis longtemps en 2017 et les propositions affluent sur le bureau de Gianni Savio. Le manager italien joue la transparence : « Egan, tu veux faire quoi la saison prochaine ? » La réponse dans sa tête est prête depuis des années : « Je veux courir dans la meilleure équipe du monde. »

Après le Tour 2017, le quatrième de Christopher Froome, le cinquième pour la formation Sky, l'équipe anglaise qui dispose de moyens stratosphériques éclipse la concurrence. Fin juillet, dans le plus grand secret, Bernal file en Angleterre, passe les tests médicaux et signe son nouveau contrat. Rien ne filtrera et à Zipaquira, Fabio Rodriguez, mis dans la confidence par Flor, la mère, garde l'info au chaud. Seule info sortie dans la presse, le Colombien, qui s'est « senti manipulé » par Paolo Alberati, son agent, une situation qui a altéré sa relation avec Pablo Mazuera, l'ami de toujours, est passé sous le pavillon de Giuseppe Acquadro, l'homme qui défend les intérêts des trois quarts des coureurs colombiens.

Le 18 août 2017, le sélectionneur Carlos Mario Jaramillo fait de Bernal son leader pour le Tour de l'Avenir, de Loudéac en Bretagne à Albiez-Montrond en Savoie. Il est entouré par Ivan Sosa, Alvaro Hodeg, Daniel Martinez, Camilo Muñoz et Enrique Sandoval. Il s'impose dans la 7e étape, prend le pouvoir, le garde jusqu'à la fin et devient ainsi le sixième Colombien, après Alfonso Florez, Martin Ramirez, Nairo Quintana, « Superman » Lopez et Esteban Chaves, à inscrire son nom au palmarès de l'épreuve. Le soir même, l'équipe Sky, dans un tweet de félicitations, officialise sa venue pour 2018. Gianni Savio n'aura pas tout perdu. La clause de résiliation, qui prévoit une indemnité de 300 000 euros, sera payée en intégralité par les Anglais.

L'histoire de Bernal dans le Piémont ne s'achève pas là et, en septembre 2019, elle va connaître une suite imprévisible. Le vainqueur du Tour, rentré chez lui à Zipaquira, a décidé de préparer la fin de saison sur ses routes d'entraînement de toujours, qui montent parfois à plus de 3 000 m. Très vite, il est empoisonné pendant ses sorties par les voitures qui le collent pour prendre des photos, importuné tous les dix mètres quand il fait ses courses, sollicité sans cesse pour des interviews, des galas, des réceptions. L'air de « Zipa » est devenu irrespirable. Confidence de Giovanni Ellena, son ancien directeur sportif : « Un jour il m'appelle et me demande s'il peut venir s'entraîner ici dans le plus grand secret et je lui ai organisé sa semaine. Je l'ai suivi en voiture pendant sa reconnaissance du Gran Piemonte (l'ancien Tour du Piémont), le reste il l'a fait seul ou avec Paolino, son grand ami. C'est la preuve qu'il se sent en confiance chez nous. Il a travaillé dur, gagné le Gran Piemonte et est passé tout près dans le Tour de Lombardie. »

Le 13 janvier, date de l'anniversaire du Colombien, son fan-club a organisé à Buasca une petite fête en son honneur. Sur le coup des 23 heures (17 heures en Colombie), Bernal les a rejoints par téléphone. En bon Piémontais, Franco Balmamion, 80 ans, double vainqueur du Giro (1962, 1963), 3e du Tour de France (1967), fan absolu du Colombien, radieux, en pleine forme, a partagé ce moment d'émotion. Balmamion avait 22 ans quand il a remporté son premier Giro, le même âge que Bernal dans son Tour 2019 : « On est nés à deux jours d'écart, précise-t-il, lui, le 13 et moi, le 11 janvier, mais moi, c'était il y a longtemps. Je ne roule plus mais il me suffit de fermer les yeux et je peux le suivre sur la route qui monte au col du Nivolet. Je la connais par cœur. » Son français est approximatif mais ses mots sonnent justes quand il parle de Bernal : « Travailleur, intelligent, généreux, *fuoriclasse* [qu'on n'a pas besoin de traduire]. » Nostalgique d'une autre époque, où les cracks piémontais s'appelaient Italo Zilioli, Agostino Coletto, Angelo Conterno ou Nino Defilippis, il se contente désormais de caresser des yeux son vélo Colnago, émaillé en bleu marine. La relève ? Il s'en fiche un peu aujourd'hui : « *Il giovane*, d'accord il est colombien mais c'est comme s'il était né un peu ici, maintenant. »

Chapitre 5

El Niño Maravilla

« Comme tout génie, il l'a réalisé avant les autres. Je pense que c'est un Federer qui a besoin de son Nadal pour créer la rivalité qui marque une époque. »

Christian Prudhomme, directeur du Tour de France.

Egan Bernal a disputé deux grands Tours dans sa jeune carrière. Deux Tours de France. Le premier en 2018, comme simple équipier, le second en 2019, comme coleader. Les deux fois, il n'aurait jamais dû être là. Jusqu'au Tour de Romandie, en 2018, la Vuelta figurait à son programme. À une semaine du départ du Giro, en 2019, il en était encore le grand favori. À la place, c'est une partition beaucoup plus scabreuse qu'il va devoir déchiffrer. D'accord, le Colombien est en grande forme à l'approche du départ du Tour 2018. Sa démonstration dans le chrono en côte du Tour de Romandie en avril, sa victoire au Tour de Californie en mai, ont incité Dave Brailsford, le manager britannique, à devancer l'appel. Mais débuter à 21 ans dans la plus grande course du monde, au sein de la meilleure équipe du monde, qui plus est au service des deux derniers vainqueurs, Froome et Thomas, est osé. Revenir un an plus tard investi des plus hautes responsabilités, alors qu'une fracture de la clavicule dans un rond-point mal négocié l'a privé du Tour d'Italie et a décalé dangereusement son pic de forme, est encore plus audacieux. Mais le jeune Bernal n'est pas un compétiteur comme les autres.

Même si tout ne se passe pas comme il l'aurait voulu au début du Tour 2018. Une chute dès la 1re étape, entre Noirmoutier et Fontenay-le-Comte, puis deux autres sur les pavés du Nord dans la 9e et un débours de 17 minutes, l'éloignent des velléités pour le maillot blanc, en apparence le cadet de ses soucis. Au soir de la 15e étape, il déclare : « Je n'ai jamais pensé au classement du meilleur jeune. Je ne suis pas venu pour ça, je suis venu pour travailler. Quand les étapes des Alpes sont arrivées, on m'a enfin mis au boulot. Chaque fois que j'entendais "squeeze" dans l'oreillette, je savais qu'il fallait se mettre à fond et je faisais de mon mieux. » Non seulement Bernal donne tout, mais il fait jeu égal avec les meilleurs en montagne, toujours au plus près de Thomas et de Froome. D'équipier modèle, il passe au statut de héros chez la Sky, dans la 19e étape, quand Christopher Froome est lâché sur les pentes de l'Aubisque. Bernal qui imprime le rythme devant, se retourne, se laisse décrocher et vient se placer devant le Britannique qu'il finit par ramener sur le groupe de tête et dont il sauve la troisième place sur le podium. Le soir même, le quadruple vainqueur du Tour, lui rend hommage sur son compte Twitter et accroche deux petits drapeaux colombiens à côté de cet éloge : « Merci à Egan Bernal aujourd'hui. Il a un avenir extraordinaire devant lui. » Petit commentaire en miroir de Dave Brailsford, son manager : « J'ai probablement trouvé avec lui le successeur de Chris Froome et de Geraint Thomas. »

Une présomption que le Britannique va assumer pleinement un an plus tard. Le Colombien a parfaitement récupéré de sa grave chute dans le final de la Clasica San Sebastian, qui a mis fin à sa saison, le 4 août 2018. Traumatisme crânien, hémorragie cérébrale légère, fracture de la mâchoire, fracture de la cloison nasale, lèvre supérieure arrachée, dents cassées. Il est opéré le soir même avec reconstruction faciale puis, durant six mois, subit de multiples interventions afin de restaurer son plancher dentaire. D'emblée, en mars 2019, Bernal appose sa griffe sur Paris-Nice, avec une nouvelle corde à son arc que peu lui connaissaient : il se montre souverain dans les étapes ventées et les bordures. Le Giro l'attend de pied ferme quand une seconde d'inattention dans un rond-point, sur les routes d'Andorre, chamboule ses plans. Adieu le Tour d'Italie. C'est aux urgences d'Andorre-la-Vieille, en attendant qu'on lui répare sa clavicule cassée, qu'il prononce la fameuse phrase : « Combien il nous reste avant le Tour ? »

Deux jours après l'opération, il est déjà sur son home-trainer. Mais dans le désormais nouveau Team Ineos on finit presque par perdre le compte des blessures. Le 12 juin, Christopher Froome est éliminé du jeu après une terrible chute au Dauphiné (fractures du fémur, coude et côtes) ce qui a pour conséquence de faire monter Bernal d'un cran dans la hiérarchie. Le 18 juin, Geraint Thomas est accidenté à son tour au Tour de Suisse, que survole le Colombien. Le vainqueur du Tour 2018 souffre encore du dos en arrivant au départ du Tour, à Bruxelles, le 6 juillet 2019 et, à la quasi-unanimité, la presse française et internationale désigne Egan Bernal comme le favori de l'épreuve. D'enfant prodige à patron, la pression n'est plus la même et pour s'en défaire, on lui a conseillé de tout oublier, la pression, l'enjeu, le Maillot Jaune. Bon élève, il en donne la preuve aux journalistes. « La pression, c'est vous qui l'avez », répond-il à chaque fois. « À 22 ans, personne ne peut me dire que je suis là pour gagner. J'ai encore beaucoup à apprendre et beaucoup d'autres Tours de France devant moi. Si je ne réussis pas cette année, je reviendrai. »

Son sésame, il le révélera au micro de France 24, une fois la dernière ligne franchie : « La clé a été de ne pas se laisser emporter par les émotions que ressent un grimpeur quand il arrive au pied d'une montée. Cette envie d'attaquer et d'attaquer, l'équipe m'a aidé à bien la canaliser et à tout calculer au plus juste. » Reste la part de l'imprévu, ce fameux « mauvais jour », dont personne n'est à l'abri. Il lui tombe dessus à Pau, le jour du contre-la-montre long de 27 km. Au site en ligne de *Mundo Ciclistico*, il confesse : « Je me suis levé, ce jour-là, pas comme d'habitude et dès le départ j'ai senti que mes sensations n'étaient pas bonnes. Ce n'était pas seulement le mal aux jambes, c'était la douleur qui était différente. Dans ma tête, je me suis dit que j'étais en train de perdre le Tour et j'ai failli me relever pour économiser mes forces et aider Thomas plus tard. C'est à la mi-parcours, qu'on m'a donné un écart. "Tu ne perds que 30 secondes. Donne tout maintenant." Et j'ai tout donné, comme j'ai pu, j'ai beaucoup souffert. »

C'est finalement dans les Alpes qu'il va conquérir le Tour où les cols, plus longs, plus hauts, plus raides, lui rappellent sa Cordillère. En 2017, il y a plié le Tour de l'Avenir et du temps où il défendait les couleurs de l'Androni Giacotolli, à ses débuts, il a grimpé des dizaines et des dizaines de fois le col du Nivolet, à 2 641 m, de l'autre côté, sur la partie italienne, juste en face de l'Iseran. Deux assauts, l'un dans le Galibier (18ᵉ étape), l'autre le lendemain dans l'Iseran, le toit du Tour à 2 764 m, lui ont suffi. Deux démarrages qui sont comme des bulles pontificales. Elles fulminent ses adversaires et devraient s'appeler *urbi* et *orbi*. Mais dans le final de la spectaculaire 19ᵉ étape – dont l'arrivée initialement prévue à Tignes sera jugée en haut de l'Iseran en raison d'un violent orage de grêle et d'une coulée de boue, qui rendent la route impraticable à partir de Val-d'Isère – se produit une scène qui en dit long sur la personnalité du futur maillot Jaune. Avant de passer à l'offensive, Bernal s'est approché de Thomas, son coéquipier, et lui a demandé : « Comment tu es ? » Et l'autre, fair-play, sans hésiter : « Pas bien. Vas-y ! » Il est comme cela Bernal, loyal et respectueux. Quand l'adrénaline est un peu retombée, tard le soir, après son exploit dans l'Iseran, il a échangé des messages par Whatsapp avec Giovanni Ellena, son premier directeur sportif italien, qui l'a souvent accompagné dans ses sorties d'entraînement. Ellena a fini par lui dire : « Allez, il est tard, va dormir maintenant. Demain tu as encore du boulot. » Des mois plus tard, au téléphone, le technicien, ému et fier, livre cette confidence : « La victoire d'Egan, c'est le triomphe de l'honnêteté, de l'intégrité et de la loyauté. » En Colombie, le Dr Jose Bulla, celui qui a choisi à sa naissance le prénom d'Egan à la place de sa mère et lui a fait son thème astral, a interprété l'inclémence de la météo ce jour-là comme « une prophétie, une reconnaissance de la terre. La coulée de boue qui arrive sur la route, est le signe que la montagne a voulu participer au triomphe d'Egan. J'avais dit à Flor, sa maman, avant qu'il naisse, il viendra au monde pour réaliser de grandes choses. Celle-ci est la première. »

Une première qui l'expédie dans le gotha des vainqueurs du Tour, le plus jeune des temps modernes, et focalise sur lui toutes les expertises. Celle de Raul Mesa, le pape des directeurs sportifs colombiens, qui a dirigé Lucho Herrera, Fabio Parra, Alfonso Florez et des dizaines d'autres très bons *escarabajos*, donne ceci : « On retrouve le style de Lucho chez Egan. Ils montent assis, comme les vrais grimpeurs. Mais la course d'aujourd'hui ne ressemble que de loin à celle des années 1980. Egan fait sa course dans l'oreillette, il n'a qu'à se laisser guider. C'est du pilote automatique. Lucho, lui, faisait tout tout seul. Il devait surveiller ses adversaires et mille détails. Mais oui, bien sûr, Egan a un très grand avenir sans que je puisse dire s'il va en gagner d'autres. Ce n'est pas facile d'être Merckx, Hinault, Indurain ou Froome. » Eusebio Unzue, le manager de Movistar, au côté de Miguel Indurain pendant ses cinq Tours gagnants et qui aurait vendu son âme au diable pour remplacer Nairo par « El Niño Maravilla », affirme dans *El Pais*, sous la plume de Carlos Arribas : « Je n'ai jamais vu un coureur comme lui. Il rompt tous les moules qu'on connaît. Il n'est pas seulement un grimpeur, pas juste un rouleur, il est plus que tout ça. Il est "incatalogable", une catégorie à part qu'il vient d'inventer. » Gianni Savio, qui restera toujours le premier manager à l'avoir lancé dans le monde professionnel, du haut de ses trente-sept ans d'expérience dans le peloton, s'autorise à pontifier : « Nous sommes au début d'une ère Bernal. Des comme lui, il en sort un tous les vingt ans. Il y a eu les années Merckx, les années Hinault, les années Indurain, il y aura les années Egan. Et je ne peux m'empêcher d'ajouter : quelle belle mentalité, quelle belle personne ! » Jusqu'au directeur du Tour de France en personne, Christian Prudhomme, qui se joint à la clameur : « Comme tout génie, il l'a réalisé avant les autres. Je pense que c'est un Federer qui a besoin de son Nadal pour créer la rivalité qui marque une époque. »

Au milieu de ces coups d'encensoir, interrogé sur son nouveau statut de leader de la meilleure équipe de la planète, Bernal a cette tutelle élégante de ne jamais oublier de parler des autres : « Leader, ça ne s'improvise pas. Pour moi, Froome est un leader inné. Quand il prend la parole, c'est toujours au bon moment. Après un mauvais jour, il dit toujours "demain sera un autre jour." Il est incroyable. On ne dirait pas qu'il a gagné six grands Tours, et avec moi, il a été exceptionnel. » Mais le jeune homme le plus célèbre de Colombie le reconnaît volontiers, depuis sa victoire, sa vie a été secouée par un tremblement de terre. La curiosité qu'il suscite, dans son pays ou ailleurs, a quelque chose d'irrationnel, se glisse dans tout ce qu'il fait ou dit. À la fin de l'année dernière, les images d'enfants du département de La Guajira, cherchant de la nourriture dans des décharges d'ordures, pour survivre, l'ont beaucoup touché et il a exprimé sa préoccupation sur Twitter : « Nous voulons savoir comment est la situation et nous allons aider. » Des milliers de personnes ont applaudi à son initiative, mais des milliers d'autres ont fait valoir qu'une bonne action doit se faire à partir de ses fonds propres et non sous couvert d'organisations internationales. À la question que nous lui avons posée directement, Bernal a répondu : « Le projet avance », sans cacher qu'il se heurtait à des complications. Au-delà, le premier *escarabajo* à ramener le Maillot Jaune au pays s'attache en priorité à préserver sa vie de famille, à mener une vie simple, comme un jeune de son âge, avec des goûts ordinaires et des gestes de tout le monde. « Promener le chien, soigner les lapins, mettre la table, faire la vaisselle, regarder des séries sur Netflix, jouer à la Playstation, boire une bière ou manger un hamburger. »

Le 18 février 2020, il a reçu le Laureus World Sports Awards, catégorie « Révélation de l'année 2019 ». En conférence de presse, à la question posée « Qu'est-ce qui vous rend le plus heureux ? », Gilles Simon, journaliste à *L'Équipe*, rapporte la réponse suivante : « C'est de pouvoir m'améliorer chaque jour, de me lever et de penser que j'ai un objectif (le Tour). Cela donne un sens à ce que je fais. C'est de savoir qu'il y a une équipe qui me soutient, d'autres coureurs qui se préparent pour m'aider, que nous sommes une équipe et que nous travaillons ensemble, pour les mêmes objectifs et partager les sensations que nous donne la victoire. C'est presque comme une drogue parce qu'on veut recommencer et partir, on veut gagner à nouveau. Ce sont des choses qui me rendent heureux. »

Mais il ne sait même pas s'il prendra le départ du prochain Tour de France en qualité de leader. Il le confesse dans *El Pais*, daté du 16 février 2020 : « Dave [Brailsford] est très, très intelligent et fait en sorte que chacun se sente le mieux possible. Si je parle avec lui et qu'il m'annonce que je vais avoir le soutien de l'équipe, je ne chercherai pas plus loin. Mais je sais qu'il dira sans doute la même chose à Thomas ou à Froomey [Froome] et si l'un des deux est le plus fort, je devrai l'accepter et les aider. »

Dans l'hélicoptère qui l'a ramené de Bogota à Zipaquira, le 7 août 2019, il a fait cette réflexion aux pilotes : « Heureusement que j'ai gagné le Tour, sinon je serais rentré chez moi en bus. » Il en aurait été capable.

Chapitre 6

Entretien

« Je suis très sensible à l'injustice »

Décembre, la fin des vacances. Le nom d'Egan Bernal, associé à Zipaquira, a fait le tour du monde depuis la réception donnée en l'honneur du vainqueur du Tour de France, le 7 août dernier. Pour sceller 2019, le champion et sa ville ont donné leur accord à Jhon Fitzgerald, un sculpteur de Medellin d'origine irlandaise qui a immortalisé l'exploit du Maillot Jaune sur son cheval d'acier. Une sculpture futuriste de trois mètres de haut et deux tonnes de fer. Egan Bernal a voulu que Nairo, Rigoberto, Chaves ou « El Zipa » Forero soient représentés, comme la Vierge de Guasa, un mineur, la tour Eiffel et le lion du Tour de France. Une pluie froide, serrée, s'est invitée à la fête. Un petit millier de parapluies, stoïque, a attendu le moment qu'Egan Bernal découvre son clone. Demain, le champion colombien volera vers Londres, rejoindre les autres coureurs du Team Ineos.

Ses dernières heures défilent à toute vitesse. Il promet qu'il trouvera le temps de répondre à nos questions. Il tiendra parole.

Êtes-vous stressé à l'idée que tout le pays va exiger un nouvel exploit de votre part et que vos rivaux vont désormais vous attendre de pied ferme ?
Non, au contraire. C'est une source de très grande motivation. Je veux continuer à bien faire les choses, à ne pas décevoir et pour cela, je travaille dur. Donner le meilleur de moi-même, c'est le but. Comme je viens de le faire.

Lire, cuisiner, conduire... Avez-vous un hobby particulier loin du vélo ?
Le meilleur souvenir d'entre tout ce que j'avais à faire a été de me poser et de donner de mon temps libre à ma famille, à mes amis. De pouvoir accomplir des petites choses de tous les jours que, à cause du vélo, de la compétition ou des entraînements, je ne peux pas faire pendant la saison.

Loin de la compétition, comment se déroule une journée d'Egan Bernal ?
Un jour normal commence souvent par une grasse matinée. Je prends le temps, je me prépare calmement, le petit déjeuner est un rituel important. Ensuite entraînement pendant quatre, cinq, six heures, ça dépend. Partir rouler à l'entraînement fait partie de

ma vie. En général on se donne rendez-vous avec un groupe d'amis et on fait la sortie tous ensemble. J'en fais toujours un peu plus que ce qui est prévu. Pas dans le but de m'améliorer ou de faire des kilomètres pour obtenir un meilleur rendement, non, je le fais par passion. Être sur le vélo, pouvoir rouler pendant des heures, représente beaucoup pour moi. En général quand je rentre, il est entre 16 et 17 heures et là, ce que j'apprécie le plus est de déguster un bon café, d'étirer mes jambes, parfois j'enchaîne par une série télé ou je suis sur mon téléphone. J'essaye d'avoir un dîner équilibré et je me couche de bonne heure.

Un livre de chevet ? Un auteur préféré ?
En ce moment, je lis un peu de tout mais ces dernières années j'avais un penchant marqué pour les livres de psychanalyse.

On vous décrit comme quelqu'un de casanier ?
C'est toujours pareil, le peu de temps libre, après tout le temps que je consacre au vélo, je me l'accorde pour me reposer et rester à la maison. C'est un vrai plaisir. J'apprécie et je déguste ces moments. Il m'arrive aussi parfois de sortir avec des amis, d'aller prendre un café, d'aller au restaurant ou de passer des soirées en famille. J'essaie de tout équilibrer et de n'oublier personne.

Comment percevez-vous l'injustice ? L'épisode des enfants de La Guajira en train de se nourrir sur des décharges d'ordures vous a fait réagir. Que souhaitez-vous faire exactement ?

Cette histoire des enfants de La Guajira est terrible. Comment cela peut-il encore exister aujourd'hui ? Ce n'est pas facile d'en parler, surtout sans connaître les tenants et les aboutissants de la situation mais je suis très sensible à ce genre d'injustice qui concerne des enfants et à toute forme d'injustice. Xiaroma [son ancienne fiancée] est allée découvrir Puerto Careño, une des villes où a été filmée cette horrible scène. Elle a pu se rendre compte de certaines choses plus concrètement. On travaille sur un projet pour pouvoir les aider. C'est compliqué à mettre en place mais je suis convaincu qu'on va y arriver.

Vous revendiquez la famille comme une valeur fondamentale. À quoi d'autre êtes-vous attaché ?

À la fidélité, l'amour, la tolérance et la paix.

L'image d'Egan Bernal est celle que les médias ont projetée. Correspond-elle à l'opinion que vous avez de vous-même ?

Je ne sais pas quelle image les gens ont de moi, ni l'interprétation qu'en font les médias. Ce qu'il faut bien avoir en mémoire, c'est que depuis mes débuts et dans toutes les situations, je me suis montré tel que j'ai toujours été. Je n'ai pas changé, je suis fidèle à moi-même.

Pourriez-vous perdre votre identité à cause de la célébrité ?
Non, ça n'arrivera pas. Je me connais suffisamment pour pouvoir le dire aussi fermement. Mais je fais en sorte que certaines choses changent dans ma vie pour qu'elle soit totalement différente de celle que nous avions avant. Tout en restant le même avec ceux qui m'entourent. Que je gagne ou que je perde n'y changera rien.

Quelle est la plus grosse qualité d'Egan Bernal, pas seulement comme coureur mais comme personne ?
Ce n'est pas facile de parler de soi ou de dire ce que j'ai de meilleur. Si je devais avancer une qualité, si c'en est une, je mettrais en avant ma passion du vélo et toute la discipline que j'y consacre. Au-delà de l'aspect sportif, j'essaie toujours de faire les choses de la meilleure façon dans la vie. C'est important de profiter de l'instant qui passe et plus encore d'être en paix avec soi-même.

Chapitre 7

Sa garde rapprochée

En 2019, Ineos, le géant de la pétrochimie, propriété de Jim Ratcliffe, a remplacé sans la moindre secousse Sky, le colosse des télécommunications et de la presse de Robert Murdoch. Le Team Ineos, au budget de 53 millions d'euros, n'est qu'une partie de l'empire Ineos dans le sport. On le retrouve engagé avec *Britannia*, le bateau anglais de la Coupe de l'America 2021 (budget 130 millions d'euros). Il l'est aussi en Formule 1 au côté de Mercedes dont il est le partenaire principal à partir de la saison 2020. En football, il est propriétaire de l'OGC Nice (budget 50 millions d'euros), de Lausanne Sports (D2 suisse) et il est toujours candidat au rachat de Chelsea (Premier League). C'est encore Ineos qui a ficelé la tentative d'Eliud Kipchoge (et de ses 41 lièvres) sur le marathon de Vienne (1 h 59 min 40 s), le 12 octobre 2019.

Dans la carrière d'Egan Bernal, quatre hommes faisaient partie du premier cercle avant la disparition soudaine de Nicolas Portal. Portraits express de sa garde rapprochée.

Sir Jim Ratcliffe

Cet ingénieur en chimie de 67 ans est considéré comme l'homme le plus riche de Grande-Bretagne. Le magazine *Forbes* a estimé sa fortune personnelle à 23 milliards d'euros. Anobli en 2018, il a le rang de *Knight Bachelor*. Ineos, sa société, dont il détient toujours les deux tiers du capital, est basée en Suisse et réalise un chiffre d'affaires de 78 milliards d'euros. Son importante activité dans la fracturation hydraulique lui a valu, au moment du départ du Tour 2019, de nombreuses critiques et, par le passé, des actions coup-de-poing de Greenpeace et des Amis de la Terre. Ce chevalier d'industrie est de longue date un opposant déclaré à l'Union européenne et un farouche partisan du Brexit dont il espère qu'il va l'affranchir des réglementations environnementales. Il vit à Monaco pour d'évidentes raisons fiscales.

Dave Brailsford

Âgé de 56 ans, cet ancien apprenti dessinateur, venu tenter sa chance à 20 ans sous le maillot de l'ASPTT Saint-Étienne, était davantage taillé pour faire gagner des courses que pour en remporter. Que de chemin parcouru depuis un boulot de surveillant d'internat au lycée agricole de Veauchette jusqu'à un MBA en sciences du sport, sur les bancs de la Business

School de Sheffield. Entré à 33 ans à la Fédération britannique de cyclisme comme... soigneur, il en devient, quelques années plus tard, le directeur de la performance. Il passe pour être le grand artisan de l'envolée des pistards anglais qui remportent notamment 14 médailles, dont 8 en or, aux JO de Pékin, en 2008. Nommé manager de l'équipe Sky en 2010, il accompagne Bradley Wiggins (2012), Christopher Froome (2013, 2015, 2016, 2017) et Geraint Thomas (2018) dans leurs Tours victorieux et est présent au côté d'Egan Bernal en 2019. En 2018, un rapport du Parlement britannique l'a accusé d'avoir couvert du dopage dans l'équipe Sky. Il est parvenu jusqu'ici à sauver sa tête.

Nicolas Portal (1979 – 2020)
Brutalement décédé le 3 mars 2020 d'une crise cardiaque, ce Gascon né à Auch n'avait obtenu qu'une seule victoire au cours de sa carrière chez les professionnels (2002-2010), une étape du Dauphiné (2004). Mais après avoir participé de bout en bout, dans un rôle d'équipier, à six Tours de France (2003-2008), il avait dû interrompre sa carrière en raison d'un problème d'arythmie cardiaque. En 2011 il avait intégré le staff de l'équipe Sky et en 2013, pour le premier Tour de Froome dont il était le confident, il était devenu le directeur sportif en chef de l'équipe anglaise. Son palmarès à ce poste s'était ensuite enrichi de cinq autres Maillots Jaunes. Dans une équipe aux allures de

multinationale dont il assurait avec le sourire le service après-vente, ce polyglotte jonglait sans la moindre hésitation entre le français, l'anglais et l'espagnol, « ce qui fait de lui un aimant à micros », avait écrit Anthony Clément dans *L'Équipe* du 29 juillet 2019. Nicolas Portal qui se définissait comme un autodidacte ne se serait jamais imaginé un jour aux manettes d'une équipe cycliste. La science de la course ne lui a pourtant pas posé de problème. Dans le portrait « Humain après tout », que lui avait consacré Anthony Clément, après la victoire d'Egan Bernal dans le Tour 2019, Portal considérait que « 90 % du boulot, c'est créer une osmose entre le staff et les coureurs ». Il racontait « se ficher de l'échec » et ne se voyait « pas rester dix ans de plus dans ce rôle ». Dans le Tour 2020, cela aurait fait neuf ans qu'il avait débuté.

Giuseppe Acquadro

Ce Piémontais de 53 ans, natif d'Andorno Micca (province de Biella), dirige actuellement la carrière de trente-neuf coureurs du World Tour, ce qui fait de lui l'agent le plus influent du circuit. Ancien boulanger-pâtissier, surnommé par jalousie « Il Panadero », il déploie son activité, depuis quinze ans, en Colombie et autres pays d'Amérique latine. Outre Egan Bernal, il représente quelques-uns des noms les plus en vogue : Nairo Quintana, Richard Carapaz, Fernando Gaviria, Rigoberto Uran, Esteban Chaves ou Andrey Amador. Sa spécialité : la découverte des jeunes talents. Sa méthode : « Si tu es une personne honnête et bonne, le coureur te donnera toujours sa confiance. » Installé à Monaco, où vivent la plupart de ceux qu'il représente, il s'est entouré des meilleurs avocats pour assurer la défense de leurs intérêts. Il a notamment permis à Carapaz, le vainqueur du Giro 2019, nouveau renfort d'Ineos, de porter son salaire à 1,5 million d'euros, soit dix fois plus que chez Movistar. Quand Bernal se tourne vers lui en 2017, suite à un conflit avec Paolo Alberati, il le sort immédiatement de ce mauvais pas. Et c'est avec Acquadro que Sky a négocié pour enrôler le grimpeur de Zipaquira.

Chapitre 8

La fabrique des Bernal

« Le bord de la route est-il un endroit adéquat pour pisser dans une éprouvette et donner du sang à un officiel de l'UCI ? »

Carlos Mario Jaramillo,
sélectionneur national

Carlos Mario Jaramillo, sélectionneur de toutes les équipes de Colombie de cyclisme sur route, filles et garçons confondus, va droit au but : « La victoire d'Egan Bernal dans le Tour de France 2019 ne sera pas la dernière. D'autres Bernal sont en liste d'attente. » Ancien équipier favori de Lucho Herrera dans les années 1980, directeur sportif adjoint des nombreuses équipes de Raul Mesa, son beau-père, masseur, confesseur, réparateur des âmes à temps perdu, Jaramillo occupe depuis janvier 2014 le poste dont il a toujours rêvé. Toute sa carrière, « Millo » a été attentif aux autres et tendre l'oreille, chez lui, est une seconde nature. « Dans le final, quand j'allais chercher un bidon de café bouillant pour Lucho, je savais qu'il allait se passer quelque chose. » Il a eu cinq cents mètres, dans la traversée de Morzine, Tour 1985, pour ramener le précieux breuvage qui lui brûlait le dos à travers le maillot, pour le donner à son leader. Quelques secondes après, le grimpeur colombien s'envolait vers la victoire d'étape à Avoriaz. Quarante ans plus tard, dans le prolongement de ce qu'il sait le mieux faire, Jaramillo observe, écoute ou masse quand le besoin s'en fait sentir : « Ceux qui sont dans l'Élite aujourd'hui ont d'abord été dans mes équipes de juniors. Je les ai tous massés un jour ou l'autre. Ce sont des moments de partage et de détente dont on apprend beaucoup. Parfois une petite phrase recueillie peut tout changer. »

Dans le Tour de l'Avenir 2014, remporté par Miguel Angel Lopez, dit « Superman », le contrôle antidopage de l'avant-dernier jour dure une éternité. Quand Jaramillo et Lopez arrivent à l'hôtel, les cuisines sont fermées et il y a longtemps que les masseurs de la délégation colombienne, deux Italiens, ont quitté la salle de restaurant. Ils sont catégoriques : « On ne travaille jamais après avoir mangé. » « Millo » demande alors s'il peut utiliser une de leurs tables de massage et se fait préparer des sandwiches. Le tête-à-tête avec « Superman » se prolonge. Du Tour de l'Avenir, les deux hommes en viennent à évoquer leur enfance, pauvre, à la dure. Jaramillo : « Des pans de vie enfouis, pas faciles à déballer. Sans ce contretemps, je n'aurais jamais su que le petit Miguel Angel, 8 ans, se levait certains jours à 4 heures du matin pour aider son père et transporter sur son dos des chargements de bois qu'il fallait vendre impérativement pour pouvoir acheter la nourriture de la famille. » Le lendemain, pendant l'étape, « Superman » est piégé et perd virtuellement son Maillot Jaune. Reste la dernière ascension. Jaramillo approche sa voiture et trouve les mots : « Souviens-toi de tout ce qu'on s'est dit hier, les galères, la ferme, la famille. Tu vas le faire. Pour ton père, pour ta mère et tu vas reprendre ce maillot. » « Superman » le prend au mot et gagne. Après Miguel Angel Lopez en 2014, c'est au tour d'Egan Bernal en 2017. Jaramillo est aux manettes dans ce Tour de l'Avenir que le futur vainqueur du Tour 2019, survole. La même année, dans le Girobio, Tour d'Italie des moins de 23 ans, la sélection colombienne pulvérise à nouveau la concurrence : 1er : Camilo Andres Ardila ; 2e : Einer Rubio ; 3e : Juan Diego Alba.

L'autre grande fierté du sélectionneur est d'en être à plus de cinq cents contrôles antidopage, sans une ombre au tableau, après six années d'exercice. Des contrôles effectués parfois dans des conditions abruptes. Au terme du Girobio où ils viennent de rafler le podium, un médecin et deux policiers arrêtent la voiture colombienne. Au bord de la route, les coureurs non contrôlés à l'arrivée doivent se soumettre aux tests d'urine et de sang. En 2018, la délégation qui va disputer le Tour de l'Avenir est en stand-by à l'aéroport de Barajas, Madrid, dans l'attente de sa correspondance pour Paris. Mauvaise surprise, des contrôleurs se présentent, les coureurs sont pris à part et doivent s'exécuter. Urine, sang, l'opération surprise se prolonge. Les Colombiens finissent par perdre leur connexion. Ils patienteront une demi-journée supplémentaire avant de pouvoir quitter Madrid. Ce malaise, parfois la forme cassante d'opérer, contraint Jaramillo à jouer les psychologues auprès de ses coureurs. Constat amer : « Il y a eu du dopage en Colombie, comme dans d'autres pays mais les soupçons font faire n'importe quoi. Le bord de la route est-il un endroit adéquat pour pisser dans une éprouvette et donner du sang à un officiel de l'UCI ? À 20 ans, un jeune à qui on manque à ce point de respect s'en souviendra toute sa vie. »

Sur un mode résolument optimiste et purement sportif, le journal *El Espectador* fait remarquer, à la fin de l'extraordinaire moisson 2019, qu'« il ne s'agit pas du boom du cyclisme colombien mais d'un baby-boom. » Dans la Vuelta du Futur (réservée aux moins de 18 ans), Jaramillo, en superviseur, a dû se résoudre à limiter la liste des engagés à 230 participants : « Cet afflux de candidats, c'est l'effet Nairo. Ou l'effet Rigo. L'effet Egan, on ne le mesure pas encore mais il va faire exploser nos stats. » Que dit le dessous des chiffres de Jaramillo ? Que cette population de jeunes coureurs ressemble par ses origines à celle qui a défrayé la chronique dans les années 1980 et provient à 90 % des couches sociales basses, voire très basses, étalonnées de un à cinq. Miguel Angel Lopez et Sergio Higuita ne dépassent pas le niveau le plus bas : un ; Egan Bernal, lui, est péniblement à deux. Le sélectionneur ajoute : « 70 % des jeunes coureurs qui frappent à la porte sont de milieu rural. Dans leurs petites villes, les samedi soir se déroulent sans rumba, sans *aguardiente*. Leur unique distraction de la semaine, ce sont des sorties à vélo. Avec la faim on devient plus vite un homme et dans notre schéma, cela explique beaucoup de choses. » Il n'a même pas besoin d'aller porter la bonne parole dans les écoles pour attirer les futurs Bernal ou Quintana : « Je passe des heures à répondre au téléphone à des parents qui me demandent comment on fait pour devenir coureur. »

Dans son bureau de Medellin, le potentiomètre ne refroidit jamais. Si les tests d'effort sont bons, Jaramillo passe aux tests en montagne. Et si le col de Las Palmas, 16,5 km d'ascension, des portions à 14 %, rend un verdict favorable, Jaramillo engage la troisième étape, un chrono sur le plat. Fernando Gaviria, Rigoberto Uran, Juan Sebastian Molano, Alvaro Hodeg, tous coureurs du World Tour, ont franchi ces trois obstacles, avant de se retrouver en haut de la pyramide dont les fondations n'ont jamais paru aussi solides et aussi bien structurées. Quatorze écoles de cyclisme rattachées au giron fédéral sont là pour alimenter cette forte croissance. Les départements d'Antioquia et Boyaca en comptent trois chacune, Atlantico et Bolivar, deux, Cundinamarca, Santander, Sucre et Valle del Cauca, une. Cela représente un total d'environ 2 500 enfants, entre 6 et 12 ans, répertoriés, fichés et suivis le temps de leur initiation. Un chiffre qui double si l'on prend en compte les écoles privées de cyclisme. Problème de riche du sélectionneur : « Je me demande où on va pouvoir caser tout ce monde. Il n'y a pas de lit assez grand pour autant de gens. »

Les équipes du World Tour n'ont pas été longues à flairer ce nouvel Eldorado. Après le succès de Bernal dans le Tour 2019, le journal *El Heraldo* a titré en une : « Mettez un Colombien dans votre équipe ! » Signe de prospérité, en 2020, 23 Colombiens devraient émarger dans l'Élite. Ils étaient 13 en 2014 et 7 en 2012. Bon prince, Jaramillo sait à qui il doit tout cela : « Sans l'investissement de la Fédération colombienne, nous n'en serions pas là. 60 % des coureurs actuels du World Tour peuvent lui dire merci. Cela fait six ans qu'on amène les jeunes disputer les plus belles courses du calendrier UCI : le Girobio en Italie, le Tour de l'Avenir et tous les championnats panaméricains, avec les Mondiaux pour terminer. En 2019, en Angleterre, nous avions dix-neuf engagés, toutes catégories, hommes et femmes. C'est un record. »

Partie II

ILS LUI ONT MONTRÉ LA VOIE

Chapitre 1

Quintana, totem national

« Ce ne sont pas les reproches qui font mal, ce sont les jambes. »

Nairo Quintana,
nouveau coureur d'Arkéa-Samsic

En Colombie, vingt-cinq ans après le podium de Fabio Parra dans le Tour 1988, on attribue à Nairo Alexander Quintana le mérite immense d'avoir fait renaître le rêve du Maillot Jaune. Pour sa première participation en 2013, le jeune Quintana rafle le maillot à pois de meilleur grimpeur, le maillot blanc récompensant le meilleur jeune, une étape de montagne, et s'installe sur la deuxième marche du podium. Il a 23 ans. Exploit qu'il confirme en 2015 (2e) et 2016 (3e). En même temps, il devient le premier Colombien à inscrire son nom au palmarès du Giro en 2014, dont il est encore 2e en 2017, et succède à Lucho Herrera sur les tablettes de la Vuelta en 2016. Une martingale composée de six podiums dans les trois grands Tours en quatorze participations. Ce qu'une grande partie de la Colombie aime chez ce grimpeur de Boyaca, en cale un peu sèche ces trois dernières années sur les routes du Tour, c'est son héroïsme têtu et son mérite. Il ne renonce jamais, une qualité que son glorieux aîné, Fabio Parra, boyacense comme lui, traduit par « ego de fer ».

Où donc Nairo Quintana a-t-il forgé ainsi son corps menu et sa grande âme ? Justement sur ses terres froides et hautes de Boyaca, qu'il considère toujours comme « [son] nid, [sa] souricière », et sur une vieille bécane d'occasion. Il a fallu aussi une grande ténacité à Don Luis, son papa, un peu infirme d'une jambe, pour ne pas se décourager les premiers temps devant une porte fermée quand, au volant de sa vieille Renault 4, passée du bleu au vert avec les années, il demandait l'aumône pour payer un déjeuner, une inscription ou un plein d'essence. Une époque de sacrifices et de privations qui embellit l'histoire de cet apprenti champion, né dans une famille de paysans, parti un jour à la conquête du Maillot Jaune.

À Boyaca, il y a un dicton qui affirme qu'« il suffit de soulever une pierre pour trouver un cycliste ». Génétiquement, le petit Quintana était donc dans les meilleures dispositions. Comme l'avaient été avant lui les Rafael Niño, Fabio Parra, Patrocinio Jimenez, Rafael Acevedo, Edgar « Condorito » Corredor, Alberto « Toro » Camargo, Roberto « Pajarito » Buitrago,

Pacho Rodriguez, Oliverio Rincon, « Chepe » Gonzalez ou Mauricio Soler, passés à la postérité. Mais à l'image de quelques-uns de ces illustres anciens – ce fut le cas notamment de « Patro » Jimenez, mineur au fond d'une mine de charbon à 10 ans –, rien n'a été simple pour le jeune Nairo. Refusé à ses débuts dans plusieurs clubs, à cause de son petit gabarit ou parce qu'il n'avait pas les moyens d'avoir un vélo décent ou faute de pouvoir remplacer ses vieux tennis par des chaussures adéquates. Un vrai casse-tête, au moment où il est obligatoire d'être affilié à un club pour pouvoir courir. Le crack d'aujourd'hui n'aime pas trop entendre parler de cette époque et, maintes fois, il s'en est sorti par une pirouette : « Les gens confondent misère et humilité. Aux champs, avec le lait, la viande, les poules et les œufs, on ne meurt jamais de faim. »

Don Luis, le patriarche, commence à penser qu'il a eu raison d'avoir foi dans les qualités de son petit quand tombent les premiers résultats de ses tests d'effort. L'Espagnol Vicente Belda, ancien directeur sportif de l'équipe Kelme, « détruit et ruiné » de son propre aveu par l'Opération Puerto, une intervention de la Guardia Civil qui a démantelé un réseau de dopage (2006), trouve un peu de boulot en Colombie. En 2008, on lui confie la responsabilité de l'équipe continentale *Boyaca es para vivirla*, qui disputera les courses du calendrier colombien et surtout espagnol. Il est estomaqué par les tests de Quintana, tout juste 18 ans, croit que les machines sont mal réglées et recommence. Explications de Belda : « Les valeurs obtenues étaient les mêmes que pour Santiago Botero, l'année où il est champion du monde du contre-la-montre, en 2002, à Zolder. L'un a 30 ans et sept saisons de professionnel derrière lui, l'autre en a 18 et disputé quelques petites courses amateur. Je me dis : "Ce n'est pas possible, on s'est trompés" et on le convoque à nouveau [avec Ignacio Labarta] le lendemain. » Les nouveaux chiffres tombent, à l'identique. Puissance 420 watts et 201 pulsations par minute au bout d'un effort échelonné sur 20 minutes. Seuil anaérobie à 180. Moins d'une minute après la fin de son test d'effort, son cœur a retrouvé son calme : 52 pulsations par minute ! Belda en est certain, il est « face à un extraterrestre ». Plus tard, sa VO_2 max sera mesurée à 86. Pour d'obscures raisons financières, l'expérience ne dure qu'un an. Soucieux de parfaire sa formation, Quintana rejoint en Antioquia, un jeune directeur sportif, Luis Fernando Saldarriaga, dingue de biomécanique, inconditionnel de la lutte contre le dopage et qui a fait du potentiomètre son outil de chevet. Sa nouvelle formation répond au nom de *Colombia es pasion*. Saldarriaga en est convaincu lui aussi, il va améliorer les facettes techniques, physiques, tactiques et physiologiques de sa nouvelle recrue. À Jose Angel Baez, ancien journaliste au magazine *Semana*, auteur du livre *Llegar a la cima* (« Arriver au sommet »), le technicien explique qu'« avoir de bonnes jambes et un bon cœur ne suffit plus. Il faut améliorer la force, la récupération, la capacité neuromusculaire, la technique et le pédalage ». Très vite il constate que Nairo Quintana « attaque à contresens et ne sait pas trop comment garder sa place dans un peloton ». Mais il n'en démord pas, l'émeraude qu'on lui a confiée n'a pas de prix.

Au Tour de l'Avenir 2010, que Quintana va s'approprier dans l'adversité, trente ans après le succès d'Alfonso Florez, de nouveaux ennuis commencent et vont même se renforcer les années suivantes. Dès les premières étapes de plat, Quintana, petit gabarit, sans doute encore un peu maladroit, est bousculé, provoqué, insulté. Il rend coup pour coup avec ses coudes aux coureurs des deux équipes de France qui le harcèlent, et le mot est faible. Une situation qui contraint Saldarriaga, son directeur sportif, excédé, à brailler sa menace : « Si vous n'arrêtez pas votre petit jeu, je vous préviens, ça va être la guerre. Nous perdrons la course mais vous ne la gagnerez pas. Je vous en donne ma parole. » La sommation adressée à l'un des directeurs sportifs des équipes de France sera concluante. En 2011, Saldarriaga emmène son équipe disputer le Tour de Catalogne. Dans une étape ventée, Vladimir Karpets, 1,90 m, tasse Quintana et lui lance en espagnol : « *Enano colombiano, fuera de aqui.* » Fou de rage, le « nain colombien », 1,65 m, 55 kg, est à deux doigts de lui envoyer son poing dans la figure et couvre le Russe d'insultes. À ses débuts chez Movistar, il n'est pas épargné non plus par ses nouveaux coéquipiers, qui le cataloguent un peu vite d'un « celui-là, ça doit être le plus mauvais de chez les mauvais », avant ses premiers coups de pédales. Dans la Péninsule, les réseaux sociaux ne seront jamais tendres à son égard. Morceaux choisis : « Que font certains Espagnols à travailler pour un Indien ? » Ou encore : « Un bon moteur mais trop enclin aux pannes. » En plus élégant : « La carrière de Nairo s'inscrit entre de grands concertos et le déconcertant, mais il désenchante plus qu'il n'enchante. » L'affront raciste n'est jamais loin : « Nairo est un Indien mou, égoïste, incapable de gagner. »

Un Indien, lui ? Un jour qu'il partage une sortie d'entraînement avec Nicolas Calderon, coureur amateur qui prépare un diplôme de sociologie, il a eu la formule adéquate, en évoquant ses racines muiscas, les Indiens qui ont fertilisé Boyaca au XVe siècle : « C'est une fierté d'être comme je suis, de venir d'où je viens. Ce sont mes gênes, c'est mon sang. Mes origines, je les porte dans mon cœur. » C'est pour les traits de sa personnalité, et pour son palmarès exceptionnel, que la foule énorme de ses partisans en Colombie grossit chaque jour, à l'inverse de celle de ses détracteurs. Deux témoignages révélateurs corroborent le comportement de Nairo Quintana. Le premier, de Luis Fernando Saldarriaga, considéré comme son premier mentor : « Sur un vélo, c'est un boxeur. Il ne donne jamais aucun round de perdu. » Le deuxième, sous la plume de Luis Guillermo Ordoñez, journaliste

PETIT EGAN DEVENU GRAND

1

2

3

4

1 Ce trophée, que le jeune Egan Bernal, 9 ans, semble avoir du mal à soulever, récompense une entrée prometteuse dans le monde du VTT.

2 Après sa carrière dans les rangs professionnels, Fabio Rodriguez, ancien équipier de Tony Rominger (ici dans la Vuelta 1992), est devenu entraîneur municipal de VTT, à Zipaquira. Egan Bernal a débuté sous sa direction.

3 Premier sacre international en 2013 à Tafi del Valle, province de Tucuman, Argentine. Le jeune Bernal remporte le Championnat panaméricain cadet. À sa droite, Pablo Mazuera, le nouveau moteur de sa réussite.

4 En 2012, pour valider sa dernière année dans l'enseignement secondaire, il crée avec deux autres élèves, Cesar Rodriguez (au centre) et Michael Buitrago (à droite), La Conejera Limitada, une PME destinée à l'élevage et à la vente de lapins.

5 Bernal occupe le premier rang mondial chez les juniors au départ du Championnat du monde 2015, à Vallnord, en Andorre. Il décroche la médaille de bronze, sa deuxième, après l'argent à Hafjell, en Norvège, en 2014.

6 Début de sa deuxième saison pro 2017. La pose avant une sortie d'entraînement dans le Piémont, en compagnie de Giovanni Ellena, son directeur sportif, et Ivan Sosa, son compatriote (à droite).

7 Au terme du Tour de Toscane (26-27 septembre 2017), il termine meilleur jeune, à la grande satisfaction de son manager Gianni Savio.

8 Mars 2019. Après sa victoire dans Paris-Nice, Egan Bernal est félicité par Eddy Merckx, le quintuple vainqueur du Tour, qui avait réussi un triplé dans la Course au Soleil.

9 Tour de France 2019, à Pau, 13e étape. Crispé, les jambes lourdes, Bernal rate son contre-la-montre, débourse 1 min 36 s sur Julian Alaphilippe et croit avoir perdu le Tour.

7

8

9

10 Sur la route du Tourmalet, Thibaut Pinot à l'offensive se retourne pour voir les dégâts. Egan Bernal, maillot blanc, a perdu quelques mètres mais s'accroche. Au sommet, le Colombien ne concède que 8 s au leader de Groupama-FDJ, victorieux de la 14e étape.

11 « Givré ».

Tour de France

La fin d'un rêve

Victime d'une déchirure musculaire, Thibaut Pinot a été contraint à l'abandon. Julian Alaphilippe, après avoir tout donné, a cédé son Maillot Jaune.

PAGES 6 ET 7 ET 10 À 13

2,70 € samedi 27 juillet 2019 74e année N° 23 740 France métropolitaine

@lequipe

L'ÉQUIPE

TOUR DE FRANCE 19e étape Saint-Jean-de-Maurienne - Tignes

GIVRÉ

Le Tour a vécu une de ces journées qui en font la légende. Les conditions météo extrêmes ont contraint pour la première fois de l'histoire les organisateurs à arrêter la course. Et dans ce contexte incroyable, le Colombien Egan Bernal, impérial, s'est emparé du Maillot Jaune après avoir éparpillé ses rivaux.

PAGES 2 À 17

Stéphane Mantey/L'Équipe - Franck Faugère/L'Équipe

Bernard Papon/L'Équipe

M 00103 - 727 - F: 2,70 €

ANT 4,50 € - BEL/LUX 3,70 € - CH 4,60 FS - ESP/AND 3,90 € - GB 3,70 £ - GR 2,90 € - ITA 2,60 € - MAR 19 MAD - NL 2,60 € - PORT CONT 2,80 € - REU 2,20 € - TUN 4,50 DIN

12

13

14

12 Geraint Thomas (en tête) et Egan Bernal impriment un rythme soutenu dès les premiers lacets du col de l'Iseran. Julian Alaphilippe sera bientôt distancé.

13 Dans l'Iseran, Egan Bernal a porté une violente attaque et s'est envolé. En raison d'un épouvantable orage de grêle dont on aperçoit les stigmates sur le flanc de la montagne, l'étape sera interrompue mais le Colombien en sortira leader.

14 Premier Maillot Jaune à 22 ans pour le plus jeune coureur de ce Tour de France, à deux jours de Paris.

15

16

17

18

19

15 Après l'exploit, l'onction du père sur le front de son fils qui baisse les yeux en signe de respect. La scène a fait le tour de la planète vélo.

16 Gianni Moscon (en tête), Michal Kwiatkowski, Wout Poels et Jonathan Castroviejo enfoncent l'accélérateur dans la 20ᵉ étape entre Albertville et Val-Thorens. Le Maillot Jaune, bien calé dans les roues, est à l'abri.

17 Egan Bernal, dans l'ascension vers Val-Thorens. Il lui manquera 17 s pour disputer la victoire d'étape à Vincenzo Nibali.

18 Geraint Thomas emmène Egan Bernal sur un plateau dans l'avant-dernière étape, fatale à Julian Alaphilippe et déjà en difficulté dans la roue du Maillot Jaune.

19 L'Arc de Triomphe en arrière-plan, Egan Bernal n'est qu'à quelques minutes du sacre.

20 La journée des photos souvenirs sur la route de Paris. Egan Bernal, qui tient Julian Alaphilippe par l'épaule, le félicite pour ses quatorze journées en Jaune.

21 En roue libre après l'arrivée, Geraint Thomas, le vainqueur de l'édition 2018, et le jeune Colombien qui lui succède au palmarès.

22 Sur le mur d'enceinte du musée de Zipaquira, une fresque de 20 m de long immortalise l'exploit de l'enfant prodige.

23 Photo de famille sur les Champs-Élysées. Flor, la maman, tient le bouquet du vainqueur, Ronald, le petit frère, serre le lion en peluche du Tour et ferme les yeux, au moment de recevoir le baiser du Maillot Jaune.

24 Pour rejoindre le protocole final, Egan Bernal emprunte un passage tapissé par les images de ses glorieux aînés, Eddy Merckx (à gauche) et Bernard Hinault (à droite), quintuples vainqueurs de la Grande Boucle.

25 Gabriel Garcia Marquez fait lui aussi partie des murs. Jadis, l'auteur de *Cent ans de solitude* et Prix Nobel de littérature, a été collégien à Zipaquira, comme l'élève Bernal.

à *El Espectador* : « Pour avoir rendu le respect à un cyclisme colombien trop souvent décrié, parce qu'il ne baisse jamais la tête, se rebiffe, mord, Nairo, c'est un lion. Pas un agneau. » Les deux commentaires se rejoignent. Ils synthétisent ce que les gens ont retenu de son Tour de France 2019, une victoire d'étape[1] acquise dans le Galibier, à 2 642 m d'altitude, comme chez lui, à Boyaca, où l'oxygène est rare, et non sa modeste 8e place au final. Aux critiques vraiment pointilleux qui continuent de casser du petit bois sur son dos, agacé, il a un jour rétorqué : « Ce ne sont pas les reproches qui font mal, ce sont les jambes. » La journaliste qui l'a décrit comme un personnage hermétique, laconique – « il n'aligne pas plus de cinquante mots d'affilée » – s'est trompée. Quintana parle quand il faut parler et parfois prend des positions tranchées pour défendre une cause digne. Le lundi 19 août 2013, moins d'un mois après sa 2e place au Tour, lui, le fils de paysan, n'hésite pas à se prononcer en faveur de la grande grève nationale menée par les agriculteurs en colère. Il y a des morts. Ému par la répression violente des forces de l'ordre, il interpelle publiquement Juan Manuel Santos, le président de la République, et sollicite « respect et collaboration des autorités ». Baez dans son livre « Arriver au sommet » a recueilli

1. La 18e étape Embrun-Valloire comportait notamment l'ascension des cols de Vars (2 109 m) et de l'Izoard (2 360 m) puis du Galibier (2 642 m) dans le final.

la confession suivante : « Les jeunes ne veulent plus travailler aux champs parce que ce n'est plus viable. C'est triste à pleurer d'amener un sac de pommes de terre au marché de la Place. Une fois vendu, il n'y a même pas de quoi payer le transport. » Quintana a rappelé aussi comment ses parents « pour avoir semé des pommes de terre dans des champs achetés à crédit n'ont pas pu rembourser les emprunts. Les banques ont confisqué les terres et il ne leur est resté qu'un petit espace, juste de quoi nourrir la famille ». Deux ans après cette grève historique, le gouvernement a nommé Nairo Quintana « ambassadeur de la paysannerie colombienne », une opportunité que l'intéressé a saisie aussitôt pour réclamer des aides en faveur des petits producteurs, rappelant au gouvernement son « devoir de pédaler, encore pédaler, toujours pédaler pour nos vaillants et courageux *campesinos* ».

Ce n'est pas la seule fois que ce grand petit homme fait preuve d'humanité et prend des décisions « génialoïdes » et philanthropiques. Dans tous les continents où il est passé, il a entendu les gens ramener l'image de la Colombie à trois mots : cocaïne, armes, Pablo Escobar. Parce que chez lui « le cyclisme est aussi une histoire de sentiment », il vient de décider de lancer une campagne intitulée les *Verdaderos Capos*, les « véritables chefs », accompagnée de cet aphorisme : « Paix, amour, sport, les trois mots symboles de notre pays. » À Thomas Blanco, journaliste à *El Espectador*, il explique : « Les Véritables Chefs, c'est nous, les cyclistes, pas ceux qui vivent de beaux discours à la télévision. Grâce à cette initiative je voudrais que les fonds récoltés soient reversés à des enfants qui n'ont pas les moyens de se payer une inscription à une école de cyclisme, acheter du matériel, et parfois manger. » Sa conception de la famille lui a également donné une envergure que le grand public ne connaissait pas. Le 10 février 2014 est née Mariana, puis le 11 octobre 2018, Paola, sa femme, a mis au monde un petit Thomas. Interviewé par la BBC sur son rôle de père, il a révélé « éprouver un grand bonheur de changer une couche ou donner un biberon », avant d'avouer qu'il était « devenu féministe » après avoir compris qu'il vivait dans une région machiste, un constat assombri par l'un des taux de maltraitance envers les femmes les plus élevés du pays.

Quand je suis passé par Tunja, en décembre 2019, Nairo Quintana se trouvait en Bretagne où il faisait plus ample connaissance avec Emmanuel Hubert, son manager, et ses nouveaux coéquipiers de la formation Arkéa-Samsic. Mais il était obligatoire d'emprunter jusqu'en haut du Alto de Sote, la route qui conduit à la maison de son enfance. Les paysages ressemblent à une Normandie plantureuse, aux reflets vert et bleu, avec des vaches à la robe blanche et noire. Sauf qu'ici on est à 3 050 m. Au sommet, il est impossible de se tromper. Sur les murs qui ont dû être bleus, d'immenses trompe-l'œil représentent les grands moments de sa carrière. Tour 2013, Nairo vêtu du maillot à pois.

Giro 2014, Nairo habillé en rose de la tête aux pieds, casque, maillot, cuissard, vélo, couvre-chaussures. Dans le prolongement, le petit commerce de Doña Eloisa, sa mère, s'est étoffé. En plus des œufs de ses poules sur le comptoir, des bières, sodas et *chicharones* (porc frit) en rayon, le visiteur a le choix parmi des souvenirs hétéroclites, sacs à dos, *ruanas* (ponchos), petits cochons tirelires, porte-clés, mugs barrés d'une bizarrerie. Par exemple celle-ci : « De la maison de Nairo, je te rapporte cette folie. »

Signe des temps, la vieille Renault 4 a disparu. Un autre changement, plus profond, lié à une ambiance délétère chez Movistar, a poussé Quintana à quitter l'équipe espagnole pour une modeste formation française, Arkéa-Samsic, qui a décroché en janvier dernier son invitation pour le Tour de France. Il a fait confiance à son agent, Giuseppe Acquadro, un Italien qui s'occupe des intérêts des trois quarts du peloton sud-américain, et il a bien fait. La négociation, qui semblait impossible au vu de son salaire de 3 millions d'euros annuel chez Movistar, n'a pas traîné. Quintana a accepté de le diviser par deux, un effort assujetti à l'embauche de Dayer Uberney, son frère, et de Winner Anacona, son grand ami. Sauf tremblement de terre, on reverra la famille sur les routes du Tour, en juillet 2020. Et déjà la question est sur toutes les lèvres. Pourra-t-il arriver en Jaune à Paris ou poursuit-il, à 30 ans, un rêve de porcelaine ? Jusque-là, il s'y est repris à six fois et a terminé à trois reprises sur le podium qui a semblé hors de portée au cours des trois dernières éditions. On trouvera l'amorce d'un début de réponse de l'intéressé dans une image qui renvoie à sa terre : « Ce n'est pas parce qu'on n'a pas eu une bonne récolte qu'il faut s'arrêter de cultiver. Tant qu'on est prêt à souffrir sur le vélo, tout est permis. » La souffrance est une notion qui revient souvent chez lui. Par ce côté, il rappelle Fabio Parra, un « historique », un dur au mal, jamais vaincu et de la même terre que lui. Sur le mur de sa salle de bains, Parra avait épinglé cette maxime du grand Eddy Merckx : « Quand tu as mal, c'est le moment d'appuyer pour faire la différence. »

Le jour ou Nairo a dégainé

Histoire de ménager l'effet de surprise, Luis Quintana, a attendu la fin du dîner pour lancer : « Demain matin nous irons à Tunja avec Nairo, essayer de lui trouver un vélo un peu plus moderne. » Le cœur du gamin a tapé si fort qu'il n'en a presque pas dormi de la nuit. Fini la vieille *panadera*, un engin cabossé, qui pourrait sortir du néolithique avec sa vingtaine de kilos, à l'identique de celui qu'utilisaient les mitrons pour aller vendre le pain de porte à porte. Le petit Nairo l'enfourche pour aller déplacer les trois vaches qui paissent en contrebas et, deux fois par jour, pour se rendre au collège, à Arcabuco, 16 km plus loin. Ce jeudi matin de mars 2003, le père et le fils sont partis à Tunja, capitale du département de Boyaca, dans la vieille Renault 4 de couleur bleue, inusable, qui sert à tout. À transporter les poules, les œufs et les caisses de légumes jusqu'au marché et, des années plus tard, à faire le porte-à-porte pour tenter de lever des fonds et financer les déplacements et les inscriptions du jeune coureur amateur Quintana. Dans sa sacoche, Don Luis a emporté toutes ses économies du mois : 370 000 pesos. Une chose est sûre, le vélo ne sera pas neuf. Ils finissent par en trouver un. C'est un VTT, au moins une cinquième ou sixième main, mais il a encore de l'allure. Il est juste un peu grand pour d'aussi petites jambes et Nairo est obligé de le pencher pour l'enfourcher, mais il lui plaît. Affaire conclue.

Au marché de la Place, où tout le monde connaît tout le monde, les nouvelles vont vite. Un certain Juan Guzman, commerçant, plus connu sous le pseudonyme de Juan « Pistolas », un baratineur, tout en frime, jacassier et vaniteux, a lui aussi un fils qui monte à vélo. « Un futur pro », raconte-t-il à ses copains de comptoir. C'est vrai que Jhon, sa progéniture, a déjà tout le matériel du coureur. Il ne lui manque rien : vélo de course dernière génération, maillot et cuissard en lycra, casque profilé, gants, lunettes haute technologie, chaussures à fermoir. « Pistolas » s'est avancé vers Don Luis : « Dis donc, paraît que t'as un *pelado* (diminutif de gamin) qui s'entraîne par là ? » Avant que l'autre réponde, l'air bravache, il sort quatre billets de 50 000 pesos et les lui met sous le nez : « Et si on voyait celui qui est le plus fort ? » Des badauds ont assisté à la scène. Le père Quintana ne peut pas relever le défi. Il a tout dépensé dans l'achat du vélo du petit et se sent mortifié. Belarmino Rojas, le parrain de Nairo, a tout vu, tout entendu : « Tiens Pistolas, voilà tes 200 000 pesos. Moi je parie sur mon *negro*. Je connais ses jambes. C'est de l'acier. » Le parcours est vite décidé. Comme si le Alto de Sote, à plus de 3 000 m, 12 % par endroits, n'était pas suffisant, le matamore exige que les deux coureurs redescendent à Tunja et remontent jusqu'à Agua Varuna, à mi-pente, un lieu-dit où Don Luis gare sa Renault deux fois par semaine pour y vendre ses patates et ses oignons. Ce soir-là, en rentrant chez lui, à Concepcion de Combita, tout en haut du col de Sote, papa Quintana se sent presque de bonne humeur mais ne dit rien à personne. Les quarante-six virages de la route qui sert de *noria* aux *tractomulas*, ces semi-remorques impressionnants, et aux bus de la compagnie Libertadores, son vaillant petit homme les connaît par cœur. Pour se rendre à l'école à Arcabuco, altitude 2 000 m, à 16 km de la maison, Nairo descend et remonte quatre fois par jour.

La course aura lieu samedi matin. Rendez-vous à 7 heures sur le parvis de l'église Notre-Dame-d'Amparo. Don Luis a averti son fils la veille mais a pris soin de ne pas lui parler de l'argent qui est en jeu. En douce, il a tenté de lui négocier une tenue de cycliste avec 60 000 pesos escamotés sur les dernières recettes mais « Pocholo », le patron du magasin de cycles, n'a rien voulu savoir. 80 000 pesos ou rien.

Pour sa première course, Nairo Quintana, 13 ans, porte un maillot et un short de foot, des tennis de tous les jours, des chaussettes hautes et un bandana orange. Le fils « Pistolas », 14 ans, est habillé dernier cri. Tout les oppose, en particulier leurs vélos. À bord de sa Renault 21, son père qui a embarqué le père Quintana et Belarmino, le « trésorier », a décidé de suivre le premier concurrent, histoire de désamorcer toute tentative de triche. Les deux gamins sont côte à côte jusqu'à Villa Amparito, un hôtel-restaurant, à la sortie de la ville. L'endroit que choisit Nairo pour dégainer une première fois alors que le compteur de la voiture indique tout juste deux kilomètres. Puis une deuxième, au moment où Pistolas, bouche ouverte, a tenté en vain un rapproché. La course est déjà finie. Par le rétroviseur de la voiture suiveuse, son père a beau scruter chaque virage, il ne voit rien venir. D'un commun accord, ils décident alors d'interrompre les hostilités au moment où les deux gamins se croisent, Nairo fringant, plein gaz dans la descente, Jhon tassé, en train de se déhancher inutilement dans l'ascension. Grâce à la générosité de son parrain qui a laissé sa part, le premier cachet de Nairo Quintana s'est élevé à 400 000 pesos. Don Luis a souvent repensé à la rodomontade de Pistolas et en est convaincu : « C'est ce jour-là que j'ai décidé de partir à l'aventure avec mon fils et de faire tous les sacrifices qu'il faudrait pour réussir. »

Il en fera plus qu'il ne le croit. Jusqu'à vendre une vache, un mouton ou des poules pour garder le cap, acheter du matériel, payer les voyages mais sa foi a été récompensée. Quant à la famille Pistolas, le père a évité de venir trop rôder dans les parages de l'étal des Quintana et le fils a stoppé net ses velléités de carrière à vélo. Quelques années plus tard, il entrera dans la police. Nairo ne l'a jamais recroisé.

Chapitre 2

La rockstar, le poissard et le pistard

« Uran est le meilleur leader que j'aie connu. Il est un exemple pour nous tous. Rigo, il doit être président de la République, un jour. »

Jonathan Vaughters,
directeur sportif

Ils représentent la nouvelle génération du cyclisme colombien. Avec une particularité : dès leur jeune âge, ils ont dû ferrailler contre les coups durs et les avanies, ces « mamelles du destin ». Le premier, Rigoberto Uran, est un rouleur qui grimpe. Une vie bouleversée dès l'âge de 14 ans par la mort de son père. Trois accessits dans le Tour de France (2e en 2017), et le Giro (2e en 2013 et 2014, maillot rose en prime durant quatre jours). Dingue des réseaux sociaux, il est une rockstar sur la toile. Le deuxième, Esteban Chaves, depuis qu'il est sorti aux forceps du ventre de sa mère, collectionne les galères, les accidents, la maladie.

Grimpeur de poche, courage colossal mais coureur à éclipses, il enlève néanmoins le Tour de l'Avenir (2011) et signe une belle saison 2016 (2e du Giro, 3e de la Vuelta, vainqueur du Tour de Lombardie). C'est moins mouvementé pour le troisième, Fernando Gaviria, qui a de la cuisse de grand sprinter. Une anomalie dans un monde de grimpeurs. Élevé sur la piste, il dégaine vite, très vite. Double champion du monde de l'américaine et de l'omnium (2012), encore titré en omnium (2015 et 2016), il est tout aussi bluffant quand il se met à la route : Paris-Tours (2016) ; maillot rose une journée et quatre étapes dans le Giro 2017 ; Maillot Jaune et deux étapes pour son premier Tour de France en 2018. Ne cherchez plus, Zorro, « ce cavalier qui surgit hors de la nuit, court vers l'aventure au galop, Zorro, le renard rusé qui fait sa loi », est arrivé en Colombie. Sous un faux nom, Fernando.

Uran, le plus ancien

Rigoberto Uran, 33 ans, bourlingue depuis 2006, date de ses débuts pros à 19 ans. D'entrée, c'est mal barré. À 14 ans, le jeune garçon est privé de son père, Rigoberto comme lui, victime d'un crime crapuleux des mains des paramilitaires. En juin 2014, le journaliste Mauricio Guzman recueille pour le magazine *Bocas* cette confidence : « On vivait à Urrao, une petite ville meurtrie par la guerilla, les paramilitaires et, au milieu, les paysans, les civils. Cette guerre a tué beaucoup d'innocents, des travailleurs comme mon père.

Un samedi matin, on était le 4 août 2001, il est parti se balader à vélo avec des amis. Ils sont tombés sur un barrage de paramilitaires, il n'est jamais revenu. On a su par la suite que ce groupe avait donné l'ordre à mon père et à deux autres de les aider à voler du bétail dans une ferme. Mon père a refusé, ils les ont assassinés tous les trois. » Pas l'idéal pour débuter dans la vie. Sans compter que Rigo, depuis qu'il est petit, a des ennuis de santé et qu'il faut le conduire à l'hôpital tous les quatre matins et le placer sous oxygène pour enrayer ses crises d'asthme. La scolarité ne l'intéresse guère. Les devoirs, il les fait faire tantôt par sa mère, tantôt par une amie de sa classe contre une poignée de pesos. En clair, hormis le sport, il voit le reste de très loin.

L'histoire avec son père est fusionnelle. Il veut tout faire comme lui. Vendre des billets de tombola dans la rue, un métier que Rigoberto-le-vieux, un bon zigue, rigoleur, festif, exerce avec beaucoup de talent, en chantant des refrains populaires pour séduire le chaland. Son cri de ralliement était « *La gallina ciega ! La gallina ciega !* » Avec sa « poule aveugle », il hypnotisait les passants qu'il faisait souvent gagner. Rigoberto-le-jeune qui prendra la suite, avec Aracely, sa mère, jusqu'en 2002, parce qu'il faut bien vivre, a joué avec l'idée qu'il aurait de la chance mais n'a pas eu la même réussite. « Je n'ai jamais fait gagner personne », confiera-t-il d'un air désolé. Moment voué au passé, où il n'a pas tout perdu. Le hobby de son père, c'est le vélo. Dès qu'il finit sa tournée, il décampe et emmène le fiston sur les hauteurs de la Cordillère. En 2001, il parvient à lui dégoter un biclou d'occasion, trois mois après il était mort. Cela aurait pu être la fin de l'histoire, tout a commencé là, au contraire. Parce que le jeune Rigoberto qui en pinçait pour le foot, tout en reconnaissant qu'il jouait « comme une pince à sucre », est sacrément doué sur deux roues. Dans le peu de temps qu'il lui reste à vivre, son père le verra remporter sa première course, en tenue de footballeur, sur un vélo qui pèse 14 kg. Un contre-la-montre de 6 km, où il éclipse la concurrence. À Urrao tout le monde se connaît et Oscar de Jesus Vargas, ancien professionnel chez Kelme et Amaya, 3e de la Vuelta en 1989, un ami de son père, finit par le convaincre : « Tu vois bien que ce gamin est un fauve sur un vélo. Prends-lui une licence ! » Cinq ans plus tard, sur recommandation d'un autre Antioqueño, Marlon Pérez, champion du monde junior de la course aux points en 1994, le jeune Rigoberto signe son premier contrat professionnel avec l'équipe italienne Team Tenax, dirigée par Fabio Bordonali, un ancien coéquipier de Stephen Roche. Les débuts sont rudes. En 2006, pour sa troisième course, sur les pavés en Belgique, il est victime d'une chute avec perte de connaissance et fracture de la clavicule. Son sponsor l'envoie en convalescence à Brescia, le siège de l'équipe, dans une famille, chez Beppe et Melania Chiodi. Ils deviennent ses tifosi les plus inconditionnels. En 2007, nouvelle chute au Tour d'Allemagne. Le pronostic est sérieux : deux coudes pulvérisés, poignet fracturé, microfracture dans la zone cervicale. Sa carrière est en danger. Quand il se réveille de sa longue opération, Beppe et Melania sont à son chevet. Ils le ramènent à Brescia, les deux bras et le torse plâtrés, le cou dans une minerve. Pendant deux mois, ils l'habillent, le font manger, le couchent, le promènent. Rigo va devenir le fils qu'ils n'ont pas eu et l'Italie, comme Egan Bernal plus tard, sa seconde patrie. Il change trois fois d'équipe mais reste dans la Péninsule, en famille. Les résultats suivent. En 2011, sous le maillot noir de Sky, ses coéquipiers s'appellent Bradley Wiggins et Christopher Froome. Quand on lui demande de donner un détail marquant de son passage dans la meilleure équipe du monde, il dit : « Dans le Giro, pendant trois semaines, chaque coureur avait son matelas personnel, ses draps et son oreiller. Je n'imaginais pas qu'une logistique pareille pouvait exister. » La mort du père aurait pu le rendre triste ou amer, elle lui permet d'accepter, au contraire, les dents de scie de son métier avec un optimisme immodéré, comme celui qui sait que le succès et la mouise sont comme cul et chemise. En Colombie, lors de ses allers et venues, les gens lui disent que par son physique et son sens de l'humour, il ressemble de plus en plus à son père. Rigo sourit. Il entend encore son paternel raconter à un client et ami de la loterie : « Tu comprends, j'ai parié sur le vélo pour qu'il y mette toute l'énergie qu'il gâchait au collège. » Et sur un ton plus embarrassé : « Pour qu'il devienne aussi celui que je n'ai jamais pu être. » Certains soirs, après quelques bières, Rigoberto père a l'alcool cartomancien : « Mon fils va émerger et sera connu dans le monde entier… » Le rêve d'un père qui ne connaissait pas grand-chose au vélo mais qui débordait d'une confiance aveugle en l'avenir.

Vingt ans après sa disparition, les résultats du gamin lui ont donné raison. Au hasard, on note : une médaille d'argent sur la route aux Jeux olympiques de Londres en 2012 et à trois reprises une deuxième marche sur le podium du Giro (2013 et 2014) et du Tour de France (2017). Dans ce Tour de France 2017 précisément, Rigoberto Uran domine son sujet (sauf Froome) et conquiert tous ses coéquipiers. Jonathan Vaughters, son directeur sportif, est en admiration devant le coureur et l'homme : « En trente ans dans le cyclisme, il est le meilleur leader que j'aie connu. Par son professionnalisme en course, il est un exemple pour nous tous. Je n'ai même pas besoin de dire aux autres qu'il faut travailler pour Rigo. Ils donnent tout pour lui. Rigo, il doit être président de la République, un jour. » Avec sa manie d'inonder les réseaux sociaux de commentaires et de photos personnelles, les uns l'adorent, d'autres jugent qu'il va trop loin et appellent ses fantaisies le « Rigo-Circus ». Uran poste aussi bien des *arepas*, galettes de maïs venues directement d'Urrao, que des photos de lui en train de faire un bœuf avec des musiciens, devant un barbecue à griller des chorizos, d'uriner ou de voler un baiser à une gamine de son âge quand il avait 15 ans. Sur la toile, il est une rockstar. De 14 000 followers en 2014, il frôle désormais la barre des 500 000 ! Chacune de ses sorties d'entraînement est filmée par trois caméras, l'une sur son casque, l'autre sur une moto suiveuse, la dernière depuis son téléphone portable. Il s'est offert les services d'une agence de communication pour sélectionner les meilleures photos et les diffuser mais, la plupart du temps, c'est lui qui s'occupe de la réalisation et de la finition. À la fin de l'année dernière, vibrionnant d'énergie comme d'habitude, il s'est exhibé torse nu pour montrer ses impressionnantes cicatrices qui balisent ses quinze années, déjà, au plus haut niveau. Il a expliqué qu'il les considérait « comme des blessures de guerre » et qu'il avait été « ému de recevoir des milliers de messages » pendant qu'il était sur son lit d'hôpital, en septembre 2019, avec sept fractures – clavicule, omoplate, cinq côtes – et un poumon perforé, bilan d'une lourde gamelle dans la Vuelta. « J'ai pensé qu'il était pertinent de montrer aux gens ce qu'on risque, même si tout va bien maintenant mais leur soutien au bout d'une saison compliquée et difficile n'a pas de prix. Après coup, je me suis dit : "Wouah ! tu n'as pas gagné la Vuelta mais le cœur des gens, oui." »

En repensant aux événements de son adolescence dérobée par des paramilitaires, on peut se demander si sa posture d'optimiste à tout crin n'est pas un écran de fumée, une fuite en avant. En guise de réponse, il a proposé ceci : « J'avance pour oublier le cauchemar de ma vie et c'est pour cela que je ne regarde jamais en arrière. » Sans doute pour cela encore qu'il a décidé d'ouvrir chez lui, à Urrao, une école de cyclisme qui porte son nom. « Parce qu'on doit aider les enfants, c'est un devoir. Tous ne deviendront pas des professionnels mais celui qui grandira avec les valeurs du sport comme garde-fou, a de grandes chances de devenir un adulte respectable et une bonne personne. »

Chaves, le miraculé

Esteban Chaves, 30 ans, n'a pas enduré les mêmes traumatismes familiaux qu'Uran mais son existence a été, elle aussi, tordue par la poisse. Dès sa naissance, il est en état de survie, intubé et placé pendant un mois sous assistance respiratoire. Au journal *El Tiempo*, en décembre 2015, il rappelle qu'il est « venu au monde minuscule, pâle et laid ». Et de préciser : « Je pesais 2 kg et je suis resté des semaines entre la vie et la mort ». L'état des lieux de sa carrière est de la même veine, surchargé d'épreuves et de douleur. Quand il intègre l'équipe Team Colombia en 2012, basée en Italie, il s'est adjugé le Tour de l'Avenir 2011, sous la direction de Luis Fernando Saldarriaga, qui est peut-être son roi Midas, tant son influence sera grande. La saison 2013 vient à peine de commencer. Dans le Trophée Laigueglia, au mois de février, Chaves est pris dans une chute collective et percute un panneau de signalisation routière. Le diagnostic médical est lourd, les fractures multiples : crâne, os sphénoïde, pommette, clavicule et lésions pulmonaires. Toujours dans *El Tiempo*, il poursuit : « Je sais ce que c'est d'être en clinique, de passer des mois cloué sur un lit, de ne plus avoir de mémoire, d'être surveillé jour et nuit. "Survivre" est un verbe que j'ai appris à conjuguer à tous les temps. » Il faudra plusieurs opérations et une lente rééducation avant qu'il ne retrouve, huit mois plus tard, l'usage, toujours partiel, de son bras droit. La guigne le rattrape encore en 2017. Il tombe dans une descente du Tour d'Émilie et se fracture l'omoplate. Convalescence. Bouchées doubles aux mois d'octobre et novembre sur les pentes du col de Santa Elena, en Antioquia, un col qu'il affectionne, hérissé de pourcentages à 16 % et où il a ses habitudes. Les sensations sont bonnes mais le répit est de courte durée. 2018 est une année noire. Il remporte une étape dans le Giro puis s'effondre. Les analyses décèlent une mononucléose qui l'éloigne 255 jours de toute compétition.

Comment ne pas dire un mot du contexte familial qui a précédé ce catalogue de déboires. « Chavito » ne l'évoque jamais mais économiquement la situation aurait pu s'avérer désastreuse. Dans son obsession de faire de son fils un champion, Jairo, son père, un ancien modeste coureur amateur de la Liga de Bogota, délaisse l'affaire de menuiserie dont il a hérité. Naufrage, faillite, mais rien ne le rebute. Le petit sera coureur professionnel ou ne sera pas. À la boulangerie de son quartier, à Bogota, il croise parfois Luis Fernando Saldarriaga. Il le connaît de réputation, engage le dialogue. Le technicien en poste avec la sélection colombienne sur piste ne peut rien faire mais finit par lui proposer un travail personnalisé. Jairo est chargé de superviser et de rendre des comptes. La boulangerie devient un lieu de rendez-vous où Saldarriaga avant de parler tactique et technique met en avant des valeurs éducatives, d'honnêteté, de tolérance zéro vis-à-vis du dopage. Leçon de vie immédiatement répercutée. « La première fois que son papa m'a présenté Esteban, en 2005, j'ai tout de suite compris que j'avais en face de moi un adolescent avec une mentalité d'adulte, explique-t-il à *El Espectador*, en septembre 2016. Et qu'avec un tel sens de la discipline, une telle envie d'en faire toujours plus que la feuille de route, il surmonterait de nombreux obstacles. Au plus bas, il a toujours eu des attentes et des ambitions. » En 2007, pour commencer, Saldarriaga le place dans une équipe amateur de Medellin, Trek Bike House. Il dispute le Novato de Oro, survole les débats, patiente encore un an avant de rejoindre son entraîneur qui prend la direction d'une nouvelle équipe, *Colombia es Pasion*, dont Nairo Quintana est l'un des leaders. Ils sont nés la même année, en 1990. Nairo est du 4 février, lui du 17 janvier. Ils sont amis, partagent souvent la même chambre en course, accrochent chacun un Tour de l'Avenir à leur palmarès. Pour Chaves la comparaison s'arrête là : « Nairo, c'est un surdoué.

Moi, je suis un travailleur. Pour son premier Tour de France, il a terminé 2e, puis gagné un Giro et une Vuelta. »

Une seule fois, au cours de ses douze années de professionnel, le coureur de Bogota a vu son palmarès s'enrichir de places d'honneur dans un grand Tour. En 2016 il termine 2e du Giro (à 52 s de Vincenzo Nibali) et 3e de la Vuelta (à 4 min de Nairo Quintana). Pour couronner sa saison, il remporte le Tour de Lombardie.

Où en est-il après une saison 2019 maussade ? Le grimpeur « Dinky Toys » (1,64 m, 55 kg) de la formation australienne Mitchelton-Scott semble être remonté du fin fond de la mine. Rien à inscrire dans la colonne guigne en 2019. En face, il a rajouté une victoire d'étape dans le Giro, à son crédit. Cet hiver, il a pu se consacrer pleinement à la fondation qui porte son nom. La campagne de crowdfunding n'a jamais aussi bien marché. Les dons destinés à opérer des enfants atteints de problèmes orthopédiques devraient atteindre les 300 millions de pesos. En 2018, avec 150 millions récoltés, vingt-huit d'entre eux ont pu être opérés. Ce type a connu bien des malheurs dans sa vie mais il a du cœur.

Gaviria, le Flahute

Fernando Gaviria n'a pas connu comme les deux autres de graves blessures ou des désordres de l'âme. Le cas de Gaviria, 26 ans, s'appréhende autrement. Ses racines plongent dans la petite ville de La Ceja, à

40 km au sud de Medellin, et il est d'abord initié au patinage de compétition par son père, Jose Hernando, professeur d'éducation physique, lui-même ancien modeste sprinter amateur dans les courses de patronage. Attiré par la vitesse, le jeune Fernando, vient se « chauffer » de temps en temps sur le vélodrome Martin Emilio Cochise Rodriguez, à Medellin, et il claque des temps qui emballent son père. Le changement s'opère naturellement. À 18 ans, il est double champion du monde de la course à l'américaine et de l'omnium. Médaille d'or ensuite de l'omnium en 2015 et 2016 et bien d'autres trophées glanés dans les Jeux panaméricains, sud-américains ou les Coupes du monde. Le confort familial, le bon équilibre dans sa scolarité, tout cela ressemble un peu au paradis. Sauf que Gaviria réalise vite qu'il grandit dans un monde inversé. En Colombie, un cycliste naît grimpeur, pas sprinter et c'est tout le paradoxe. La Ceja a déjà vu éclore avant lui un autre champion du monde junior de la course aux points, en 1994, mais Marlon Pérez s'est vite tourné vers la route. La même observation vaut, en partie seulement, pour Cochise Rodriguez, passé professionnel sur la route, en Italie, au côté de Felice Gimondi, grâce à son record de l'Heure (Mexico, 1970) et à son titre mondial en poursuite (Varèse, 1971).

Appuyé et choyé par toute la famille, Gaviria opte lui aussi pour la route, laissant à Juliana, sa sœur, le soin de poursuivre la moisson sur la piste. Le genre de décision qui change une vie et peut vous donner, si ça marche, une notoriété planétaire en Europe, Chine, Australie ou en Amérique. Quand il débarque en Belgique, fin 2015, il n'a pas la moindre idée de la culture « flahute ». Mais s'il ne veut pas aller courir les kermesses avec les réservistes de l'équipe Quick Step, il va devoir montrer qu'il a les épaules aussi larges que les rouleurs de caisse, les mêmes ambitions. Il réalise un sans-faute, clôturé par un sprint de costaud dans Paris-Tours 2016, sa première classique. Dans le Giro 2017 (quatre étapes, maillot rose une journée et classement par points au final), il laisse la concurrence au pédalier. Il fait encore plus fort dans le Tour de France 2018, son premier. Victoire dans la 1re étape et Maillot Jaune, quinze ans après Victor Hugo Peña, puis récidive dans la 4e. À Bogota, *El Espectador* titre : « Gaviria réinvente le sprint ». C'est du délire. Il ne coupe pas aux surnoms : « El Flamante », qui l'amuse, ou « le Missile », qui lui fait vite hausser le ton : « On tire des missiles quand on est en guerre. La Colombie est en paix et moi la paix je la porte dans mon cœur. »

En 2019, dans sa nouvelle équipe, UAE Emirates, son décollage vertical connaît les premiers ratés. Un genou récalcitrant, de nombreux abandons et des succès secondaires aux Émirats, en Chine, chez lui en Colombie. Les observateurs embarrassés après s'être enflammés notent quand même qu'il totalise quarante victoires depuis ses débuts pros. Les épaules et les jambes de son « pilote privé », l'Argentin Maximiliano

Richeze, le déménageur de la dernière ligne droite, ancien pistard comme lui, un vieux de la vieille dans cet exercice, lui manquent cruellement. Pour tenter d'enrayer cette mauvaise passe, l'Australien Neil Stephens, son directeur sportif, a décidé de réunir à nouveau le tandem qui faisait mouche sur les pavés belges, dans le Giro ou sur le Tour. Gaviria ne s'est exprimé qu'une seule fois en ce début d'année. « Les classiques, oui bien sûr… Mais l'important, c'est de gagner. Un sprinter, comme l'attaquant ne pense qu'au but en football, ne pédale que pour ça. Gagner. »

Chapitre 3

Superman est né à Boyaca

« Sur un vélo que même un chien n'aurait pas voulu monter, incapable de se mettre en danseuse parce que ses savates glissaient sur les pédales, le type nous en a mis plein la vue. »

Rafael Acevedo,
premier éducateur (et beau-père)
de Miguel Angel Lopez.

À Sogamoso, Rafael Acevedo, l'ancien coéquipier de Lucho Herrera dans la grande équipe Café de Colombia, reçoit le voyageur par un « Bienvenue à La Mecque du cyclisme ». Fabio Parra, Edgar « Condorito » Corredor, Henry Cardenas et Alvaro Sierra, autres anciennes gloires de Café de Colombia, et plus tard « Chepe » Gonzalez, ont largement contribué à cette popularité. À « Sogamoxi », en langage des Indiens Muiscas anéantis avec leur temple du Soleil par les Espagnols, Rafael Acevedo est partout. Il a fait florès dans les affaires : deux magasins de cycles, un immeuble dans la 12e Rue, deux fermes, des terres en culture, du bétail. Il est aussi engagé dans des fonctions emblématiques : président de la Liga de Boyaca, directeur sportif, créateur de la plus vieille école de cyclisme du pays qui porte son nom, conseiller municipal pendant sa carrière professionnelle. Il est enfin l'un des instigateurs de l'ordonnance innovante intitulée « *Boyaca, raza de campeones* », (Boyaca, race de champions), prise par le gouvernement afin d'organiser une politique de détection qui se fiait trop jusque-là à l'empirisme.

À 66 ans, il bat toujours la campagne à la recherche de jeunes talents. Il ignorait qu'en donnant un vrai vélo à un débutant de 16 ans, auteur d'un exploit sur une bécane de 15 kg en souliers de ville, il deviendrait son beau-père. Sans le savoir, Rafael Acevedo, dans le rôle du (futur) beau-père, et Miguel Angel Lopez, dans celui du (futur) gendre, ont des antécédents communs. Naissance dans un hameau, famille paysanne et nombreuse, ils plantent et récoltent maïs, blé, orge, patates, savent traire les vaches ou tondre les moutons. Cinquante ans d'écart entre les deux mais la même rigueur, la même discipline, le même sacrifice. Du lever du jour à la nuit tombée, sous la pluie ou dans le froid, ils sont habitués à résister à la faim, au soleil, à l'orage. Sa première bicyclette, le jeune Acevedo mettra un an avant d'en réunir toutes les pièces, achetées une par une. Le jeune Lopez, bon élève, plutôt doué, va à l'école tous les jours sur un vieux VTT. Quatre kilomètres en descente à l'aller, quatre kilomètres en côte, au retour, et après l'école, le travail de la ferme. Pas de temps mort. Santiago, le papa, est paysan bûcheron. Miguel Angel apprend très tôt à se servir d'une hache, charrie des troncs sur son dos. Des séances de musculation qui lui seront très utiles plus tard, pour défendre son bout de gras.

Un dimanche pas comme les autres, une course pirate est organisée dans les environs. 10 000 pesos l'inscription. Miguel Angel ne les a pas. Discute. Un politique en campagne sort un billet, il aura un dossard. Le contre-la-montre en côte a lieu sur les pentes du Cruzero, un col long de 16 km. Le départ est donné à 2 450 m, l'arrivée jugée à 3 350 m. Souvenir d'Acevedo : « Sur un vélo que même un chien n'aurait pas voulu monter, incapable de se mettre en danseuse parce que ses savates glissaient sur les pédales, le type nous en a mis plein la vue. » Meilleur temps. Le beau-père, enfin pas encore, n'a pas oublié : 37 min 40 s. Épaté par sa performance, il lui propose aussitôt de rejoindre son club cycliste et même de le faire progresser en lui donnant des conseils personnels. Le jeune Lopez qui vit à El Hato, un hameau retiré, en lisière de forêt, à quelques kilomètres de Pesca, vient s'installer dans une ferme des Acevedo, La Motua, aux environs de Sogamoso. Le contrat est le suivant : entraînement selon les plans tracés par le « patron », en contrepartie, menus travaux aux champs. La ferme est vaste, elle accueille aussi, dans une bâtisse voisine, une femme et ses trois vaches. Une semaine plus tard, Acevedo vient faire le point, s'inquiète de l'adaptation de sa nouvelle recrue. Rien à redire. Au moment de se séparer, la gardienne des vaches intervient. Une génisse qui vient de mettre bas refuse de se laisser traire. Calmement, Miguel Angel entre en scène et lui soutire une bonne quantité de lait. Confidence du futur beau-père : « Je me suis dit, ce type-là, tu le laisses dans le désert, non seulement il va survivre mais il va te trouver du pétrole. »

Le dimanche s'étire, Acevedo a posé beaucoup de questions mais il en est de plus en plus convaincu, « ce gamin a un avenir de perle rare. » Il est 6 heures du soir quand il quitte la ferme. Dans sa tête, une idée a germé. Il va aligner son champion au départ de la Vuelta del Porvenir 2011 qui s'élance dans quelques jours. Presque au même moment, Miguel Angel se rend compte qu'il a besoin d'acheter une recharge de téléphone, enfourche son vélo, direction Sogamoso, à 6 km de là. Et tout bascule. À l'intersection de la rue Primera et de la 11e Rue, deux jeunes voleurs armés de couteau lui barrent la route, le désarçonnent et tentent de lui arracher son vélo. Ils ne savent pas que son propriétaire a coupé des troncs de bois et les porte sur son dos depuis l'âge de 10 ans. Il en désarme un, mais pendant qu'il a le dos tourné, le second le poignarde à deux reprises dans la cuisse droite. Les blessures sont profondes. En clinique, on lui pose neuf points de suture. Le départ du Tour de l'Avenir, version colombienne, réservée aux moins de 18 ans, a lieu dans douze jours. Le médecin lui prescrit un arrêt de travail de six jours avec interdiction de remonter sur un vélo. Trois jours après l'agression, à l'insu de tout le monde, « El Monito », le blondinet, comme l'appelle affectueusement Acevedo, teste sa cuisse dans un col baptisé « l'Everest » à cause de ses rampes raides et rustiques, 28 % au plus fort de la pente. Ses points à la cuisse ne craquent pas. Au départ de la première véritable course de sa vie, deux cent trente engagés, sous le maillot vert et rouge de l'équipe Osez Boyaca, dirigée par Rafael Acevedo, on lui a mis d'autorité un casque rouge, plus facile à repérer. Le premier jour, il prend la bonne échappée. Le deuxième, avec arrivée au sommet du col de la Cumbre, qui domine Duitama, il attaque à 3 km du but. Le seul à pouvoir prendre sa roue, sans lui donner le moindre relais et, bien sûr, qui le devance sur la ligne, s'appelle Richard Carapaz, le futur vainqueur du Giro 2019. Un radioreporter, épaté par le cran et la générosité du petit Lopez, l'interviewe dans la foulée. L'histoire est belle, presque trop, il exhibe alors sa cicatrice toute fraîche, occasionnée par les deux malfaiteurs. Sur le champ, le narrateur lui colle le surnom de « Superman ». Il le portera pour le restant de ses jours.

L'éclosion tardive de ce jeune grimpeur risque-tout se confirme par un exploit passé complètement inaperçu. En février 2014, après une saison presque blanche en 2013, suite à un sérieux problème au genou, il dispute en guise de rentrée un contre-la-montre en côte de 6 km, la Clasica de Combita, organisée par Nairo Quintana, la gloire locale, déjà professionnel depuis cinq saisons. Quintana a mis la barre très haut lors de la première édition mais Lopez, tout juste deux saisons d'amateur, fait beaucoup mieux : 50 secondes de moins ! Nouveau record. Il croule sous les propositions après sa victoire dans le Tour de l'Avenir 2014. Il a 20 ans et choisit de rejoindre l'équipe kazakhe Astana. Pour ses grands débuts dans l'Élite, en 2015, il s'adjuge Milan-Turin, remporte le Tour de Suisse en 2016 et confirme ses qualités de coureur de grand fond en terminant 3e du Giro et de la Vuelta 2018. Mais une préoccupation va se renforcer au fil des saisons : les chutes. Fracture du poignet en 2012 dans la Vuelta du Porvenir ; ligaments du genou touchés dans la Vuelta de la Juventud en 2013 ; nouveau problème au genou en 2015 ; traumatisme facial et plancher dentaire explosé dans le Tour d'Espagne 2016 (abandon) ; gamelle dans le Tour de Suisse 2017 (abandon) ; rechutes dans les 1re et 5e étapes du Giro 2018 ; déséquilibré par un spectateur, qu'il boxe en se relevant, dans la 20e étape du Giro 2019. Un long chemin de croix. Le mauvais sort, pense Rafael Acevedo. Que la famille, très croyante, tente de conjurer par des prières, des offrandes et des promesses à la Vierge de Morca, un petit sanctuaire sur les hauteurs de Sogamoso, où les fidèles viennent se recueillir.

Dans les coups de blues de « Superman », qui envisage de tout envoyer bouler en 2013 à cause d'une maudite douleur au genou qui lui bousille la saison, Paula Natalia, la fille de Rafael Acevedo, est de plus en plus présente. Dans la famille Acevedo, tout le monde a pris un jour une licence. Natalia a renouvelé la sienne six années de suite. En 2010, elle s'est classée 3e de la Vuelta du Futur, réservée aux moins de 18 ans. Aux entraînements, elle garde la roue des garçons sans difficulté. Entre Miguel Angel et elle se noue une complicité. Cette affinité devient vite une relation mais l'heure n'est pas encore à l'officialisation. En 2013, Natalia Acevedo part disputer le calendrier américain, s'établit dans le Wisconsin et s'inscrit à l'université de Madison. À son retour, ces deux-là ne se quitteront plus. Un petit Geronimo est né l'année dernière. Pour trouver la force de surmonter les épreuves à venir, au mois d'octobre 2019, « Superman » et sa petite famille, flanqués du beau-père et de la belle-mère, sont allés à la rencontre du pape François, place Saint-Pierre. Depuis, « Superman » ne parle plus d'abandonner le cyclisme. Il veut gagner le Tour de France si la malchance le laisse tranquille. Enfin, un grand Tour pour commencer suffirait à son bonheur. C'est son beau-père qui le dit. À 26 ans, il ne s'est jamais senti aussi fort.

Partie III

LES ILLUSTRES

Chapitre 1

Les années 1950
El Zipa Forero, l'indomptable

« En bas dans les vallées, on saluait les généraux, en haut dans les montagnes, on croisait la guérilla au bord du chemin. »

Efrain Forero,
vainqueur du premier Tour de Colombie 1951.

La coïncidence est remarquable et historique. Efrain « El Zipa » Forero, le premier vainqueur du Tour de Colombie 1951 et Egan Bernal, le dernier vainqueur du Tour de France 2019, sont tous les deux natifs de Zipaquira, une petite ville de la Cordillère, à 40 km au nord-ouest de Bogota. Entre les deux champions et les deux événements, une dynastie de grimpeurs fameux, surnommés les *escarabajos*, sorte de petits scarabées. Grâce à leurs exploits dans le Tour de France, ils deviendront dans les années 1980 les coléoptères les plus célèbres d'Europe.

Le Tour de Colombie a une histoire jeune comparée à celle du Tour de France. Le 5 janvier 1951, quand les trente-cinq coureurs s'élancent de Bogota, Plaza Simon-Bolivar, sous les fenêtres du journal *El Tiempo*, l'organisateur, ils doivent boucler dix étapes et 1 254 km. La même année, le tracé de la 38e édition du Tour, entre Metz et Paris, comprend vingt-quatre étapes, s'étire sur 4 690 km et s'apprête à accueillir 123 engagés. Un autre monde. La première Vuelta Colombia, avec ses routes cabossées qui deviennent vite des pistes, puis des chemins et même des chemins épouvantables, se rapproche davantage des origines de la Grande Boucle. En 1903, l'année de Maurice Garin, il n'y a que six étapes et 2 428 km, en 1905, celle de Louis Trousselier, onze étapes et 2 994 km.

L'idée soufflée aux futurs organisateurs colombiens par « El Zipa » Forero, champion de Colombie sur route en 1950 et médaille d'or aux Jeux panaméricains de Guatemala la même année, est chez lui une obsession. Devant son insistance, ils finissent par se laisser convaincre pour une reconnaissance. Elle a lieu entre Bogota et Manizales. Quatre cols à escalader, 295 km de routes immondes, des descentes vertigineuses à plus de 20 %. Sur un vélo dont le poids dépasse les 15 kg, le messager arrive à Manizales quatre heures et demie avant la jeep où ont pris place Jorge Buitrago et Pablo Camacho pour le journal *El Tiempo* et Donald Raskin, un homme d'affaires britannique. « Je suis passé par des chemins où les mulets et leur chargement de bois ne devaient pas s'aventurer souvent », m'a raconté l'auteur de cet exploit. Pour la triplette motorisée, le pari est gagné. « El Zipa » est passé, les autres suivront. La finalité de ce premier Tour de Colombie est d'offrir un nouveau souffle à une population à peine sortie de la guerre des Mille Jours et qui se retrouve à nouveau confrontée à une autre guerre civile. Elle ne le sait pas encore, ce nouveau conflit armé, baptisé *La Violencia*, fera plus de 300 000 morts et se prolongera jusqu'en 1960.

Cette distraction sur deux roues est inespérée. On s'entiche immédiatement de ces cyclistes, encore anonymes la veille, issus de milieux pauvres, de quartiers populaires, de la rue d'à côté, d'un magasin où on fait ses courses. À Bogota, Medellin, Pereira, partout on s'identifie à ces hommes qui partent braver les intempéries, gravir des cols, risquer leur vie dans les descentes, et travaillent comme eux sur une chaîne d'embouteillage, une raffinerie de sel, un garage, une boucherie ou dans les champs de patates. Dans les cafés, les échoppes, l'imaginaire façonne les premiers héros. Mauvaise surprise en revanche, les mentalités régionalistes donnent lieu à des affrontements d'une surprenante violence. En 1953, le coureur de Medellin Ramon Hoyos, grand rival d'Efrain Forero, est accueilli dans la capitale par des jets de pierre et de projectiles en tous genres. Une bouteille l'atteint à la tête, fort heureusement sans gravité. Deux jours plus tard, Hoyos remporte une nouvelle étape sur le « territoire » de Forero. Il est bloqué sur la ligne d'arrivée par les supporters d'« El Zipa ». Les vitres de la voiture qui l'attend sont brisées et le chauffeur, éjecté de son siège, retenu prisonnier. Sous une grêle de coups, Hoyos parvient tout de même à s'enfuir au volant de l'automobile cabossée comme une vieille boîte de conserve. Dans une chronique, publiée dans *El Tiempo*, l'écrivain Eduardo Escobar observe à propos de Hoyos : « C'était un champion avec une capacité de masochisme à toute épreuve. Je le revois entrer dans Bogota, un collier de galettes d'*arepas* (faites à base de maïs) autour du cou, le visage ensanglanté parce qu'il avait été reçu à coups de pierre en cette horrible époque du régionalisme. »

La première édition du Tour de Colombie ressemble à une expédition de chercheurs d'or. Forero, qui aujourd'hui a perdu la sensibilité de ses jambes mais pas la mémoire, court avec le dossard 5 : « Je savais où j'allais grâce à la reconnaissance quelques semaines plus tôt. Dans la bétaillère où ma mère faisait le directeur sportif, j'avais deux roues de rechange, une pharmacie, des couvertures, une pelle et des planches si par hasard on venait à s'enliser quelque part. Le dépannage, il fallait que ça soit du solide. » Au terme de l'épreuve, « El Zipa » repousse son dauphin à 2 h 19 min 20 s. Ce sera son unique succès, à l'inverse de Hoyos qui s'imposera à cinq reprises (1953, 1954, 1955, 1956, 1958). Mais dans la mémoire collective Forero est assimilé au premier conquérant. Pour toujours. Son talent, sa ténacité, son courage, son magnétisme lui valent même un deuxième surnom, « El Zipa Indomable », l'indomptable. Il disputera dix Vueltas Colombia, parsemées d'embûches et de mésaventures. La plus folle survient au cours de l'édition de 1955. À l'approche de Medellin, soudain Forero et tous les coureurs de Bogota sont stoppés par un barrage de voitures, cernés par des hommes armés de machettes. Obligés de mettre pied à terre sous la menace, ils repartent quarante minutes plus tard mais « El Zipa » a perdu toute chance au général. En 1957, une nouvelle opportunité se présente. Hoyos, pénalisé de cinq minutes, crie au scandale. La sanction est maintenue, il se retire avec son équipe d'Antioquia. Dans l'avant-dernière étape, l'Espagnol Jose Gomez del Moral, le leader, est piégé. Efrain Forero demande alors à Jorge Luque, un autre coureur de Bogota, de rouler. Ce dernier refuse et « El Zipa » termine deuxième, Luque… troisième.

Lors des premières éditions, les écueils sont de tous ordres. Politiques, en raison du conflit qui oppose l'armée au front révolutionnaire et commotionne le pays tout entier : « En bas dans les vallées on saluait les généraux, en haut dans les montagnes, on croisait la guérilla au bord du chemin », confie Efrain Forero à Matt Rendell, auteur de *Rois des montagnes*. Géographiques, parce que l'organisateur doit improviser tous les matins, selon la topographie et les difficultés surgies parfois la veille. « Aujourd'hui, il faut traverser le rio Seco à gué. Il y aura de l'eau jusqu'aux genoux. » Ou plus loin : « La route est coupée. L'étape aura lieu dans le sable. » Quant aux conditions de sécurité, elles font plutôt penser à une course de survie. Désormais, une seule voiture de dépannage est affrétée par l'organisation pour le ravitaillement, les crevaisons et les premiers soins en cas d'urgence. Parce qu'il arrive du fond des âges, justement, ce vélo des années 1950, ces premières épopées deviennent dans les livres « l'âge de pierre ». L'argent aussi est un obstacle sérieux. Les concurrents sont pauvres et doivent s'endetter pour payer les droits d'engagement, financer le matériel, la nourriture, les hôtels, souvent, et faire vivre leur famille. Forero, comme beaucoup d'autres, ajoute des petits boulots à sa journée de manutentionnaire à la raffinerie de sel de Zipaquira. Quand cela ne suffit pas, il emprunte à son patron. Il est prêt à tous les sacrifices pour courir. Il participe à son deuxième Tour de Colombie, en 1952, grâce à un prêt de 5 000 pesos. L'année suivante, il appartient à l'équipe de Colombie amateur invitée à aller disputer la Route de France, qui se déroule dans le Nord. Le Français José Beyaert, originaire de Lens, vainqueur du Tour de Colombie 1952, sert d'intermédiaire et fait office de directeur sportif. Il héberge les Colombiens chez lui. La course, remportée par le Français Louis Barès, est un fiasco pour les coureurs des hauts plateaux andins : hors délai dès la deuxième étape, sauf « El Zipa », qui chute le lendemain et abandonne, rotule gauche fracturée. Dans sa maison du barrio

Fontibon, au sud de Bogota, où il s'est retiré depuis une trentaine d'années, il relève son pantalon, exhibe une cicatrice et raconte la suite : « J'ai été opéré le lendemain. Vingt jours après je remontais sur le vélo. » Mais au moment de rentrer au pays, coup de théâtre, « El Zipa » décide de rester en France. « Grâce à José [Beayert], j'ai disputé d'autres courses mais il fallait manger et payer ma pension. » Sans ressources, il vend un taxi dont il a fait l'acquisition un an auparavant à Zipaquira et prolonge son séjour jusqu'au Championnat du monde qui se dispute à Lugano. Seul Colombien au départ, sa course est émérite. À un tour de l'arrivée, il est encore dans le groupe de tête avant qu'une crevaison ne vienne tout gâcher. Il se classera 45e à 5 minutes du vainqueur, l'Italien Riccardo Filippi qui devance Gastone Nencini et Rik Van Looy.

L'engouement autour d'Efrain Forero, de Zipaquira, sa ville, et de Bogota, n'est rien à côté de l'emballement qui agite le département d'Antioquia. Les exploits de Ramon Hoyos grisent Medellin. Il s'impose cinq fois dans le Tour de Colombie. Seul Rafael Niño qui en compte six, a fait mieux. Si Forero est une *figura*, une vedette, Hoyos est considéré comme le premier *monstruo* du cyclisme colombien. À douze ans, il voulait être curé, « j'avais une grande facilité pour apprendre le catéchisme », à treize, il n'est encore jamais monté sur un vélo. Il s'est rattrapé par la suite. Mais la désinvolture avec laquelle il « fait le métier », à ses débuts, est charmante. À un certain Gabriel Garcia Marquez, futur Prix Nobel de littérature (1982), alors jeune journaliste à *El Espectador*, qui écrit sa biographie, il avoue : « On partait à l'entraînement en petit groupe. En chemin on fumait des cigarettes, sept ou huit. Si on traversait un village où il y avait un bal, on s'arrêtait danser. On buvait un ou deux verres d'*aguardiente*, c'était plus facile avec les filles, et on repartait. »[1]

Issu d'un milieu pauvre, le petit Ramon commence à travailler très tôt. Vendeur de crèmes glacées, employé sur des métiers à tisser, apprenti boucher, livreur à vélo, maçon, mécanicien, Hoyos fera mille métiers avant de consacrer plus de temps aux courses du dimanche. Dès que la route s'élève, il largue les amarres et les autres le revoient à l'arrivée. Il a vingt ans quand il s'aligne pour la première fois, en 1952, dans la Vuelta Colombia, remportée par le champion olympique sur route 1948, le Français José Beyaert. Hoyos est moqué pour son équipement, un short de football et des chaussures de ville, autant que pour son style : « Je montais les cols les jambes écartées. On me disait que j'avais la même position que Bartali. Je ne savais pas si c'était bien ou mal. » C'est pourtant lui, que le peintre et sculpteur colombien Fernando Botero, immortalise dans un tableau intitulé *La Apoteosis*, « l'Apothéose »,

1. Il s'agit d'une série de quatorze articles, parue dans *El Espectador* sous le titre « El triple campeón revela sus secretos » (le triple champion révèle ses secrets), écrits à la première personne comme s'il s'agissait d'une autobiographie.

de 3,14 m sur 1,72 m, offert au musée national de Copenhague. En 1953, Hoyos revient sur la Vuelta et fait une razzia : huit étapes et le général.

Sa rivalité avec « El Zipa » Forero prend des tournures de plus en plus alarmantes. Jets de pierre, crachats, coups, il doit être escorté dans une Vuelta Colombia par quatre policiers qui fendent la foule revolver en main. « Au fond, j'étais flatté d'avoir droit à une escorte très spéciale en certains endroits. » Il participe à deux reprises aux Jeux olympiques, Melbourne 1956 et Rome 1960, mal classé les deux fois, respectivement 13e et 48e. Au cours de son séjour romain, il tombe en admiration devant ces Vespas qui se faufilent dans le flot des voitures. L'idée fait son chemin. Après sa carrière, en 1964, il ouvre un magasin de cycles à Medellin et devient distributeur exclusif des scooters Piaggio. Son grand drame sera d'apprendre en course la mort de sa mère et de sa sœur dans un accident de voiture. Il est lui-même décédé le 19 novembre 2014 d'une crise cardiaque. Il laisse gravée dans le marbre l'expression « *la caravana paisa* », synonyme de domination sans partage des coureurs antioqueños, au cours des années 1950. Une suprématie que le talentueux Martin Emilio Cochise Rodriguez, né à Medellin, véritable phénomène sur piste et sur route, va entretenir avec brio et maestria tout au long des dix années qui vont suivre.

José Beyaert, champion et trafiquant

En 1951, l'invitation du gouvernement colombien pour l'inauguration du vélodrome Santiago-Trujillo, à Bogota, va bouleverser la vie de José Beyaert, né à Lens, le 1er octobre 1925. Aux Jeux de Londres, en 1948, il est sacré champion olympique sur route, passe professionnel l'année suivante et rejoint Elyett-Hutchinson. Sur le Giro 1950, Beyaert, qui ne craint personne, règle ses comptes à coups de poing avec deux équipiers de Gino Bartali qui veulent l'empêcher de faire les sprints. Il aligne deux Tours de France dans l'anonymat (47e en 1950, éliminé à la 7e étape en 1951), fait ses comptes et se pose des questions. Comment rentabiliser tous ces sacrifices ? Le courrier du gouverneur colombien arrive à point nommé. Beyaert pose le pied à Bogota le 2 octobre 1951, rafle quelques contrats faciles sur piste ou dans des critériums. En quelques mois, le charisme du Nordiste en fait un personnage très populaire. Il a droit aux gros titres dans la presse. À Bogota, il se sent bien dans l'entourage de ses nouveaux amis. Dans son livre *José Beyaert, Vélo d'or*, l'auteur Jean-Pierre Mortagne, recueille ses confidences et ses frustrations, et note : « En Colombie, il courait devant 30 000 personnes, et dire qu'à Pantin ses voisins n'ont jamais su qu'il était champion olympique ! »

Beyaert décide de redescendre amateur pour tenter l'aventure dans le Tour de Colombie 1952. *L'Équipe* titre : « José entre dans la jungle. » Beyaert gagne son pari et s'impose. À sa grande surprise, il est invité par le président de la République, Roberto Urdaneta Arbelaez qui lui propose le poste d'entraîneur national. Il accepte, crée de nombreuses écoles de cyclisme, dont certaines sur la côte atlantique fonctionnent encore. Mais rien n'est simple avec ce gaillard que rien n'effraye. Il se reconvertit dans le commerce clandestin des émeraudes, approche d'assez près le chef du cartel de Bogota, José Rodriguez Gacha, narcotrafiquant de gros calibre, éveille les soupçons de la justice colombienne et se retrouve dans le collimateur des FARC. Après de nombreux allers et retours entre Paris et Bogota, Beyaert rentre définitivement en France le 22 juillet 2000, s'installe à La Rochelle où il meurt le 11 juin 2005. Il avait 79 ans.

Chapitre 2

Les années 1960

Cochise, le règne *paisa*

« La sublime qualité de ce champion réside dans une animalité absolue. Il sacrifie tout au vélo, l'amour, la fête, les femmes. »

Gonzalo Arango, écrivain.

Après le règne de Ramon Hoyos – cinq Tours de Colombie à son palmarès (1953, 1954, 1955, 1956, 1958) – Medellin n'a pas poireauté longtemps. Au début des années 1960, un jeune coureur tout en jambes, Martin Emilio Cochise Rodriguez, déboule dans le décor. Il ne manque ni d'aplomb, ni de talent. La presse lui a déjà balancé des coups d'encensoir pour sa médaille d'or en poursuite, aux Jeux d'Amérique centrale de 1962. La même année, au Tour de Colombie, il n'est qu'à huit misérables secondes de l'exploit, le même écart fatidique qui séparera Greg LeMond de Laurent Fignon à l'arrivée du Tour 1989.

La transition avec la décennie qui s'achève est brève mais un monde sépare déjà les deux champions Ramon Hoyos et Cochise Rodriguez, aux personnalités opposées. Hoyos, au début des années 1950, récitait le catéchisme, était le premier de sa classe en arithmétique, et voulait être premier du peloton dans les cols de la Cordillère. À l'inverse, Cochise, orphelin de son père, Victoriano, onze jours après sa naissance, a toujours voulu bouffer le monde, bourlinguer. Le jeune Cochise, pas épargné par les morsures de la chienne de vie, part de très loin. Crieur de journaux dans la rue à huit ans, vendeur de charbon à dix, serveur dans un café, livreur à vélo, le pire de ces gagne-pain étant celui où il devait aider les gens à se garer, un chiffon rouge à la main, sur le parking de Campo Valdès, pour dix ou vingt centimes. C'est grâce à ces boulots de misère que Cochise se forge un mental en béton armé, à l'image de son héros, le chef indien Apache de la tribu Chiricaua, le grand Cochise, qu'il a découvert, admiré et adoré sous les traits de Jeff Chandeler dans le film de Delmer Daves, *La Flèche brisée*, à l'âge de dix ans.

De toutes ces besognes de crève-la-dalle, celle qu'il aime par-dessus tout est celle de livreur, où il peut zigzaguer entre les bus, les voitures, sprinter, avaler les côtes dans les rues de Medellin. Au journal *El Colombiano*, il raconte : « Plus j'allais vite, plus je me faisais de pourboires. » Et c'est avec une phrase de Francisco, son frère aîné, qui allume encore une petite lumière dans sa tête, qu'il décide de se lancer : « Un jeune qui monte tous les jours à vélo comme toi a 99 % de chance de devenir un bon coureur. »

Cochise ne traîne pas. Après sa déconvenue des huit secondes, dans le Tour de Colombie 1962, il remet les pendules à l'heure dans l'édition suivante, en remporte quatre au total (1963, 1964, 1966, 1967), avec en prime 39 victoires d'étapes, record à battre. En 1963, il s'adjuge aussi le Clasico RCN, l'autre grande épreuve nationale. Le décollage est vertical. Freiné une seule fois dans le Tour de Colombie par le succès de son grand rival Javier « El Ñato » Suarez, natif de Medellin lui aussi, mais qui défend les couleurs de Pereira, la capitale du café. À la fin de sa carrière, « El Ñato », vainqueur également de deux Clasico RCN, 1965 et 1966, fera cette réflexion au journal *El Espectador* : « Être contemporain de Cochise a été un grand handicap. En montagne je le valais largement, mais il avait tout le peloton des Antioqueños qui roulait pour lui. S'échapper était pratiquement impossible. »

L'hégémonie des coureurs *paisas* s'accompagne d'un autre grand changement au cours de cette décénie : le rôle de la presse. Devant le succès populaire, elle multiplie les envoyés spéciaux. Les émissions aux heures de grande écoute, les programmes polémiques, cartonnent. C'est aussi l'apparition des *transmoviles*, véhicules à six roues, à mi-chemin entre une voiture et un camion, équipés de radars, de radiotéléphones, de tourelles. Ils pourraient aussi bien sortir d'un film de Mad Max. À bord, les journalistes radio de RCN (Radio Colombia Nacional) et de Caracol, les deux stations les plus puissantes du pays, assurent dix heures de couverture non-stop des grandes épreuves. Leurs commentaires font de plus en plus souvent mention du Tour de France, des exploits de l'Espagnol Julio Jimenez, « l'Horloger d'Avila », dans les Pyrénées, des prouesses de Felice Gimondi dans les Alpes. Le porteur du Maillot Jaune ou du maillot à pois apparaissent en photo dans les colonnes du *Tiempo*. On commence à comparer les faits d'arme de Cochise à ceux de Jacques Anquetil, quintuple vainqueur du Tour entre 1957 et 1964, et même au jeune Eddy Merckx qui vient de s'approprier le premier Tour de son quintuplé, en 1969. La publicité fait la prospérité des journaux. *La semilla* du Tour de France, la « petite graine », selon la formule à la mode, ne va cesser de pousser.

Cochise Rodriguez – il a fait légaliser son surnom – est le grand personnage des sixties. Pour lui, le vélo n'est plus une nécessité. C'est un fantasme assumé, un rêve qui lui durera toute une vie. Ses exploits, ses paris osés sont salués. Mais les louanges, parfois, n'empêchent pas la contestation. Et quand l'écrivain Gonzalo Arango vient l'interviewer pour le magazine *Cromos*, le 20 mai 1968, ça se gâte : « Le Sacré-Cœur de Jésus le plus laid du monde se trouve dans le barrio Bolivar, Carrera 8, n° 37-6, de Medellin. Dans cette maison vit Martin Emilio Cochise Rodriguez. » Il poursuit sa description : « Il y a des porcelaines laides mais bon marché face à une sorte de bar préfabriqué plein de petits drapeaux. Cet accoutrement dénonce le mauvais goût du prolétaire bourgeois. » Le coureur, lui, est épargné : « La sublime qualité de ce champion réside dans une animalité absolue. Il sacrifie tout au vélo : l'amour, la fête, les femmes. Il ne boit pas, ne fume pas. Il s'économise intégralement pour l'heure de vérité. » C'est un bloc de glace qui lui tombe dessus, Cochise se sent « insulté, trahi » par un homme qu'il a invité dans sa maison, dans son intimité. Pour l'anecdote, l'écrivain, assailli de lettres de menaces, est obligé de déménager incognito et sans tarder. Cochise ne dévie pas d'un pouce de sa trajectoire. Son regard se porte de plus en plus souvent au-delà de la Cordillère. Il a une nouvelle idole : Eddy Merckx. Il le trouve « beau posé sur un vélo » avec « une autorité terrible ». Il rêve d'Europe mais pas trop. Il sait qu'un des anciens amateurs qu'il a côtoyés dans son club cycliste de toujours, Mediofondo, est allé s'installer là-bas. Qu'il s'est embarqué sur un bateau, le *Fort-Carillon*. Les journaux ont surnommé Giovanni Jimenez « l'Explorateur ». Ils ont parlé de Cologne, en Allemagne, puis de Belgique. Jimenez est comme lui, de Medellin. Il n'est pas revenu. À l'état civil il est deux mois plus âgé que Cochise. « Jim », employé dans la multinationale Siemens, s'est laissé convaincre par un ingénieur allemand qui lui a vanté les bénéfices d'une expérience en Europe. Cochise a appris que le

Paisa avait décroché un contrat professionnel dans une équipe belge, Mann-Grundig, qui a fait le Tour de France. Ça se bouscule dans sa tête. D'autant que « l'Explorateur » fait un joli bout de chemin. En 1971, il décroche un contrat chez Bic, au côté de Luis Ocaña, futur vainqueur du Tour de France 1973. Hasard de la vie encore, sous le maillot orange et blanc, Jimenez côtoie Jean-Marie Leblanc, le futur directeur du Tour de France, et d'autres Nordistes qui ont fait carrière : Alain et Guy Santy, Alain et Sylvain Vasseur, Philippe Crépel, Christian Palka. Il continue ses sauts de puce, de formation en formation. Chez Magiglace, en 1974, il fréquente Bernard Guyot et Roger Legeay. Chez Daf Trucks, en 1979, sous sa dernière casaque, Ferdinand Bracke et Guido Van Calster. Un matin, en lisant les journaux, Giovanni Jimenez a un pincement au cœur : « Voilà que je vais raccrocher le vélo et que le *Fort-Carillon*, après sa traversée, fera sa dernière escale à Hambourg pour y être dézingué. »

À ce stade, il faut rembobiner l'histoire pour retrouver Cochise à l'aube des années 1970. Plus que jamais, il veut aller tenter sa chance sur le Vieux Continent, mais pas n'importe où. Le célèbre constructeur Giacinto Benotto, son vieil ami, natif de Turin, qui lui fournit tous ses vélos, lui a beaucoup parlé de l'Italie. Avec Claudio Costa, un autre italien, entraîneur de l'équipe nationale sur piste en Colombie, ils connaissent les qualités de pistard de Cochise. Ils le poussent à s'attaquer au record de l'Heure sur la piste du vélodrome Agustin-Melgar, à Mexico, où Benotto a installé son usine de cadres de vélos, depuis 1952. Le 7 octobre 1970, Cochise parcourt 47,553 km dans l'heure. Nouveau record. Affublé d'un surnom de circonstance, « El Jet », il intensifie sa préparation sur la piste et devient champion du monde de poursuite, en 1971, à Varèse. Radié par le CIO et l'UCI du monde amateur, l'Italie lui ouvre grand ses portes et le voilà sous les couleurs de la puissante maison de cycles Bianchi, de 1973 à 1975, où il devient l'équipier préféré de Felice Gimondi, vainqueur du Tour 1965. Cochise ne rêve pas. Il va pouvoir se mesurer à Eddy Merckx, son idole.

Escarabajos, la légende

En Colombie, la population des *escarabajos,* ou scarabées, est très répandue. Il en existe plus de 75 000 espèces dont certaines apparues il y a plusieurs siècles. Le générique des coléoptères « sur deux roues » est plus récent. Ramon Hoyos, champion des années 1950, vainqueur de cinq Tours de Colombie, est l'ancêtre emblématique d'une longue dynastie chez les *escarabajos*. Qui a été le premier à lui coller ce surnom devenu culte ? Deux versions cohabitent. La première est attribuée à un speaker du Tour de Colombie 1951. Lors d'une étape en haut du Paramo de Letras, un colosse de la Cordillère, qui culmine à 3 680 m et s'étire sur 80,7 km, le speaker se serait écrié en voyant arriver Hoyos, couvert de terre, zigzaguant, éreinté par l'ascension : « Ce n'est pas un être humain, c'est un *escarabajo*. » La seconde version est revendiquée par le journaliste Carlos Arturo Rueda, un monument de la radio de l'époque. Époustouflé par ses facultés de grimpeur, il l'aurait alors affublé du nom du coléoptère volant. Ramon Hoyos, disparu le 19 novembre 2014, a également été rendu célèbre sous la plume de Gabriel Garcia Marquez, auteur de sa biographie, et par Fernando Botero, le peintre sculpteur, qui l'a immortalisé sur une toile baptisée

L'Apothéose de Ramon Hoyos, exposée au musée national de Copenhague.

Escarabajo est aussi le titre d'un film, réalisé par le cinéaste Lisandro Duque, inspiré de la vie de Patrocinio Jimenez, et incarné à l'écran par l'acteur mexicain Eduardo Gazcon. Les descendants modernes de Ramon Hoyos sont désormais si nombreux qu'ils sont classés parfois en sous-catégories : « imperturbables », « souverains », « invulnérables », « ramassés ». Dans le Tour 2007, Mauricio Soler, qui termina meilleur grimpeur, était devenu l'*escarabajo estilizado*, le « scarabée profilé ». Le journaliste Mauricio Silva Guzman nous apprend enfin que, au mois de novembre 2014, les performances de Nairo Quintana ont inspiré les chercheurs de l'Institut des sciences naturelles de Bogota. À la suite de la découverte d'une nouvelle espèce dans le piémont des Llanos orientales, ils ont décidé de l'appeler *Nairoi Oxelytrum*. La postérité assurée.

Chapitre 3

Cochise, la renaissance

« Courir pour Merckx aurait été un couronnement dans ma carrière mais moralement je ne pouvais pas trahir Gimondi et je lui suis resté fidèle. »

Cochise Rodriguez,
ancien professionnel
chez Bianchi-Campagnolo.

Le record de l'Heure et le titre de champion du monde de poursuite ont changé la vie de Martin Emilio Cochise Rodriguez. Le CIO (Comité international olympique) et l'UCI (Union cycliste internationale) l'ont métamorphosée sans le savoir. « En me radiant des rangs amateurs, ils ne se doutaient pas qu'ils allaient me redonner le goût du bonheur. » Martin Emilio, 77 ans, dit cela avec la dignité d'un seigneur. Il vient s'asseoir chaque jour à la terrasse de ce petit café de Medellin, barrio del Velodromo, toujours à la même place, en surplomb du vélodrome à ciel ouvert qui porte son nom. « De là, je vois la ligne droite et un virage en entier. Il suffit de tendre le bras pour cueillir les souvenirs. » Quand il ne rêve pas, il se risque à vélo dans les embouteillages de Medellin, métropole tropicale et énergique, pour atteindre le circuit du parc Jean-Paul-II, où il va encore « tourner les jambes » sept jours sur sept : « La *bici*, c'est ma fiancée, ma femme, ma maîtresse et mon amie. Je ne peux pas m'en passer. Je monte tous les jours, c'est mon EPS, mon exercice physique pour la santé. »

Cet après-midi, il n'est pas assis là, face à la piste couleur sable de ses exploits, pour flâner. Il est question de son record de l'Heure et de sa radiation et peut-être vaut-il mieux commencer par celui qui lui a fourré cette idée en tête, un Italien, Claudio Costa, entraîneur national des pistards colombiens. « C'est lui qui a tout manigancé. Je disputais mes poursuites sur un vélo de sprinter que j'avais acheté à Giovanni Pettenella, un autre Italien, après sa médaille d'or en vitesse, aux Jeux de Tokyo, en 1964. C'était une bonne affaire mais Costa répétait sans arrêt que pour gagner il me fallait un vrai vélo de poursuiteur. »

Alberto Masi, un constructeur italien réputé, finit par lui en fabriquer un. Après le Mondial de Leicester, en 1970, le tandem fait un crochet par Milan pour le récupérer et prend un vol à destination de New York, où le nouveau vélo, censé être en soute, n'est jamais arrivé. Ou jamais parti. « On était en septembre, on parlait de s'attaquer au record de l'Heure à la fin du mois et j'ai repris le vélo de Pettenella. » Cochise est loin d'être au bout de ses surprises. Sur place à Mexico, Costa se rend vite compte que le 51 x 15, utilisé d'habitude, lui coûte une dépense d'énergie folle. L'entraîneur italien sort son mètre de menuisier, son pied à coulisse et décide d'opter pour un grand plateau de 68 dents avec un pignon de 19 à l'arrière. Cochise le dessine avec ses mains : « Il était si grand que Costa a dû se servir d'un marteau pour le faire rentrer. » La marque du vélo Poliaggi est aussitôt masquée par une décalcomanie Benotto, qui avait sa propre usine à Mexico et s'était occupé de tous les détails.

Le 7 octobre, à 10 heures du matin, sous un pâle soleil, Cochise s'élance sur l'anneau Agustin-Melgar pour tenter de dépasser la marque de 47,513 km, du Danois Mogens Frey. À raison de 7,54 m par coup de pédale et 106 tours/minute, il effectue 142 tours de piste, longue de 333 m. Il lui manquera 66 m pour boucler une 143e révolution quand le coup de pistolet lui signale qu'il tourne depuis une heure. Le nouveau record est officialisé à 47,553 km. Au micro des journalistes, Costa le taquine : « Il a terminé frais comme une laitue. Il recommence et le bat quand il veut. » Cinquante ans après, Cochise est toujours aussi fier de son exploit.

À son retour à Bogota, on le promène sur la plateforme de l'inusable camion de pompiers, celui qui sert à tout, pendant une journée entière. Même réception l'année suivante après son titre de champion du monde de poursuite. « S'il n'y avait pas les photos je ne le croirais pas. Ils étaient des centaines de milliers dans la rue, au balcon, dans les arbres. » Les journaux de l'époque saluent sa performance sur l'heure. *El Espectador* barre sa une du 8 octobre 1970 d'un « Cochise est unique ». Celle d'*El Colombiano*, à Medellin, est plus imagée : « Cochise et ses 68 dents ».

Les Jeux de Munich ont lieu dans moins d'un an et la médaille d'or olympique n'a jamais été si proche. Son moral est au zénith après sa démonstration à Varèse. Et soudain la foudre. La flèche en plein cœur du guerrier cheyenne. « Cochise, descendez ! » À quelques mois des Jeux, le CIO prononce sa radiation. Une détestable affaire de dénonciation. Résumée ainsi par la victime : « Un type du côté de Barranquilla a découpé une photo de moi en maillot Benotto dans un journal. Il l'a envoyée au Comité olympique en prétextant que j'étais un faux amateur et ils ont brisé mon rêve. Je suis allé à Munich mais en costume, dans les tribunes. » Cochise va avoir 30 ans. Cela va faire douze ans que « le Jet », son nouveau surnom, sillonne en tous sens le continent sud-américain, s'époumone sur la piste comme sur la route. Une partie de la presse avance le spectre d'une « fin de carrière bien remplie », au moment où de jeunes coureurs, Rafael Niño, Patrocinio Jimenez, marchent sur ses plates-bandes dans le Tour de Colombie, le Clasico RCN. Encore une fois le salut vient du clan Costa. Claudio, son entraîneur, a un frère, Guido, qui vit en Italie. Le premier lui brosse le portrait et les qualités de Cochise, le second en parle à Felice Gimondi, le leader de la grande équipe Bianchi-Campagnolo. Moins d'une semaine après, un accord était trouvé.

En février 1973, il débarque à Bergame, et quelque chose qui ressemble à une nouvelle vie commence. Le citoyen de Medellin y entre comme s'il l'avait toujours connue, comme on pénètre dans la mer des Caraïbes, avec un grand sourire. Son caractère exubérant, ses manières latines, ses jambes aussi, gomment les premières réticences. On rejoint Cochise sur la route de son premier Giro, en 1973 : « Au début, j'étais l'*Indiecito* [le "petit Indien"], même pour mes coéquipiers. Ils ont changé d'avis quand j'ai gagné une étape (la 15e, Florence – Forte dei Marmi) et quand ils m'ont vu pédaler pour deux, dans les cols que Gimondi montait accroché à mon épaule ou en s'appuyant sur ma cuisse. Et puis en fin de saison, il y a eu le Baracchi, un contre-la-montre de 110 km, que nous avons gagné Gimondi et moi. Mais il est quand même resté dans ma roue pendant 50 km, incapable de prendre un relais, avec interdiction de se relever parce que le temps était pris sur la troisième roue. » En 1975, une nouvelle victoire d'étape dans le Giro (19e, Baselga di Pine – Pordenone) récompense les efforts d'un gregario exemplaire. Dans *La Gazzetta dello Sport*, Rino Negri, le journaliste, écrit peut être le plus beau des compliments : « Si Rodriguez était passé professionnel à 20 ans au lieu de 30, il aurait pu être un rival sérieux pour Merckx. » La bravoure et les performances de Cochise lui valent des louanges et enterrent définitivement les jalousies au sein de la Bianchi. Car un incident, qui avait eu pour cadre Tirreno-Adriatico, aurait pu faire grand bruit, s'il l'avait voulu, mais le mouchardage, qui l'avait foudroyé en 1972, n'était pas sa tasse de thé.

Un matin donc, Cochise débarque au petit déjeuner, salue trois de ses coéquipiers déjà installés et trouve une table libre plus loin. L'échange est bref :

– Comment tu te sens aujourd'hui, Cochise ? demande l'un d'eux.

– Aujourd'hui je me sens comme un lion.

– Toi, un lion ? Non, toi, t'es qu'un mouton, t'es un suiveur.

Cochise n'a pas eu le temps de répondre à Giacinto Santambrogio. « Il a pris une pomme et me l'a lancée si fort qu'il m'a fracturé une côte. Tirreno-Adriatico s'est arrêté au matin de la deuxième étape et j'ai dû déclarer forfait pour le Tour d'Espagne. » L'affaire en restera là. « Giancarlo Ferretti, jeune directeur sportif de Bianchi, m'a demandé de ne rien dire à Angelo Trapletti, le grand patron. Je l'ai rassuré. Les affaires d'hommes se règlent entre hommes. »

Depuis qu'il navigue au cœur de ses trois années de grâce que lui a offertes – comment déjà ? – M. Avery Brundage, le très mormonien président du CIO, Cochise a la banane. Des profondeurs de son séjour italien, il conserve comme un grand privilège sa rencontre avec Eddy Merckx, son modèle, son idole absolue. Il choisit Milan-Turin 1973 pour l'approcher et se présenter. « Je suis Cochise, le gregario de Gimondi. Il m'a répondu en me tendant la main : *"Molto piacere"*. Et on a continué à se saluer au hasard des courses. C'est même lui qui commençait *"Hé, Coco come stai ?"* Je crois qu'il m'avait à la bonne. Je m'entendais de mieux en mieux avec lui. J'en étais à ma troisième saison quand il m'a proposé de venir à la Molteni. Gimondi l'a su, il est allé le trouver et lui a demandé de me laisser tranquille. Courir pour Merckx aurait été comme un couronnement dans ma carrière mais moralement je ne pouvais pas trahir Gimondi et je lui suis resté fidèle. » De son seul Tour de France, en 1975, (27e à Paris), il évoque un souvenir furtif en compagnie de Raymond Poulidor : « Un jour je me suis retrouvé dans l'autobus avec lui. L'étape devait bien faire 300 km. On m'avait donné une pompe pour les 150 km qui restaient. On est rentrés dans les délais. »

La carrière de Cochise, qui s'est étirée jusqu'à 37 ans, est à elle seule un petit roman d'aventure. Des boulots de misère pour débuter dans la vie – crieur de journaux, vendeur de charbon, serveur dans un café, livreur à vélo – au record de l'Heure, en passant par le Giro et le Tour de France, Gimondi, Merckx, jusqu'à son élection de « Sportif du xxe siècle », en Colombie. « Malgré ça, il y en a encore pour m'envier, râle-t-il. Après le vélo, mon autre passion, c'est l'avion. J'ai passé mon brevet de pilote et, dans un élan sympathique, des gens ont décidé de lever des fonds pour m'offrir un petit bimoteur. C'était sur le point de se faire quand quelqu'un a envoyé une lettre de menace. "Si vous lui offrez cet avion, je le tuerai." Et j'ai continué à faire du vélo. » Une plage de silence. Pendant ces secondes où on n'entend que le bruit du vent, peut être pense-t-il au jeune coureur qu'il a été ou au vieil homme qu'il est devenu. Le regret d'être né trop tôt ? « Non, mais celui d'être arrivé trop tard en Italie, oui. » Il donne un léger mouvement à son foulard de soie blanche noué autour du cou. Une heure vient de s'écouler à toute vitesse. Je ne peux pas dire pourquoi, avant de tourner le dos à la piste, je suis envahi par une sorte de griserie, d'enchantement. Je suis devant un monument et il parle.

Chapitre 4

Les années 1970
« On nous prenait pour des Indiens »

« Il fallait piquer le charbon, remplir un grand sac, le ramener sur le dos, s'éclairer avec une bougie de l'autre main. Un jour on s'est retrouvés à vingt-huit coincés par un éboulement et on a tous failli y passer. »

José Patrocinio Jimenez,
mineur à 10 ans.

Le duel qui s'annonce à l'aube des années 1970, entre Rafael Antonio Niño et José Patrocinio Jimenez, deux des plus grands champions de l'histoire du cyclisme colombien, va emballer la Colombie, encore sous le charme de Cochise Rodriguez, passé professionnel et parti en campagne sur les routes du Giro et du Tour de France. L'histoire de Niño et de Jimenez, comme celles de beaucoup d'autres, commence par des ampoules aux mains. Natifs du département de Boyaca, issus de familles pauvres et même très pauvres, ils ont une enfance de misère et une chance sur un million de pouvoir gagner leur vie sur un vélo, mais la pièce de monnaie est retombée à chaque fois du bon côté. Tous deux seront aussi à créditer d'une ascension fulgurante, quoique tardive. Niño fait ses débuts en compétition à dix-neuf ans, dispute son premier Tour de Colombie à vingt et le gagne. Jimenez a vingt ans quand il débute dans un *turismero* et s'adjuge le Tour de Colombie à vingt-trois. Naturellement, ils sont d'excellents grimpeurs. Cucaita, la bourgade où est né Niño et Ramiriqui, celle de Jimenez, sont à 2 700 m d'altitude, ça a son importance.

La ressemblance s'arrête là. Rafael Niño, fort tempérament, quitte le domicile familial à 14 ans. Direction Bogota et des boulots de survie. Patrocinio, lui, a d'autres valeurs morales, une probité sans faille. Pour aider sa mère, contrainte d'élever seule six enfants, il devient mineur dans un puits à charbon à 10 ans. Un souvenir terrible qui le poursuit encore : « Il fallait emprunter un tunnel de cent trente mètres de long, piquer le charbon, remplir un grand sac, le ramener sur le dos, s'éclairer avec une bougie de l'autre main. Un jour, on s'est retrouvés à vingt-huit coincés par un éboulement. On a tous failli y passer, la mine a fermé et je suis parti chercher du travail à Bogota. » Dans la capitale, les journées de Rafael Niño sont déprimantes. Livreur, apprenti mécanicien, il change souvent de domicile. Les bonnes semaines, il arrive à se faire 400 pesos, dix centimes d'euros. À Bogota,

Patrocinio retrouve son père, éboueur depuis de longues années. Il choisit de faire le maçon, barrio Ricaurte, avec son frère jumeau, pour 105 pesos par semaine. Il en envoie 30 à sa mère, en donne 30 à son père pour le loyer et se contente de 45 pesos. La vie sur un fil à 13 ans. Sur les chantiers, transistor à fond, les exploits de Cochise lui donnent le frisson. La truelle, ses épaules et ses mains seront ses outils de travail pendant six ans.

Sur un vélo, Niño, deux ans plus âgé, appuie de plus en plus fort sur les pédales. Avec un engin bricolé avec de gros tubes en acier, il joue à semer les voitures. Il a entendu parler de CicloAses, un vieux club cycliste où il débarque à 18 ans, en tenue de travail, chaussures de foot au pied, moins les crampons qu'il a sciés. C'est tard, 18 ans, mais Leonidas Herrera, bon samaritain, celui qui aide tout le monde, décèle immédiatement au coup de pédale, les reins, les épaules, celui qui fera ou non un bon cheval de course. Il ne se trompe pas en le voyant. À 19 ans, Niño n'a pour ainsi dire jamais couru. Un an plus tard, il déboule dans la cour des grands au Tour de Colombie 1970 et bat tous les favoris : Gustavo Rincon, Miguel Samaca, Alvaro Pachon, lauréats d'éditions antérieures, et surtout Cochise Rodriguez qui en est déjà à quatre succès.

La situation du jeune Patrocinio, l'abnégation, la constance même, évolue elle aussi. Il met chaque sou de côté, parvient à s'acheter un biclou puis un deuxième à crédit à son contremaître. Il dort avec son bijou, attaché à la tête du lit de peur qu'on le lui vole. Le *gusanillo*, le petit ver, ne le laissera plus jamais tranquille. Chaque fois qu'ils le peuvent, quand la lune leur donne un peu de clarté, les deux frères se lèvent à 3 heures du matin et partent s'entraîner. Ils appellent ça « *hacer la luna* », littéralement « faire la lune », ou plutôt faire avec la pleine lune. Profiter de sa lueur pour rouler sans les voitures, les *colectivos*, ces bus qui crachent une fumée plus noire que l'encre de calamar. Cela ressemble à un entraînement clandestin, plus de feux rouges, plus de sens interdits. Mais la réalité est toujours âpre. Ils embauchent à 7 heures. Sur les pentes raides qui s'élancent vers la Cordillère, la force de « Patro » épate les petits groupes qui accrochent un dossard le dimanche. Il les lâche presque comme il veut. Au journal *El Tiempo*, il racontera que « de voir exploser des types sur des vélos de compétition, en tenue de course, c'était [s]on grand plaisir de la journée ». Son destin, à lui aussi, va croiser celui de CicloAses. Chez Don Leonidas, il se rode dans les *turismeros*, des courses épouvantables, à trois cents engagés parfois, pignon fixe obligatoire, qui rappellent dans les nuages de poussière les westerns et la ruée vers l'or. Pour s'adapter, se donner plus vite les moyens de réussir, « Patro » démonte sa roue libre et supprime le changement de vitesse. La Clasica Nacional de Turismero, en 1973, sorte de championnat de Colombie pour débutants, pignon fixe bien sûr, est sa première grande course.

Il la gagne et tout s'enchaîne : meilleur jeune du Tour de Colombie 1974, deuxième au général en 1975, derrière… Rafael Antonio Niño qui en a déjà épinglé trois à son palmarès (1970, 1973, 1975).

Leur carrière décolle. À Boyaca, partout en Colombie, leurs supporters, de plus en plus nombreux, en sont convaincus, Cochise aura bientôt un héritier. Dans le match qui va commencer, Niño est en pôle position. Son abandon dès la 1re étape du Tour de l'Avenir 1973, où sa réputation de terreur des montagnes et ses deux victoires dans le Tour de Colombie ne pèsent pas lourd dans les rafales de vent du littoral méditerranéen, n'est déjà plus qu'un lointain souvenir. Il faut s'arrêter un instant sur l'année 1974 pour ne pas perdre une miette de son histoire. Claudio Costa, un Italien, entraîneur de l'équipe nationale colombienne sur piste, l'a croisé à plusieurs reprises et quand il parle de Niño, il dit « *il fenomeno* ». Il glisse son nom à Ferrucio Franceschini, le patron de l'équipe italienne Jolly Ceramica qui cherche un *escarabajo* pour épauler Giovanni Battaglin, son leader. Au téléphone, Costa est sûr de son coup : « Je n'ai jamais vu un type avec une cage thoracique pareille. En plus, il roule sur le plat et fait de bons chronos. » Rafael Antonio Niño signe son premier contrat professionnel en 1974 et débute aussitôt dans le Giro, gregario de Battaglin. Ce sera la plus grande frustration de sa vie. En août 2017, à El Mundo.com, il confesse : « Je ne connaissais pas toute la signification du mot “gregario”. Il ne m'a pas fallu beaucoup de temps pour comprendre comment se courait un grand Tour en Europe. Dès que la route montait, le leader s'accrochait à l'épaule ou à la cuisse du gregario. Ce n'était pas juste quelques kilomètres, ça pouvait durer tout un col. Parfois il fallait le pousser dans le dos. Presque tous les leaders faisaient pareil. Si je refusais ou si j'étais trop fatigué, on menaçait de rompre mon contrat. Battaglin ne m'a jamais fait de cadeau. J'ai terminé ce Giro à la 41e place. Ma décision était prise, je n'en ferai pas un autre. » Les bons offices de Cochise Rodriguez, professionnel chez Bianchi, n'y changeront rien. Souvenir de Niño : « Sans son soutien, ses conseils, sa compagnie le soir après les étapes, j'aurais craqué bien avant la fin. Il n'était pas question que je continue dans ces conditions. Je voulais avoir ma chance et j'ai compris que je ne l'aurai pas. Alors, avec ma femme, on est repartis. À 25 ans, je connaissais mon potentiel, je savais qu'il y avait encore de la place pour gagner des courses. »

C'est donc en 1975 que le match entre Niño et Jimenez débute, divise le pays et offre du grand spectacle sur les routes colombiennes pas toujours carrossables. Sitôt rentré, le « Niño de Cucaita », c'est son surnom, empoche le Tour de Colombie 1975 et « Patro », le suivant, en 1976. Leur rivalité n'en est pas encore à son paroxysme. Leurs racines communes, qui plongent dans le département de Boyaca, les ont rapprochés. Ils sont amis, se fréquentent en dehors des courses. Patrocinio Jimenez a même choisi Rafael Niño pour être son témoin de mariage. Ils sont si proches que Niño, qui nourrit de grands projets depuis son retour de la Péninsule, lui propose de courir dans sa nouvelle équipe. Son sponsor lui a donné carte blanche pour le recrutement. Son projet, il l'a mûrement réfléchi : « Un leader unique et des gregarios autour. Il y aura des coureurs pour le plat, des coureurs pour sprinter et des coureurs en montagne qui resteront avec le leader pour l'accompagner, le mettre à l'abri dans les roues. » Au journal *El Espectador*, Niño explique : « Le but était de moderniser notre façon de courir, changer la logistique. Fini les motos de dépannage, les vélos seront sur le toit des voitures de directeur sportif, comme en Europe. Avec aussi un mécanicien dans chaque voiture, prêt à bondir en cas de crevaison. Le soir, coureurs, mécaniciens et soigneurs logeront dans le même hôtel, comme une vraie équipe. Comme en Italie. »

À sa grande surprise, Patrocinio refuse de le suivre. Lui aussi a des projets, d'ailleurs il s'est déjà engagé avec le Banco Cafetero, avec qui il a réussi une très belle saison, en 1976. Et entre eux, tout se gâte. Rafael Niño, qui est loin d'être fini et gagnera encore trois Tours de Colombie et trois Clasico RCN, se sent offensé. Il le provoque pendant les courses. Patrocinio le confessera dans les colonnes du *Tiempo*, le 8 août 1977 : « Il s'approchait et me disait que j'étais un sale traître. Je lui répondais : “Moi aussi je vais te manquer de respect. Tu sais ce que tu es, toi ? Un témoin *hijueputa*". Et à l'instant même j'attaquais. Mon plaisir était de voir que je lui faisais mal aux jambes. Alors je l'attendais et je lui disais : "Tu vois, *huevon* [insulte populaire], que je suis meilleur que toi en montagne". Mais après la ligne, on n'en rajoutait jamais. Le soir, quand on se croisait, on redevenait même un peu ami. L'enfoiré, il m'a quand même battu trois fois supplémentaires dans le Tour de Colombie. » Cette émulation bénéficie aux deux coureurs, en particulier à Jimenez que personne ne peut suivre en montagne. La réputation de Patrocinio ne se limite pas qu'à cela. Raul Mesa, qui l'a dirigé à plusieurs reprises au cours de sa carrière, a sans doute la définition qui lui correspond le mieux. En espagnol dans le texte : « *Este huele a corredor* », celui-là, il sent le vrai coureur.

Les courbes de Rafael Niño et de Jimenez, qu'on surnomme désormais le « Vieux Patro », à cause de son flair, son sens de la course, son calme, qui lui donnent des allures de grand sage, vont se croiser au début des années 1980, les plus belles en Europe pour les *escarabajos*, jusqu'en 2019 et le Tour de Bernal, évidemment. La carrière de Niño va redescendre en pente douce, tandis que celle de Jimenez au contraire va continuer de grimper. En 1980, il est le capitaine de route du Tour de l'Avenir remporté par Alfonso Florez. En 1983, il a carte blanche pour faire sa course dans le premier Tour de France auquel participe une équipe de Colombie amateur sous la casaque Pilas Varta.

Ses exploits en montagne lui permettent d'endosser rapidement le maillot à pois. Il le garde six journées mais nourrit quelques regrets et tient à m'expliquer pourquoi : « J'ai terminé 2e meilleur grimpeur derrière Lucien Van Impe mais ce maillot, je l'aurais gardé jusqu'à la fin si tout s'était fait à la pédale. Un matin, Pedro Delgado, qui avait un peu d'affection pour moi, s'approche et me dit : "Écoute, Colombien, sois vigilant parce que les professionnels se sont mis d'accord pour qu'un coureur amateur ne gagne pas le maillot à pois." Et c'est ce qui s'est passé. Van Impe qui était plus rapide que moi était amené dans tous les sprints, en haut des cols de troisième ou quatrième catégorie. Et pas seulement par ses équipiers. » Son autre grande fierté, dans ce Tour 1983, s'appelle le Tourmalet : « J'avais lu que de grands champions étaient passés en tête et j'ai voulu avoir cet honneur. J'ai attaqué de loin, Millar m'a suivi, mais en haut je suis passé premier. Sous la banderole, j'ai tourné la tête, juste le temps de voir Saulo Barrera, notre sponsor, et Miguel Angel Bermudez, le président de la Fédération. Ils pleuraient. »

Patrocinio termine ce Tour à la 17e place à Paris. Il a 31 ans. Jose Antonio Gonzalez Linares, directeur sportif de la formation espagnole Teka, s'en moque et lui fait signer son premier contrat pro. Bonne pioche. L'année suivante, « Patro » termine 15e, son meilleur classement de ses quatre Tours de France. Retiré dans la petite ville de San Felices de Buelna, en Cantabrie, dont il est le maire, Gonzalez Linares évoque « un garçon d'une classe énorme, un attaquant-né ». Il se souvient : « Un jour que je lui avais reproché d'avoir allumé la mèche trop tôt, il m'a répondu : "Je ne m'habille pas en coureur pour rester dans les roues." Mais sa plus grande qualité il la démontrait en montagne. C'était un grand, un très grand grimpeur. Du style Pantani. Il attaquait au pied du col, peu importe la longueur ou la pente, et il allait jusqu'au sommet sans baisser de rythme. Le plus impressionnant chez lui, c'était le braquet qu'il emmenait avec un grand plateau de 52 dents. En cinquante ans de carrière de coureur et de directeur sportif, je n'en ai connu que deux capables de pousser plus grand : Julio Jimenez ("l'Horloger d'Avila") et Jose Manuel Fuente ("El Tarangu"). Eux, ils montaient les cols avec un plateau de 54. » Il y a juste un bémol que déplore l'ancien directeur sportif de Teka : « C'était un très bon garçon, toujours à l'écoute, toujours prêt à épauler un coéquipier mais il était comme tous les Colombiens de l'époque qui venaient courir en Espagne, il avait le mal du pays. À chaque interview, radio, télé, il y avait cette fameuse phrase qui revenait et faisait sourire dans le peloton : *"Gracias a Dios, a mi mama y a mi papa."* Ce merci au Bon Dieu, à sa mère et à son père, je trouvais ça touchant mais dans ce milieu il n'y a pas de place pour les sentiments. À la fin de la saison, quand il m'a dit qu'il voulait rentrer au pays, avec Edgar "Condorito" Corredor, un autre très bon coureur, je les ai laissés partir. » Les nouvelles aventures du « Vieux Patro » sous le maillot de Café de Colombia seront de belle facture : 21e dans le Tour 1986, au service de Lucho Herrera et Fabio Parra, fidèle et précieux lieutenant de Lucho encore, pendant sa Vuelta victorieuse en 1987.

Bogota, un mercredi pluvieux et froid, du mois de novembre, plus de trente ans après. Patrocinio Jimenez a continué de grimper mais cette fois, les échelons sociaux. À la tête d'une flotte de transport de tourisme, il balade les amateurs de grand fond partout sur les cols de la Cordillère et raconte ses exploits ou ses impressions dans le Tour de France : « C'était un autre monde, un bouleversement total. On ne savait pas frotter, on prenait des coups, on reculait et au premier coup de vent, on était immédiatement lâché. Dans le Tour 1984, avec Teka, j'ai vu Hinault en chair et en os pour la première fois. Il a fallu que je me fâche et même que j'insulte "Condorito" [Edgar Corredor] parce qu'il voulait aller lui demander un autographe. On passait pour des sous-développés avec notre *agua de panela*, à base de canne à sucre, et nos *bocadillos* en pâte de goyave, contre les coups de pompe. Pendant ce temps, les autres prenaient de vraies vitamines pour refaire les sels minéraux. On nous prenait pour des Indiens. On a eu droit aussi à des *putadas* [vacheries]. Je n'ai pas oublié ce que racontait Fignon sur nous. Qu'il repose en paix. Mais dire qu'on était une race inférieure, c'est nul. En roulant, il mettait sa main devant la bouche et simulait des cris d'Indien. Et moi, il ne m'est jamais venu à l'idée de me mettre debout sur les pédales et de péter sur celui qui est dans ma roue. Voilà comment on était traités. Hinault, ce n'était pas pareil. Dans le Tour, c'était un monsieur. »

Les *turismeros*, la ruée vers l'or

Ce sont des courses d'un autre temps, que les moins de vingt ans et même de trente n'ont pas pu connaître. Des années 1960 aux années 1980, les fameux *turismeros*, courses d'un jour, en circuit ou sur route, sont un passage obligé pour ceux qui aspirent à rejoindre la catégorie Élite, la crème des amateurs. Le cyclisme colombien de cette époque comporte trois étages : les *turismeros*, les *juvenil*, des juniors qui peuvent aller jusqu'à 22 ans, et l'Élite. Le succès des *turismeros*, organisés dans les différentes ligues du pays, est immédiat, en particulier à Bogota, épicentre des plus belles courses, chaque dimanche. Une seule règle : un pignon fixe. Pour y participer, il faut appartenir à un club. CicloAses, le plus ancien, créé en 1957 par Leonidas Herrera, décrochera des centaines de succès. Il est considéré comme la plus importante pépinière du cyclisme colombien. Rafael Niño, Alvaro Pachon, Patrocinio Jimenez, Lucho Herrera, Martin Ramirez, Pacho Rodriguez, Pablo Wilches, Mauricio Soler, pour n'en citer que quelques-uns, ont porté le célèbre maillot rouge, bande noire, puis lilas.

Parmi les engagés, on retrouve souvent des livreurs à vélo. Leur entraînement quotidien dans les raidards de Bogota, parfois sur un vélo à porte-bagages qui pèse au moins 20 kg, en fait des compétiteurs coriaces. Alvaro Pachon, l'un des plus redoutables de cette école de la rue, assure avoir « appris à souffrir » dans les *turismeros* : « La suite de ma carrière, avec une roue libre, c'était de la promenade. » Le pignon fixe le plus utilisé, qui sert à rouler et grimper, est le 48 x 17. Les vélos sont très disparates. Des Monarc aux Arbar, les marques les plus renommées, aux vélos de fabrication artisanale, le pire étant *la panadera* du mitron qui servait à livrer les miches de pain. C'est l'époque des bidons en fer à bouchons de liège, installés au milieu du cintre et reliés par un tube en caoutchouc au coureur. Les tenues aussi sont très différentes : chaussures de foot, tennis, pantalons de travail coupés aux genoux. Les plus astucieux vissent leurs chaussures aux pédales. Avant le départ, tôt le matin, se tient parfois le marché de l'occasion. On vient vendre un cuissard usé, un maillot de champion, des chaussures, des bidons, des roues. Alvaro Pachon, l'un des plus sérieux adversaires de Cochise Rodriguez, et qui remportera le Tour du Mexique 1967 et le Tour de Colombie 1971, se souvient « avoir fait une affaire, en achetant un cuissard éliminé » à Roberto « Pajarito » Buitrago (vainqueur du Tour de Colombie 1962) : « Il ne valait rien, je ne sais pas combien de kilomètres et de Tours de Colombie il avait fait, mais c'était une pièce de musée et j'étais fier de le porter. »

La saison des *turismeros* du dimanche se terminait par la Clasica Nacional des Turismeros, véritable championnat de Colombie, qui ouvrait la porte aux meilleurs vers l'Élite. En 1978, Martin Ramirez se classe 9e d'une de ces finales : « On devait être trois cents au départ et tout le monde était au sprint dès le baisser du drapeau. Il ne fallait pas se rater sinon, quand tu revoyais la tête, c'était trop tard, les meilleurs étaient partis. » Le cyclisme colombien doit beaucoup à ces premiers coups de tamis.

LA DYNASTIE DES ESCARABAJOS

1

2

1 Devant la cordonnerie de son père, à Pantin, José Beyaert est porté en triomphe par des supporters. Après son titre olympique sur route en 1948, il poursuivra sa carrière en Colombie.

2 En 1958, à Pasto, département de Nariño, plus de cent mille personnes sont venues assister à la victoire d'étape de Ramon Hoyos dans le Tour de Colombie qu'il remportera à cinq reprises.

3

4

5

3 En 1975, à Bogota, sur la piste en cendrée du mythique stade El Campin, Rafael Niño scelle dans la liesse populaire le troisième de ses six succès au Tour de Colombie.

4 1971. Sur la piste du vélodrome de Varèse, Italie, Cochise fonce vers le titre mondial en poursuite.

5 Mexico, 7 octobre 1970. Martin Emilio Cochise Rodriguez vient d'établir un nouveau record de l'Heure (47,553 km). À la guitare, William Jimenez, médecin fédéral de l'époque, s'improvise mariachi.

6 Passé professionnel à la Bianchi, le Colombien remporte le Trophée Baracchi 1973, avec Felice Gimondi, champion du monde.

7

8

9

10

7 Alvaro Pachon, dit « El Condor de Cundinamarca », s'envole dans le col de La Linea et remporte le Tour de Colombie 1961.

8 Pour ses débuts professionnels, Omar Hernandez, qui sera notamment le coéquipier de Miguel Indurain, est sacré meilleur jeune de la Vuelta 1986.

9 Alfonso Florez, Maillot Jaune de leader, s'adjuge le Tour de l'Avenir 1980 qui ouvrira la porte du Tour de France au cyclisme colombien.

10 La barrière de la langue n'empêche pas Rafael Niño (à gauche) et Pascal Simon (maillot bleu), d'échanger leurs impressions, sous le regard de Roland Berland, directeur sportif de l'équipe Peugeot, dans ce Clasico RCN 1982.

11 1984 : Premier Tour de France de Lucho Herrera, encore amateur, qui réussit l'exploit de s'imposer à l'Alpe-d'Huez.

12 À Limoges, à l'arrivée de la 20e étape du Tour 1985, Lucho Herrera reçoit de la part des éleveurs limousins un taureau de race qui s'en ira combler 180 vaches dans les pâtures de Fusagasuga.

13 Patrocinio Jimenez, premier Colombien de l'histoire à porter le maillot à pois. Dans le Tour 1983, il mène devant Van Impe, le champion de Belgique (qui le lui ravira), Fignon, (maillot blanc) et Delgado.

14 Quatre acteurs majeurs d'un Dauphiné 1984 dantesque. Bernard Hinault et Pacho Rodriguez, le leader, ouvrent la route devant Greg LeMond et Martin Ramirez, le futur vainqueur.

15 Tour de France 1985 : le mano a mano Hinault-Herrera dans l'ascension d'Avoriaz se terminera par la victoire d'étape du grimpeur colombien.

16 Dans le Tour 1985, Fabio Parra s'impose à Lans-en-Vercors, se classe 8e et meilleur jeune au final.

17 Avant d'être le beau-père de « Superman » Lopez, Rafael Acevedo s'est illustré sur les routes du Tour. En 1984, il finit premier Colombien à Paris (12e).

18 Le jour de gloire de Nelson « Cacaito » Rodriguez, victorieux à Val-Thorens de la 17e étape du Tour 1994.

19 Tour 2007, Mauricio Soler, ici sur les pentes de l'Aubisque, signe des débuts prometteurs : maillot à pois et victoire d'étape à Briançon, avant une dramatique fin de carrière en 2011.

20 Alvaro Mejia, devenu médecin après sa carrière, a disputé six Tours de France. En 1993, son meilleur résultat (4e), il côtoie Miguel Indurain (en Jaune), Bjarne Riis et Claudio Chiappucci (masqué).

21 La tribu des frères Wilches, tous professionnels dans les années 1980-1990. De gauche à droite : Marcos (assassiné en 2002), Pablo (coéquipier de Claudy Criquielion dans le Tour 1984), Ricardo et Gustavo.

22 « Chepe » Gonzalez n'en revient pas. Il vient de remporter la 11e étape du Tour 1996 à Valence. Les jours précédents il avait frôlé l'élimination à plusieurs reprises.

23 Victor Hugo Peña, premier Colombien à revêtir le Maillot Jaune. Dans ce Tour 2003, il est escorté par deux de ses coéquipiers qui s'illustreront dans la rubrique dopage : Floyd Landis et Lance Armstrong.

24 Le podium controversé du Tour de France 1988 : Steven Rooks (2e), Pedro Delgado (1er), Fabio Parra (3e). Le Colombien a repoussé l'idée de réclamer justice devant les tribunaux.

25 En 2002, à Zolder, Belgique, Santiago Botero devient champion du monde contre la montre sur route. Une première pour un Colombien.

26 Éclatants débuts de Nairo Quintana dans le Tour 2013 : 2e à Paris, maillot à pois et meilleur jeune. Sur les pentes du Ventoux, il fait grimacer le Maillot Jaune Christopher Froome.

27 Giro 2014, Quintana signe son premier succès dans un grand Tour.

28 Tour d'Espagne 2016, le Colombien de Tunja qui a encore fini 2e du Tour 2015, s'impose à Madrid.

26

27

28

29 Tour de France 2017, Rigoberto Uran, 2e à Paris, gagne au sprint la 9e étape à Chambéry, devant Barguil (absent sur la photo), Froome (3e) et Bardet (4e).

30 Fernando Gaviria, premier sprinter colombien au niveau mondial, s'adjuge deux étapes dans le Tour 2018 et se pare de Jaune.

31 Après le Tour de l'Avenir 2014, Miguel Angel « Superman » Lopez fait la différence en montagne et s'offre le Tour de Suisse 2016.

32 Esteban Chaves, ici au cours d'un entraînement, stoppé par un tronc d'eucalyptus qui lui barre la route dans le col de Santa Elena, proche de Medellin, s'est fait un nom en remportant le Tour de l'Avenir 2011 et le Tour de Lombardie 2016.

33 Sergio Higuita, l'un des chefs de file de la nouvelle génération, devient en 2020 champion de Colombie sur route et s'impose dans le Tour Colombia.

34 Nairo Quintana serre le poing en signe de victoire, en haut du col de La Colmiane, avant dernière étape du Paris-Nice 2020. Sous ses nouvelles couleurs d'Arkéa-Samsic, le grimpeur colombien qui a retrouvé Yvon Ledanois, son directeur sportif, semble renaître.

Chapitre 5

Les années 1980
Alfonso Florez, le conquérant

« Ça n'est jamais tombé tout cuit pour lui. Ce qu'il a gagné, il l'a fait avec ce déchirement, la rupture et l'insolence qui le caractérisaient. »

Raul Mesa,
directeur sportif

Soit un Tour de l'Avenir. Celui de 1980, de Divonne-les-Bains à Divonne-les-Bains, par exemple. Depuis sa création en 1961 par Jacques Marchand, rédacteur en chef à *L'Équipe*, et la victoire de l'Italien Guido De Rosso, il connaît des trous d'air et la fadeur le guette. Pour son dix-huitième anniversaire, Félix Lévitan et Xavier Louy, les patrons, innovent et repoussent les frontières du Vieux Continent jusque de l'autre côté de l'Atlantique, en invitant une équipe colombienne. On dit le plus grand bien des petits grimpeurs sud-américains. De là à déboulonner « le tsar » Sergueï Soukhoroutchenkov, vainqueur en 1978 et 1979, sacré champion olympique sur route, chez lui à Moscou, un mois auparavant, faut pas rêver. L'équipe dirigée par Raul Mesa, directeur sportif de la première heure, arrive dans l'inconnu. Enfin, pas tout à fait. Le parcours fait de larges incursions dans les Alpes et la montagne, c'est le plat préféré des Colombiens. Mesa a donc amené deux de ses meilleures montures, Alfonso Florez, déjà vainqueur de deux Tours de Colombie 1974 et 1979 et Patrocinio Jimenez qui l'a imité en 1976. Flanqués de Rafael Acevedo, Antonio Londoño, Julio Alberto Rubiano (décédé en janvier 2019) et Rogelio Arango, qui ont l'habitude de grimper des cols longs de 80 km, à plus de 3 500 m d'altitude, ce Tour de l'Avenir va vite basculer de leur côté, et du plus malin, Florez.

Quarante ans plus tard, j'ai rendez-vous avec Raul Mesa, dans son atelier de cycles, à Medellin, pour reparler de l'exploit de celui qui était surnommé « El Diablo ». Samedi de fête, baigné de soleil et de chaleur. Dans les rues, les avenues, on dirait que tout Medellin est à vélo. Mesa s'est d'abord contenté d'un commentaire admiratif : « Pour moi, il est le coureur le plus intelligent de l'histoire du cyclisme colombien. Il était capable, quand on s'y attendait le moins, de tromper tous ses adversaires, même ceux qui le marquaient de près. Générosité et volonté extraordinaires. Il ne renonçait jamais. Le renoncement, c'était un mot dépourvu de sens, chez lui. » Puis les tourbillons du passé ont enflammé son imagination : « Alfonso, c'était le flair et le talent. Il avait du caractère, beaucoup. Il était sans détour, abrupt pour certains, franc pour d'autres mais c'était un coéquipier remarquable. » Au détail près, le directeur sportif de Medellin se souvient de la roublardise de son coureur quand il s'est faufilé dans l'échappée qui lui vaudra d'endosser le Maillot Jaune à l'arrivée de la 5e étape, entre Saint-Trivier-sur-Moignans et Divonne-les-Bains : « Défier le grand Soukho, le motivait encore plus. Toujours cette envie à fleur de peau. Il voulait réussir à gagner ce combat. J'ai su que, en repoussant ce jour-là le Soviétique à 7 minutes, à moins d'une chute ou de tomber malade, personne ne lui reprendrait ce maillot. »

Ce que Mesa ne mesure pas encore, c'est le coup de grisou, le hoquet gigantesque que va provoquer l'exploit du petit grimpeur de Bucaramanga, la ville natale de Florez, département de Santander. Le contexte du cyclisme professionnel qui s'ouvre sur les années 1980 s'empêtre depuis trop longtemps dans le conventionnel, l'immobilisme. Le Tour de France s'est encroûté, est devenu ennuyeux. « Il n'y a plus de suspense, le gâteau est partagé dès la 1re étape, on sait qui va gagner », expliquera Xavier Louy, futur directeur du Tour 1987-1988, qui a négocié un mois plus tôt, avec le journaliste Hector Urrego de la radio RCN, la venue de Florez et de ses acolytes. Pari gagnant. Dans les colonnes de *L'Équipe,* qui couvre l'épreuve avec trois envoyés spéciaux (Jean-Marie Leblanc, Robert Silva, Robert Pajot), puis quatre avec le concours de Jacques Goddet à Morzine, au terme de la 7e étape, c'est un torrent d'enthousiasme. Dans l'édition du 17 septembre 1980, l'édito du directeur du journal, intitulé « Un événement », est comme un coup de tonnerre qui déchire les silences d'un classicisme débordé, archaïque et révolu. L'Open frappe à la porte. Et qui est-ce qui va encore faire son entrée dans le cénacle du Tour de France en 1983 ? Une équipe colombienne amateur. Que dit Jacques Goddet de si important ce jour-là ?

« Le Tour de l'Avenir poursuit son œuvre. Nous, les organisateurs du Grand Tour, nous avons voulu à celui-ci préparer un cadre plus large, une vie plus intense, un coloriage plus diversifié. C'était un pari, dont beaucoup ne comprenaient pas l'utilité, et qui est en train de se gagner. L'histoire du cyclisme routier atteint enfin le plan de son renouvellement, ceux qui ont eu le privilège d'assister hier à la fabuleuse bataille livrée entre Divonne et Morzine peuvent en attester. J'avais le bonheur d'y être. Les tactiques et les mentalités, les coureurs et leurs conseillers, tout se présentait différemment, tout éclatait en intentions de bataille, dans des mouvements où l'attaque incessante recouvrait la préparation de contre-attaques brûlantes et surtout, développait des actions destinées à saper les énergies abusives. Pas de calculs, pas d'atermoiements. Des grains de folie, en poignées, du sacrifice : ma fatigue est ta fatigue, mon épuisement annonce le tien.

« Les 120 km de vallée qui précédaient la dure ascension de Joux-Plane, servirent de détonateur. Travail hallucinant des Soviétiques jetant sur la route le chapelet de leurs énergies, compressant le peloton par un train fou pour tenter de détruire toutes les forces vives des Colombiens, avant l'entrée dans le col. Travail sublime, fait d'admirable folie. Mais l'événement se confirma et voilà que l'horizon du cyclisme mondial s'éclairait… Les Colombiens tenaient la chaussée, répliquaient d'une même âme, d'une même classe, sans concession, sans degré de limite. Et ils allaient se montrer les meilleurs escaladeurs, s'avérant aussi des rouleurs opiniâtres, résistants, organisés. La masse ultra-puissante des Soviétiques allait donc se briser sur leur groupe splendidement solidaire.

Après l'installation dans le cyclisme routier de l'URSS, l'arrivée des boys des States, voici l'avènement éblouissant des Colombiens. L'avenir s'est ouvert enfin pleinement à ce sport merveilleux dont il n'était plus souhaitable que les nations de l'Europe occidentale, en conservant l'apanage, l'enferment dans des règles et des habitudes qui risqueraient d'en détruire la folle poésie, celle qui chante l'audace, l'entreprise, au besoin le sacrifice. »

Ce même jour du 17 septembre, à la question de Jean-Marie Leblanc, le rédacteur en chef de la rubrique cyclisme, posée en titre de son compte rendu, « Florez va-t-il descendre ? », le Colombien s'est empressé de répondre par un « non » parti des tripes. Et le 22 septembre, Leblanc attaquera ainsi son dernier article sur le Tour de l'Avenir 1980 : « Historique. Si l'on prend bien soin de circonscrire le sens de cet adjectif aux choses du cyclisme, il ne faut pas craindre d'écrire que la victoire du Colombien Alfonso Florez a quelque chose d'historique. Tout comme celle de Sergueï Soukhoroutchenkov, il y a deux ans, quand il apporta ici aux pays de l'Est leur premier succès. L'avènement du petit coureur sud-américain traduit l'élargissement de la sphère cycliste qui permet pour la première fois à un routier étranger à la vieille Europe de venir prendre place au palmarès. L'événement sera naturellement beaucoup commenté et il le mérite. Il constitue d'ores et déjà un élément nouveau, au service de ceux, toujours plus nombreux, qui rêvent d'un cyclisme élargi à d'autres coureurs, à d'autres nations, d'un vrai cyclisme open qui, par-delà les systèmes et les réglementations, viendrait attester de son universalité en marche. Ne serait-ce que de ce point de vue, il faut savoir gré à la petite délégation colombienne de s'être aussi parfaitement fait l'instrument d'un vent nouveau, deux semaines durant. »

Patrocinio Jimenez, que je voulais absolument rencontrer, est aussi l'un des acteurs majeurs de ce Tour de l'Avenir : maillot à pois de meilleur grimpeur, victoire d'étape et 7e au général après s'être dévoué sans compter pour Florez.

Une longue et vieille amitié lie les deux hommes. « Patro » s'est imposé à Morzine, avant de repartir à l'abordage chaque fois qu'il a fallu défendre la précieuse tunique jaune. Des images lui reviennent. Douloureuses, coincées en travers de la gorge : « Le matin du contre-la-montre, pendant que tout le peloton reconnaissait le parcours, on est partis grimper le Grand-Colombier. C'était le dernier col au programme, tout pouvait se jouer là. Ce n'était pas l'ascension qui nous faisait peur mais les virages de la descente. Chaque fois que l'occasion se présentait, Alfonso rappelait que "le hasard ne laisse rien au hasard", ou encore : "les amis, il faut vivre avec émotion". Son courage, son cran et son audace me fascinaient. » Mesa, avec ses mots, à nouveau : « Ça n'est jamais tombé tout cuit pour lui. Ce qu'il a gagné, il l'a fait avec ce *desgarro*, le déchirement, la rupture et l'insolence qui le caractérisaient. Florez n'a jamais été aussi bon que lorsqu'il a couru avec de la souffrance. C'était un *pedazo de monstruo*. » Morceau de monstre, le plus flatteur hosanna que Raul Mesa, « Patro » Jimenez et le reste de la Colombie puissent épandre sur un champion de sa trempe.

Alfonso Florez a fait aussi couler beaucoup d'encre. Pendant et après sa carrière. Par ce besoin de se tenir près des flammes, par sa passion. Le 23 avril 1992, à Medellin, au croisement de la Route 65 et des Rues 48 et 47D, deux sicarios à moto l'ont abattu de quatre balles dans la tête, juste après sa sortie d'un garage, au volant de la Mazda blanche de sa femme. Il aurait été victime d'un règlement de compte amoureux. Voilà pour la version parue dans la presse, le lendemain. Florez n'était pas un latin lover mais il aimait séduire et avait beaucoup de succès auprès de la gent féminine.

Dans son livre *Rois des montagnes*, Matt Rendell complète cette version par une explication troublante du colonel de police chargé de l'enquête, lui-même ancien ami de la victime avec qui il avait couru au début des années 1970 : « Alfonso était proche d'un bandit bien connu, un des Gaviria. Ce dernier a découvert que sa femme entretenait une relation avec un autre et a décidé de l'exécuter sans savoir qu'il s'agissait de son ami Florez. Notre travail qui consistait à écouter les conversations téléphoniques des membres de la mafia de Medellin nous a permis de savoir que la vie d'Alfonso Florez était en danger. Je l'ai appelé pour le prévenir mais trop tard. Quelques minutes après, il était mort. » Toujours selon ce colonel : « Ce n'est qu'au moment où les sicarios ont appelé leur patron pour lui dire que le travail était terminé, que ce dernier a appris l'identité de l'amant de sa femme. » Alfonso Florez avait 39 ans.

Au lendemain de la célébration de la victoire d'Egan Bernal, à Zipaquira, le journal *El Espectador* a rendu un hommage émouvant au vainqueur du

Tour de l'Avenir 1980 et rappelé que « sa victoire avait été une véritable onde de choc pour le cyclisme colombien ». Pour honorer sa mémoire, Ana Maria, l'une de ses deux filles, a cité un verset de l'Évangile selon saint Matthieu : « Sa main gauche ne savait jamais ce que faisait la droite. Il était toujours prêt à aider quelqu'un dans le besoin. Grandeur d'âme et dévouement, c'était ça mon père. » Dans le même papier, Martha Tarazona, sa femme, a souligné sa générosité : « Avec son premier salaire de coureur, il a payé l'hypothèque de la maison de mes parents. Il était comme leur fils et mon compagnon dans la vie. » Alfonso et Martha s'étaient connus au collège, à Bucaramanga : « On était aussi timides l'un que l'autre. On se disait bonjour sans se parler. Un jour il m'a raccompagnée chez moi… On s'est mariés très vite. Avant son départ pour le Tour de l'Avenir 1980, nous sommes allés recommander son âme à la Vierge et aux âmes du purgatoire. Il a lu le psaume 91, son préféré de la Bible. Tous les jours, j'ai écouté au transistor la retransmission des étapes sur RCN. J'étais fière de lui. »

Par cette brèche ouverte en 1980 se sont engouffrées, depuis, des générations de coureurs, de Lucho Herrera et Fabio Parra à Egan Bernal et Nairo Quintana. La réception d'Egan Bernal, à son retour victorieux du Tour de France 2019, a eu lieu sur la Plaza Mayor de Zipaquira. Les anciens, épatants, magnifiques, populaires, Lucho Herrera, Fabio Parra,

Cochise Rodriguez, Efrain Forero, Mauricio Soler, et tous ceux qui ont participé au renom du cyclisme colombien, ont pris place au premier rang. Ce jour-là, une chaise est restée vide, celle d'Alfonso Florez.

Chapitre 6

Lucho, Fabio, Bingo !

« J'aurais aimé que l'Alpe d'Huez fasse 25 km de plus. Juste un étroit passage au milieu, une visibilité de trois mètres. C'est l'enfer mais tellement excitant. »

Lucho Herrera,
ancien vainqueur dans le Tour 1984

La Colombie des années 1980 passe pour être celle de la génération Lucho, un petit grimpeur qui a fait des merveilles dans les cols de la Cordillère, enflammé les imaginations et plié sans se décoiffer tous les adversaires qu'il a rencontrés. Dans un concert, il serait la rockstar, celui qui assure le spectacle et pour qui on vient de loin. Avec Alfonso Florez et Patrocinio Jimenez en lever de rideau, Fabio Parra, en vedette américaine, les coureurs colombiens des eighties font un carton. Tour de l'Avenir, Tour de France, Giro, Vuelta, Dauphiné, leur ADN est partout. La France disco des Bee Gees qui miaulent « *More than a woman* » ou de Donna Summer qui chante « *More, more, more* » en montrant ses cuisses, découvre donc en avant-première Alfonso Florez, un petit grimpeur moustachu, un peu voûté mais au panache de mousquetaire. À son palmarès, il a accroché le Tour de Colombie 1979. Ça tombe bien, l'édition du Tour de l'Avenir 1980 est montagneuse. Morzine, La Clusaz, Joux-Plane, le Grand-Colombier font les affaires de Florez qui déjoue les pronostics et terrasse la terreur soviétique Soukhoroutchenkov, champion olympique sur route un mois auparavant et vainqueur des deux dernières éditions du Tour de l'Avenir (1978 et 1979).

Florez et sa bande de grimpeurs ne le savent pas encore mais cet exploit va tout changer pour le cyclisme colombien. La Société du Tour de France, qui un mois avant le départ de Divonne-les-Bains ignorait tout de ces baroudeurs sud-américains, se félicite d'avoir pris en compte la demande d'Hector Urrego, un journaliste colombien qui a bifurqué vers Paris après les Jeux olympiques de Moscou sur les conseils de Noël Couëdel, l'envoyé spécial du journal *L'Équipe*. Cela fait beaucoup de détours et de contours, mais ça en valait la peine et il y aura désormais pour la Colombie un avant et un après Tour de l'Avenir 1980. « Je ne sais pas si on peut parler d'un tremblement de terre, mais tout a changé pour le vélo en Colombie à partir de la victoire de Florez. » Urrego, journaliste à la radio RCN, est formel. Indirectement, sa démarche a contribué à faire de Florez un héros.

À leur retour à Bogota, le Maillot Jaune de l'Avenir et ses coéquipiers sont accueillis comme les Rolling Stones. Des millions de personnes enthousiastes, exaltées, quittent leur travail, leur maison et envahissent les rues, les avenues, juste pour quelques secondes de bonheur, le temps d'apercevoir leurs champions juchés sur un camion de pompiers. De l'aéroport El Dorado au palais Nariño de la Présidence, le défilé durera six heures.

La Société du Tour de France, par l'intermédiaire de Xavier Louy, et le tout-puissant groupe Ardila Lülle, ont immédiatement perçu l'ampleur du phénomène. Ils multiplient les échanges, encouragent les équipes professionnelles à venir disputer le Clasico RCN. En 1982, l'équipe Peugeot vient tâter de la Cordillère. Pascal Simon gagne deux étapes mais Lucho Herrera est trop fort. Félix Lévitan, le directeur de la Société du Tour de France, et Xavier Louy, présents au congrès de l'Union cycliste internationale (UCI) en novembre 1982 à Madrid, militent depuis de longs mois pour la mondialisation. À quoi riment désormais ces frontières, ces différences entre vrais professionnels et faux amateurs ? L'UCI finit par donner son feu vert. Le Tour 1983, le premier de l'histoire, sera « open ». Au départ de Fontenay-sous-Bois, une équipe amateur colombienne s'ajoute aux treize autres équipes engagées. Pilas Varta, une franchise colombienne qui fabrique des piles pour transistors, en sera le sponsor. Saulo Barrera, son PDG, qui a débloqué un budget équivalent de 800 000 euros, ne perd pas de temps. À un mois du départ pour Paris, il lance ses coureurs dans une vaste campagne publicitaire à travers le pays. Patrocinio Jimenez se souvient de cet épisode : « C'était comme si le pays avait attrapé la fièvre. Les gens se moquaient des piles, envahissaient les magasins et on passait des heures à signer des autographes. Je crois quand même que Varta n'a pas eu à se plaindre de ses ventes. » Une augmentation de 30 %, chiffre officiel.

Le Tour 1983, sans Lucho Herrera qui attendra encore un an avant de gagner à l'Alpe-d'Huez et faire chavirer le pays, met immédiatement en évidence les dispositions des Colombiens en montagne. L'équipe est dirigée par Cochise Rodriguez, l'ancien recordman de l'Heure, et Ruben Dario Gomez. Arrivés une semaine avant le départ de Fontenay-sous-Bois, ils partent reconnaître les cols pyrénéens. Luis Ocaña, vainqueur du Tour 1973, qui connaît ces routes par cœur, les cornaque. Il les héberge même dans son domaine viticole à Caupenne-d'Armagnac et, finalement, prend part à cette première expédition en qualité d'assistant des deux autres directeurs sportifs. Le ménage à trois ne fonctionne pas et Ocaña en gardera un souvenir amer. Extrait de son interview au *Figaro* à la fin du Tour : « Non seulement je n'ai eu aucun rapport constructif avec Cochise et Gomez mais ils ont empoisonné l'atmosphère. Les coureurs, eux, ont tout à apprendre. Avec cette attitude égocentrique, ils ne deviendront jamais de bons professionnels. S'ils veulent réussir, ils doivent partir rouler dans une vraie équipe et apprendre comment on court en Europe. »

Les Colombiens repartent certes bredouilles, sans victoire d'étape et sans avoir respecté les consignes, mais à leur façon de « mettre des mines », d'animer, d'improviser, le populo du bord des routes en a fait ses rockstars de juillet et en redemande. « Quand Patrocinio franchit le Tourmalet en tête et qu'il porte ensuite le maillot à pois pendant six jours, je me dis qu'on a gagné. Ce n'est qu'une étape mais j'ai la conviction qu'on ne pourra plus se passer des Colombiens pour animer la course. » Xavier Louy, l'auteur de cette réflexion, argumente : « Je suis certain que nous allons gagner parce que les Colombiens ont fait sauter tous les verrous. Lorsque je découvre le Tour, en 1978, il est moribond. Davantage menacé par le désintérêt que par les problèmes de dopage. Tout était cadenassé, les cols se montaient à 25 km/h et la course ne commençait que lorsque la télévision prenait l'antenne, une heure avant l'arrivée. Dans les Tours gagnés par Hinault, il y avait deux grosses équipes au départ : Renault et Raleigh. Hinault voulait le Maillot Jaune et comme les Raleigh ne pouvaient pas rivaliser, ils s'attribuaient des étapes et le maillot vert. La répartition du gâteau était décidée au départ. Tout était bidouillé. C'étaient les Six Jours ! Si on ne réagissait pas, le Tour était mort. Les journaux de l'époque n'en font même plus la une. Dans *France-Soir*, le Tour arrivait en page 14. La survie du Tour passait par la mondialisation. C'est en cela que les Colombiens ont joué un rôle majeur, qu'ils ont sauvé le Tour, au plan du spectacle, j'entends. Et nous, en retour, nous les avons aidés à s'intégrer. »

Au terme du Tour 1983, le premier de Laurent Fignon, les Varta ne sont que cinq à rallier la capitale mais Patrocinio Jimenez, qui a perdu son maillot à pois à deux jours de l'arrivée, termine 17e et décroche son premier contrat professionnel, à 31 ans, chez Teka, des fabricants espagnols de cuisine.

Toujours sous la casaque bleue parements jaunes des Pilas Varta, les Colombiens sont à nouveau au départ de l'édition 1984. Cette fois, Lucho Herrera est présent et Alfonso Florez est capitaine de route. Jusqu'à la 17e étape, La Tour-du-Pin – l'Alpe-d'Huez, Herrera l'avoue : « J'ai mangé du vent et souvent roulé à l'arrière dans les bordures. » Ce lundi 16 juillet 1984 où le peloton doit en terminer par les 21 virages de l'Alpe, ce n'est guère mieux. Jambes lourdes, queue de peloton, et piégé d'entrée. Mais il arrive que certains jours, les circonstances de course effacent l'ardoise. Ralentissement à l'avant, regroupement, et Lucho, qui n'a plus ses mollets de bois, se faufile vers la tête, prêt à en découdre. On connaît la suite mais pas ce qu'il en reste dans sa mémoire. Plus de trente après, à Fusagasuga, son fief, rendez-vous pris dans un bistrot. Le héros de l'Alpe a vieilli, ça arrive aux hommes mais ça n'atteint pas les mythes : « Je suis sorti du peloton dès les premiers lacets. J'ai rejoint Fignon. On a rattrapé Hinault et, juste après, Fignon a attaqué mais je l'ai contré. On a fait la montée avec un virage d'écart. Cette foule qui hurle, qui court sur la route, te donne des tapes dans le dos, avec juste un étroit passage au milieu de la route et une visibilité de trois mètres, c'est l'enfer mais tellement excitant. J'aurais aimé que l'Alpe d'Huez fasse 25 km de plus… » Au retour de ses Géants de la route, Bogota est à nouveau dans la rue et l'exploit de Lucho lui vaudra une statue à l'entrée de sa ville, à Fusagasuga. Le 22 juillet 1984, Fignon est en Jaune à Paris mais cette fois, les Varta terminent au grand complet : neuf sur neuf.

En 1985, le cinquième de Bernard Hinault, les Colombiens montent encore d'un cran. Le maillot Café de Colombia, à l'effigie de l'iconique Juan Valdez et sa mule, fait son apparition. Raul Mesa, le directeur sportif, réunit une véritable équipe nationale autour de Lucho Herrera, le leader, et de Fabio Parra qui découvre le Tour à 26 ans. Jackpot ! Deux victoires d'étape pour Lucho : en haut de Morzine-Avoriaz devant Hinault (11e) et tout seul à Saint-Étienne (14e) ; maillot à pois de meilleur grimpeur et 7e au général. Dans la montée de Morzine, c'est son premier tête-à-tête avec Bernard Hinault, porteur du Maillot Jaune. Plus de trente ans après, cette situation le fait sourire : « "Hinol", c'était le patron. Habitué à donner des ordres et à ce qu'on lui obéisse. Quand il m'a dit, en italien, "Hé, je gagne là-haut", j'ai répondu par une attaque. Il est revenu et j'ai encore attaqué. Là, il a changé de discours : "C'est bon, tu gagnes mais on fait la montée à deux." Il a pris du temps à LeMond, c'était sa priorité. Et pour lui prouver que j'étais correct, j'ai mené sans calculer. Je ne sais pas si c'est depuis ce jour-là, mais "Hinol" je crois qu'il m'aimait bien. » Trois jours plus tard, le Tour arrive à Saint-Étienne. Herrera est encore devant dans le final pour une nouvelle victoire. Mais ce qui lui revient spontanément à l'esprit, c'est sa chute : « Je venais de reprendre Pascal Richard. Il voulait qu'on arrive tous les deux, bien sûr. Dans ma tête, pas question. Dans la dernière montée, j'ai mis le grand plateau et il n'a pas pu me suivre. Dans la descente, j'ai vu une tache d'huile dans un virage, je l'ai évitée et j'ai dérapé sur du gravier. Je me suis relevé, j'ai couru pour reprendre mon vélo qui avait volé de l'autre côté de la route. La direction était tordue. Je n'ai pas pris le temps de l'ajuster et j'ai gardé mon guidon de travers jusqu'au bout. J'ai cru que de la sueur me coulait dans les yeux, quand je me suis essuyé avec la main c'était du sang. Ça n'avait plus d'importance. » C'est du délire à Bogota. RCN et Caracol, les deux grandes radios du pays, sont en direct quinze heures par jour pour saluer les exploits de la dream team Café de Colombia. Jamais le cyclisme n'a atteint pareille popularité.

Parra aussi gagne son étape, la 12e, dans le massif du Vercors devant… Herrera encore. Une très longue étape, escamotée par le peloton, sous les yeux du président François Mitterrand, venu à dessein dans un lieu chargé d'histoire. Dans *L'Équipe* du lendemain, Jacques Goddet, dénonce cette passivité dans son édito intitulé « Les petits marquis du Vercors ». À Paris, Fabio Parra s'adjuge le maillot blanc récompensant le meilleur jeune. Le Tour se termine en apothéose à bord de l'avion présidentiel, envoyé par Belisario Betancur, le président de la République.

N'empêche, les Colombiens ont encore souffert sur le plat. Pour régler le problème dans le Tour 1986, ils font appel à Raphaël Geminiani, 48 Tours de France sur sa carte de visite (coureur et directeur sportif réunis). Mais rien ne marche comme le voudrait le « Grand Fusil ». Dès le deuxième jour, dans le contre-la-montre par équipes, il perd quatre hommes, arrivés hors délai à Saint-Quentin-en-Yvelines. Deux jours plus tard, c'est au tour de Parra, souffrant d'un genou, d'abandonner. Le médecin colombien de l'équipe lui a fait une infiltration, à l'insu de Geminiani. Mauvaise idée. Le 7 juillet dans les colonnes de *L'Équipe*, le directeur sportif se déchaîne. Au sujet de Parra, d'abord : « Ils l'ont infiltré et ils l'ont loupé, ces cons ! Je ne peux pas continuer de diriger une taule pareille si les choses se passent dans mon dos. » Du contre-la-montre par équipes, ensuite : « Dans le chrono il fallait pousser le 12 dents par moments. Ce n'est un plaisir pour personne mais il y a un minimum de technique tout de même et moi j'avais l'impression de voir un troupeau avancer. J'avais beau gueuler, ils se faisaient des bordures entre eux. » Ces propos, le mauvais climat, vaudront à l'ancien meilleur grimpeur du Tour 1951 de recevoir un appel du cabinet de la présidence de la République colombienne pour des éclaircissements. L'expérience, bien sûr, ne sera pas renouvelée et Rafael Niño, six fois vainqueur du Tour de Colombie, prendra le relais les années suivantes.

Avec un certain succès en 1987, où Herrera, 5e, et Parra, 6e, maillot à pois pour Lucho en prime, sont dans le jeu avec les meilleurs. La grande année de Parra arrive mais auparavant, un détour obligé par la Vuelta 1987, première victoire d'un Colombien dans un grand Tour. Elle est signée Luis Herrera. Un succès qu'il consolide par une démonstration dans l'ascension vers les lacs de Covadonga. Et la polémique surgit. Dans sa biographie, Laurent Fignon accuse et dit avoir été payé pour ne pas attaquer Herrera dans les dernières étapes de la Sierra madrilène. Réponse de l'intéressé : « Cette affirmation est injuste et fausse. Si j'avais été attaqué et mis en danger, tous les coureurs colombiens, les miens et ceux des deux autres équipes colombiennes, m'auraient aidé à garder le maillot *amarillo*. Avec l'argent dont parle Fignon, j'aurais pu m'offrir un Tour de France. »

1988, donc, aurait dû être l'année Parra. Avant de se hisser sur la troisième marche du podium sur le Tour, le grimpeur colombien, passé sous pavillon espagnol Kelme, est l'un des protagonistes de la Vuelta (5e). Javier Minguez, ancien directeur sportif, qui le dirigera plus tard chez Amaya, en 1992, affirme : « Je n'ai jamais vu un coureur aller aussi loin dans la souffrance et supporter ce seuil de la douleur sans baisser de rythme. Parra avait tout pour gagner un grand Tour : il grimpait, il pouvait sprinter et régler une échappée, il roulait assez bien contre la montre et surtout, il récupérait très bien, condition indispensable dans une course de trois semaines. Il ne lui a manqué qu'une chose : avoir une bonne équipe autour de lui. » En 1989 le rouleur français Bernard Richard offre ses épaules pour protéger Herrera des coups de vent. L'Italien Mario Scirea et le Danois Jesper Worre, venus faire une pige chez Café de Colombia, en font autant. Mais une forme de déclin est amorcée : Lucho n'est que 19e et Parra est contraint à l'abandon (11e). Juan Valdez range sa mule et Café de Colombia sa machine à café. Postobon, une nouvelle équipe du groupe Ardila Lülle, sera la seule à partir à l'assaut du Tour des années 1990. À l'inverse de la fastueuse décade qui s'achève, celle qui s'annonce sera décevante. Le talent des « Cacaito » Rodriguez, Oliverio Rincon, « Chepe » Gonzalez, vainqueurs d'étapes, comme celui d'Alvaro Mejia, 4e en 1993, n'est pas en cause. Les sponsors découvrent que l'herbe est plus verte dans le foot. De nouvelles vedettes émergent. Le Nacional Medellin, vainqueur de la Copa Libertadores 1989, et les *cafeteros* de Carlos Valderrama, qualifiés pour le Mondial 1990, en Italie, sont désormais les showmen à la mode. À partir de 1993, il n'y aura plus une seule équipe colombienne dans le Tour de France.

Chapitre 7

Lucho Herrera, immortel

« Ils m'ont réclamé de l'argent. Ma mère a compris. Elle s'est précipitée sur le téléphone mais ils le lui ont arraché des mains. Ils m'ont poussé vers une voiture, un fusil dans le dos, et c'était terminé. »

Lucho Herrera,
enlevé par les FARC en 2000

La Colombie ne produit pas tant de héros que cela. Au cours du demi-siècle dernier, on en dénombre deux. Carlos « Pibe » Valderrama, footballeur de génie, ancien capitaine de l'équipe nationale, pied droit de virtuose, issu d'un quartier de misère de Barranquilla, sur la côte atlantique, et Luis Alberto Herrera, le meilleur grimpeur du monde des années 1980, trois victoires d'étape dans le Tour de France, propulsé dans le mythe et la légende par ses exploits en montagne. Dix-huit ans après la fin de sa carrière, Herrera a été enlevé par les FARC, le 4 mars 2000, dans la maison de ses parents, quartier de La Aguadita, perchée sur les hauteurs de Fusagasuga, à une soixantaine de kilomètres de Bogota. Il sera libéré vingt-quatre heures plus tard, après un road movie pédestre de sept heures qu'il n'oubliera jamais, les yeux bandés, une kalachnikov dans le dos.

Officiellement, personne n'a avancé d'explication et surtout pas Herrera, décrit comme un personnage énigmatique, discret, timide, peu bavard et toujours incrédule dix-neuf ans après cette mésaventure. Ce matin, assis à la terrasse du café Atrio, juste en face de l'église Notre-Dame-de-Belén, une tasse à la main, perdu dans ses pensées, il écoute les conversations d'une oreille distraite. On peut imaginer le même scénario trente ans plus tôt, quand il planait à la manière d'un condor sur les sommets andins, alpins et de la planète vélo, entretenant par son mutisme une aura de mystère. Combien de fois les journalistes, désarçonnés par son silence, ont dû faire les questions et les réponses ? Raul Mesa, le pape des directeurs sportifs en Colombie, qui l'a dirigé du temps des grandes équipes Café de Colombia et Manzana Postobon, avance : « Ils pouvaient écrire ce qu'ils voulaient, rien ne le troublait. Il restait impassible, imperméable aux critiques. »

Son premier surnom, « El Jardinerito », parce que dès son jeune âge il travaille dans des serres horticoles, se change vite en « Lucho », qui devient chez les grimpeurs la référence absolue. La légende va très loin. On a dit de lui qu'en plein effort en montagne, assis sur sa selle, sa position préférée, on aurait pu poser un verre d'eau plein sur les épaules, aucune goutte n'en serait tombée. Et à son apogée, au milieu des années 1980, le radioreporter de Caracol Alfredo Castro, dit « El Comandante », lance à l'antenne cette métaphore originale et cocasse : « Herrera fait penser à ces lavandières qui essorent le linge en le tordant. Derrière lui, à l'arrivée, ses adversaires sont étendus, secs, repassés. Il devrait ouvrir un pressing. »

Il est issu d'une famille modeste, avec un père jardinier et une mère au foyer. Chez les Herrera, à La Aguadita, la ferme paternelle, on se lève à 5 heures et tout le monde part au boulot. Au jardin, aux champs, soigner les vaches. La notion de travail est une valeur fondamentale chez lui. À la jardinerie il ajoute bientôt un autre emploi, dans la couture celui-là, qu'il pratique chez un tailleur. Sa relation avec l'argent ? Elle se résume à un seul mot : économie. Dans les années fastes, celles de ses contrats à six chiffres, chez Café de Colombia ou Postobon, Lucho ne s'est jamais égaré en voitures de sport ou en dépenses somptuaires. Il épargne et il compte peso par peso. Un bout de terre, une vache, un semi-remorque. À la fin de sa carrière, il avait rassemblé un troupeau de cent quatre-vingts têtes de bétail. Normal pour quelqu'un né sous le signe du taureau, le 4 mai 1961. Parfois même le destin s'amuse à en rajouter. Dans le Tour 1985, à Limoges, à l'arrivée de l'étape, les organisateurs locaux lui offrent un taureau de race, en l'honneur du maillot à pois de meilleur grimpeur qu'il a sur les épaules. Dans sa tête, Herrera sait tout de suite que « Bouquet », un beau rouquin de deux ans et demi, 410 kg, va passer le reste de sa vie dans les pâturages de Fusagasuga, à combler cent quatre-vingts vaches à l'aide d'un électro-éjaculateur, ce qui n'est pas l'idéal pour un étalon. Au mieux de sa forme, Bouquet aura fourni entre huit cents et mille doses de sperme par an. Ce que son patron appelle « un bon retour sur investissement ».

Du Tour de France et de Bernard Hinault en particulier, qui fut éleveur de vaches, comme lui, mais à Yffiniac dans les Côtes-d'Armor, il sera souvent question. Au sujet du « Blaireau », quintuple vainqueur du Tour, dont il a été un rival et un admirateur à la fois, sa posture n'a jamais varié : « Un type droit, avec du caractère. Pas le genre à attaquer quand on s'arrêtait pisser ou à te faire une crasse comme certains. Il aurait aimé que j'aille dans son équipe. J'ai fait un autre choix, plus sentimental, je ne le regrette pas. » En souvenir des bons moments passés dans le peloton, il s'est inquiété parfois des affaires du Breton : « Comment ça va avec ses vaches ? C'est pas trop dur pour lui en France ? » Ou bien, une autre fois, l'air malin, en me serrant la main : « Tu m'as apporté des échantillons de sperme de chez "Hinol" ? »

C'est ça, Herrera, un homme de la terre, peu enclin à s'épancher mais un infatigable travailleur. À 58 ans, il continue de se lever à 5 heures du matin, de se tenir loin des paillettes, sans se soucier si la couronne de lauriers posée sur sa tête de grimpeur galactique penche à gauche ou à droite. Il a redonné à des milliers de gens, hantés par les démons de la violence et des attentats, de l'émotion, du rêve et de l'espoir. Une satisfaction qui n'a pas de prix. Canonisé dans des *vallenatos*, ces rengaines populaires sur fond d'accordéon, statufié à l'entrée de « Fusa », il a participé naguère avec son taureau de Limoges à une *telenovela* au titre évocateur, « Arrêtons de déconner », qui a battu tous les records d'audience au milieu des années 1990. Et personne d'autre que lui ne peut se vanter d'avoir son maillot, celui de vainqueur de la Vuelta 1987, couleur *amarillo*, accroché dans le salon du palais Nariño de la présidence de la République, entre un cadre du Greco et un autre de Botero.

C'est à ce « monument national » que s'attaquent les guérilleros des FARC, un matin de mars 2000 doux comme du velours. Que visent-ils à travers ce symbole ? Faire un exemple ? Encaisser l'impôt révolutionnaire ? Un peu de tout cela et de jalousie médiatique, peut-être. En effet, trois mois plus tôt, le 20 janvier 2000 exactement, l'ELN (Ejercito Liberacion Nacional), la branche dissidente de l'armée révolutionnaire des FARC, frappe la première et enlève à Duitama, département de Boyaca, un autre ancien cycliste professionnel, Oliverio Rincon, grimpeur réputé et vainqueur d'étapes dans les trois grands Tours. Herrera ira à Bogota, un dimanche après-midi, participer à la marche blanche en faveur de la libération de son ancien compagnon de route. Le suspense insoutenable dure onze jours, puis Rincon retrouve la liberté. Lucho n'aurait jamais imaginé alors que, quelques mois plus tard, il serait séquestré à son tour. Un drame, aujourd'hui encore à fleur de peau. Luis Herrera se reconnaît deux grandes douleurs dans sa vie : la mort de ses parents, Rafael et Esther, et son enlèvement par les FARC. Le sien s'est déroulé à toute vitesse. Deux 4 x 4, un Mitsubishi gris et un Ford noir, aux vitres teintées, munis de fausses plaques, stoppent devant la ferme des Herrera. Il est 10 heures du matin. Doña Esther prépare du café dans la cuisine. Soudain trois hommes à visage découvert font irruption dans la pièce, deux autres sont en faction sur le pas de la porte, les deux derniers restent au volant, moteur allumé. Confession pudique de la victime : « Ils m'ont réclamé de l'argent. Ma mère a compris. Elle s'est précipitée sur le téléphone mais ils le lui ont arraché des mains. Ils m'ont poussé vers une voiture, un fusil dans le dos et c'était terminé. On a dû rouler une demi-heure vers la montagne, celle qu'on voit, là-bas au fond. »

La Cordillère des Andes et ses pitons violacés, en forme de mâchoire de requin, émerge des nuages gorgés de pluie. Au pied, la forêt, couleur vert épinard, camoufle des kilomètres et des kilomètres de pistes épineuses, impénétrables, inaccessibles, sauf pour les FARC. Le décor est vertigineux, titanesque.

Maintes fois Herrera l'a trouvé d'une beauté absolue, mais cette fois, il n'est « pas là pour contempler le paysage » : « J'avance les yeux bandés par deux tee-shirts et je repense à cette interview qui donnait en détail la liste de tout ce que je possédais et même de ce que je ne possédais pas… » Son patrimoine pèse lourd, il faut l'avouer : deux hôtels dont le dernier, moderne, design, qu'il a baptisé « Les Alpes » en référence à ses victoires dans le Tour, à l'Alpe-d'Huez et à Morzine-Avoriaz, deux restaurants, un troupeau de vaches, des dizaines d'hectares de terres agricoles et des placements en tous genres. Il poursuit : « Ma crainte dans l'immédiat n'était pas de savoir si je devrais payer une rançon, c'était de tomber sur une patrouille partie à ma recherche et d'être pris entre deux feux. »

Le colonel en chef de la police de Cundinamarca, Jaime Bonilla Cardozo, appuyé par un groupe spécialisé dans les enlèvements, a bouclé le secteur. Le bataillon Sumapaz de l'armée nationale, appelé en renfort, se déploie immédiatement et organise une battue. Trop tard, la petite colonne est hors de portée. Le pessimisme est de rigueur. Renforcé par la logistique infaillible des FARC dans cette zone. La faction 42 commandée par le « Negro Antonio », équipée de radars, radiotéléphones par satellite, beepers, n'a jamais été prise en défaut. Une scène hallucinante va alors se dérouler dans le petit groupe qui avance en file indienne. Derrière Herrera, en avant-dernière position, le ravisseur qui ferme la marche est un de ses grands admirateurs, le lui avoue très vite et se met à le questionner. Souvenir de Lucho : « J'ai vite compris qu'il ne disait pas ça histoire de passer le temps. Il savait ce que j'avais gagné, en quelle année, dans quelle équipe. Ensuite, il a poussé la curiosité avec des questions sur le Tour de France. Si l'Alpe-d'Huez était la plus belle de mes victoires ; avec quel braquet j'avais gagné en haut des lacs de Covadonga dans le Tour d'Espagne 1987. Moi, j'étais très loin de tout ça, je pensais à mes enfants, à tous ceux qui ne sont jamais revenus… »

Au bout de sept heures de marche, d'escalade parfois, Herrera, exténué, est poussé et enfermé dans une cabane. L'ancien prisonnier confesse : « Je ne distinguais pas ce qui se disait mais ils discutaient beaucoup. Au bout de deux heures environ, leur chef est venu m'ouvrir et, à ma grande surprise, m'a lancé "Tu es libre. Tu peux partir." Ils ne m'ont jamais dit pourquoi ils me relâchaient. Comme il faisait nuit noire, j'ai demandé si je pouvais me reposer jusqu'au matin. On a passé une partie de la soirée à reparler encore de vélo. Puis quand le jour s'est levé, j'ai appelé mon frère et il est venu me chercher en bas de la montagne. » Pensif, il soupire : « Sans mes victoires d'étapes dans le Tour, mon Tour d'Espagne, mes quatre Tours de Colombie, mes quatre Clasico RCN, va savoir où je serais… »

Sans transition, au milieu des siens, des descendants de « Bouquet », le gentleman-farmer a repris sa vie paisible, comme avant. Et sans garde du corps : « Ici je suis chez moi, je ne risque rien. » Le spleen de l'époque où il accrochait un dossard à son maillot l'a abandonné depuis longtemps : « Coureur, tu n'as le temps de rien faire, tu ne penses à rien d'autre qu'à la course. Tu es dans une bulle. Je suis redevenu moi-même quand j'ai arrêté la compétition. »

Mais la dure réalité de ses dix années au sein du peloton, à cuire au soleil, s'est soldée par un cancer de la peau, comparée « à un magnolia brûlé par le soleil », dans une chronique d'*El Pais*. Fort heureusement, Herrera est en rémission aujourd'hui et fait toujours l'objet d'un suivi attentif. La page « course », semble-t-il, est tournée. Il regrette tout de même de ne pas voir plus souvent ses anciens compagnons d'armes, Patrocinio, Martin, Parra et les autres : « Je n'ai même pas le téléphone de Fabio Parra. On a partagé tellement de choses… Il paraît qu'il a une usine de plastique à Bogota… »

Son statut d'intouchable ne l'exempte pas pour autant de dénigrement. Que peut-on reprocher au juste à un mythe ? De n'avoir pas gagné un deuxième grand Tour pour passer à la postérité, rouspètent ses détracteurs ! Ce n'est pas son problème à Lucho, la postérité. Même avec ce trou au palmarès, il y trempe depuis longtemps, dans la postérité. Un jour, il voit arriver une calèche avec un couple de touristes dedans. Le cocher qui faisait le guide commentait les points névralgiques de Fusagasuga, ceux qui en font sa fierté : « Sur votre gauche, vous avez le plus grand marché aux fleurs du pays, avec les plus belles orchidées et les plus belles roses du monde, à droite vous avez Lucho Herrera qui attend un taxi. »

Mesa, le « pape » de Medellin

En Colombie, Raul Mesa, directeur sportif depuis 1971, est une institution et un maître à penser. À l'image du fertile rio Magdalena, il a irrigué la carrière d'à peu près tous les grands coureurs des années 1980 à 2000. De Cochise à Lucho Herrera, en passant par Fabio Parra, Patrocinio Jimenez, « Condorito » Corredor, Henry Cardenas, Alvaro Mejia, Omar Hernandez, Oliverio Rincon ou Mauricio Soler. Sur son CV figurent sept Tours de France, neuf Vueltas et un Giro mais aussi deux Maillots Jaunes du Tour de l'Avenir, l'un avec Alfonso Florez (1980), l'autre avec Martin Ramirez (1985). De ses quarante-neuf années d'affilée derrière le volant, ce sont sans hésiter celles de Lucho Herrera qui l'ont le plus grisé. Il avait quoi de particulier Lucho ? : « Un démarrage sec, un seul, et derrière, c'était fini. Question de fibres musculaires. Le cœur de Lucho, ses poumons, ses jambes lui ont permis de faire des choses que je n'ai jamais vu faire à personne. Le soir sur la table de massage, même après des étapes dures, ses muscles étaient d'une souplesse impensable. Pour moi, il reste le meilleur grimpeur du monde, toutes générations confondues. »

Dans la longue liste des trophées ramenés de ses campagnes européennes, figure aussi le premier

Tour de l'Avenir victorieux en 1980, qui aura une résonance spéciale pour le cyclisme colombien. On sait comment le malheureux Alfonso Florez, assassiné en 1992, cinq ans après la fin de sa carrière, est parvenu à piéger le Russe Sergueï Soukhoroutchenkov, champion olympique sur route quelques semaines auparavant et archi-favori de l'épreuve. Ce que l'on sait moins, c'est qu'au bout de six jours, l'équipe colombienne, partie avec un budget de 5 000 dollars pour tenir douze jours, n'avait plus rien dans les caisses. Mesa a alors changé sa casquette de directeur sportif contre la toque de cuisinier : « J'ai préparé des soupes, multiplié les infusions d'*agua de panela* [canne à sucre] et distribué des rations de *bocadillos* [pâte de goyave] en attendant d'être dépanné. L'ambassade de Colombie a été prévenue mais les formalités m'ont semblé interminables. Et comme le Maillot Jaune de Florez nous attirait beaucoup de visites, nous avons eu un jour celle d'un homme d'affaires colombien qui m'a prêté 5 000 dollars pour terminer l'épreuve. Il s'appelait Tomas Santamaria. Heureusement, notre galère commençait à se savoir et j'avais peur qu'on nous propose de "vendre" la course. »

La victoire de Martin Ramirez, en 1985, elle aussi est estampillée « Mesa ». Avec cette autre anecdote un peu canaille : « Avant le dernier contre-la-montre, Martin est leader mais il est menacé par un coureur de La Vie Claire [Éric Salomon]. C'est le début des cadres plongeants, des roues lenticulaires et nous, pauvres diables, on n'a rien de tout ça. Alors je vais voir Cyrille Guimard pour lui demander de nous prêter un de ses vélos profilés. Martin Ramirez a couru sur celui de Thierry Marie. Je crois que Guimard était très content de nous rendre ce service qui désavantageait La Vie Claire. »

Aujourd'hui, Raul Mesa reste une référence. Il incarne toujours l'intuition et la précision dans le peloton America Pro Tour où les oreillettes sont interdites. Il est comme ces sages, « au courant des galères les plus confidentielles, les plus précaires et les plus bancales » qu'un coureur peut connaître et, à 77 ans, il débroussaille encore les sentiers épineux qui conduisent en Europe pour les coureurs de son équipe EPM (Empresa Publica Medellin), inscrite au calendrier continental. En 2020, le compteur de ses saisons en tant que directeur sportif marquera 50 ! Un record difficile à battre.

La Wilcheria

Au début de l'histoire, il y a Pablo, l'aîné des huit frères et sœurs Wilches, suivi de Ricardo, puis Gustavo et enfin Marcos. Tous ont décroché un contrat professionnel et, à eux quatre, ils totalisent cinquante saisons au cœur du peloton, à cheval entre les années 1980 et 1990. La tribu, plus connue sous l'appellation « Wilcheria », a été réunie au complet une première fois sous le maillot de Postobon (1986 à 1989), puis à nouveau sous les couleurs de Glacial (1992). Pour les trois premiers, Pablo, Ricardo et Gustavo, qui avaient commencé par une vie de travail aux champs, à retourner la terre, traire des vaches et nettoyer les étables dans la savane de Facatativa, à 43 km de Bogota, le vélo a été bien plus qu'une bouée de sauvetage. Pablo Wiches n'a jamais oublié : « Je gagnais un peso par jour et six à la semaine, parce qu'on se reposait le dimanche. Jusqu'à 20 ans j'ai vécu dans une cabane à côté des vaches. » Pas oublié non plus les engueulades et les menaces de son patron quand il lui arrivait de finir sa journée une heure plus tôt pour aller s'entraîner. L'aîné a fini par tout plaquer. Avec ses maigres économies, il a acheté deux vaches, attachées au bord de la route, parce qu'il n'était pas question de louer une pâture : « Je me suis entraîné et j'ai vécu du lait de mes deux vaches, sans autre revenu, pendant deux ans. »

Rien ne peut le dissuader de changer cap. Même si on lui vole ses deux premiers vélos. Pablo Wilches est meilleur jeune du Tour de Colombie 1980, il est surtout le seul survivant de l'équipe Leche La Gran Via à avoir accompagné Martin Ramirez, tombeur de Bernard Hinault, dans le Dauphiné 1984. Dans la foulée, il signe son premier contrat professionnel, au côté de Claudy Criquielion, chez Splendor-Mondial Moquette, et participe à son premier Tour de France. Pour son troisième et dernier en 1987, il est 6e au général après 14 étapes et Jacques Anquetil en fait son favori dans *L'Équipe* avant les étapes alpestres. Mais une chute le contraint à l'abandon (20e). Il se retire définitivement en 1993. Ricardo est resté équipier toute sa carrière qui a duré dix ans. En 1990, Gustavo, remporte le Tour de Colombie et le Clasico RCN, dispute trois Vueltas et clôture sa carrière en 1996 au Costa Rica. Mais en 2001, il dérape et est arrêté à l'aéroport El Dorado, Bogota, avec quarante capsules d'héroïne dans l'estomac. La fin de Marcos est la plus tragique. Six ans après avoir raccroché, il est assassiné à Facatativa, en 2002, au volant de son taxi, par deux individus qu'on n'a jamais retrouvés.

L'histoire des Wilches n'est pas près de s'arrêter. Juan Pablo et Norberto, fils de Pablo, William, fils de Ricardo et Alexis, fils de Gustavo, ont pris la relève, plus modestement, chez les amateurs. Norberto court toujours, et a fondé sa propre équipe admise en Continental en 2020. Juan Pablo, son frère, après onze saisons, a lancé le Team Wilches, qualifié lui aussi en Continental et suit de très près les débuts de son fils, Pablo Alejandro, 19 ans, retenu en 2020 par le Centre mondial du cyclisme, à Aigle. Quant au directeur sportif du Team Wilches, il n'est autre que Pablo Wilches, 64 ans, en personne. Il ne pouvait y avoir de meilleure chute à cette saga.

Chapitre 8

Ramirez : « Comment j'ai battu Hinault dans un Dauphiné d'apocalypse »

« À Martin Ramirez / Un fils du peuple / Pour sa victoire dans le Dauphiné 1984. »

Trophée remis en main propre
par des membres du M-19,
un mouvement révolutionnaire

Pour l'une de ses toutes premières courses amateur par étapes, Martin Alonso Ramirez remporte la Vuelta de la Juventud, le « Tour de la Jeunesse », sorte de Tour de Colombie des moins de 23 ans. Il en a vingt et son endurance, son calme et son adresse, enthousiasment un commentateur radio, Edwin Tuiran Ruiz, qui l'affuble aussitôt d'un surnom, « El Negro ». En Colombie, un surnom est la marque des grands. L'intéressé ne choisit jamais, est souvent pris au dépourvu. Martin Ramirez qui a le teint cuivré, a accepté le sien sans broncher. Même, il l'a sublimé : « Negro, c'est comme ça qu'on appelait ceux qui suaient et travaillaient pour gagner leur pain. » Le jeune Martin, l'aîné d'une fratrie de six enfants, grandit dans le quartier populaire de Bonanza à Bogota, Cordillère nord-occidentale. Question scolarité, il est plutôt un intermittent et se lance dans la vie comme livreur multicasquette, à vélo, dans la grouillante capitale des années 1970. Adroit, genre cascadeur, polarisé par les résultats des courses amateurs des plus grands, il prend une licence au club CicloAses, dirigé par Leonidas Herrera, le plus grand détecteur de talents qu'a jamais connu la Colombie. Le jeune Martin se rode dans les *turismeros*, des critériums urbains sur pignon fixe qui ne connaissent qu'une seule règle : la loi du plus fort. Ses progrès sont remarquables, scellés par la Vuelta de la Juventud, en 1980. Il n'est plus livreur depuis longtemps quand il endosse le maillot de Leche La Gran Via, un distributeur de lait de Zipaquira. Un tremplin dont il ignore qu'il va le projeter dans une autre dimension en 1984, et le placer en travers de la route du « Blaireau ».

Vous n'aviez jamais vu Bernard Hinault avant ce Dauphiné 1984 ?

D'aussi près et en chair et en os, non. Chez mes parents où j'habitais à cette époque-là, je le voyais tous les jours. J'avais son poster au mur de ma chambre. D'abord j'ai mis celui d'Eddy Merckx et plus tard celui d'Hinault. Mes deux idoles. Jamais je n'aurais pensé que j'aurais à l'affronter un jour. J'avais un troisième ange gardien dans ma chambre : Cochise.

Un amateur venu de Colombie se sent comment au milieu du gratin professionnel, Hinault, LeMond, Roche, Anderson, Rooks, Millar, Pascal Simon ?
Sans complexe. Au téléphone, on m'avait dit : « Tu veux aller disputer une petite course en France où il y a beaucoup de montagne et un peu d'argent à gagner ? » Je n'avais jamais couru en Europe mais je n'ai pas hésité. Je serais parti en bateau s'il avait fallu.

Qui vous a tenu ce discours ?
Miguel Angel Bermudez, le président de la Fédération colombienne, peut-être pour mieux me convaincre. Il venait d'apprendre le forfait de l'équipe Varta et de Luis Herrera, qui préféraient se réserver pour le Tour de France, après un Tour de Colombie difficile. Le Tour de France, tout le pays attendait ça, après les débuts des Colombiens en 1983. C'était le grand événement de la saison. Mais au Dauphiné, il fallait absolument une équipe colombienne au départ et le président, prévenu en dernière minute, a cherché des remplaçants.

Des seconds couteaux ?
Ah non ! Quand il s'est tourné vers l'équipe amateur Leche La Gran Via de Bogota, il savait ce qu'il faisait. Pacho Rodriguez, Fabio Parra et Reynel Montoya venaient de terminer 2e, 3e et 4e du Tour de Colombie

et Pablo Wilches, 6e. Le seul qui venait d'un autre club amateur était Alirio Chizabas, 9e. Après réflexion, Parra a dit non et on est partis à six.

Pourquoi fallait-il absolument une équipe de Colombie au Dauphiné ?
Le président avait reçu un appel de France. On m'a toujours dit que c'était le patron du Tour en personne [Félix Lévitan] qui ne lui avait pas laissé le choix. Du genre : pas d'équipe colombienne au Dauphiné, pas d'assistance et de collaboration Mavic au Tour de France. Comme Miguel Angel ne voyait que par le Tour, il a cédé et Leche La Gran Via est devenue pendant quelques jours une sélection colombienne, parce qu'il ne fallait surtout pas qu'on ait l'air d'une équipe amateur.

Votre équipe de marque, Leche La Gran Via, a accepté l'arrangement ? Sous quel maillot avez-vous couru ?
Disons que personne n'avait intérêt à faire capoter l'affaire en vue du Tour. Le président, surtout, qui aurait été accusé de n'avoir pas su tenir ses engagements. Du côté de notre sponsor, aucun problème. Il a joué le jeu à fond. C'est en arrivant en France que ça s'est compliqué. Comme nous étions officiellement une sélection, on devait nous fournir tout l'équipement, maillot, cuissard, vélo. Mavic en avait fait la promesse à Miguel Angel Bermudez, c'est ce qu'il nous a toujours dit. Et nous ne sommes partis qu'avec

nos chaussures. Sauf que, sur place, Mavic n'avait ni maillots, ni cuissards et pour les vélos, aucun n'était à nos cotes. La veille de la course, il a fallu aller acheter à toute vitesse un maillot et un cuissard pour chacun, dans un magasin de sport.

La façon de vous traiter aussi légèrement vous a-t-elle énervé ?
On s'est adaptés mais la taille des vélos a vite posé un problème. Chizabas était trop petit et pour s'adapter il était obligé de pédaler debout. Le deuxième jour, il a eu une tendinite au genou et a abandonné. Personnellement je m'en suis assez bien sorti. Le plus embêtant, c'était en rentrant à l'hôtel. Comme on n'avait qu'un maillot, un cuissard et une seule paire de socquettes pour toute la course, on faisait notre lessive tous les soirs. Pour être certain que ça serait sec le lendemain, on compressait maillot et cuissard dans les serviettes de bain. Jamais on ne s'est plaints. Et puis la montagne est arrivée très vite.

Où Pacho Rodriguez a commencé un véritable festival. Comment vous ont regardé les pros ?
Ils ne pouvaient rien faire tellement Pacho était fort. Il volait, dans les cols. Je ne l'avais jamais vu comme ça. Pablo Wilches, Montoya et moi, on n'était pas trop mal non plus, mais un ton en dessous. Au bout de cinq jours, Pacho était leader et il y avait quatre Colombiens dans les dix premiers.

Avez-vous pensé que l'un d'entre vous pouvait gagner ?
Gagner ? Quand Montoya a abandonné lui aussi, on s'est retrouvés à quatre, contre huit dans les autres équipes. La victoire nous paraissait impossible. Et tout s'est encore compliqué avec le mauvais temps. Au matin du septième jour, il a commencé à neiger. Je ne sais plus combien de cols on devait monter ce jour-là et c'était une arrivée au sommet [col du Rousset]. Après le petit déjeuner, on est sortis, Pacho et moi, sur le parking de l'hôtel et on tentait d'attraper des flocons pour les goûter et savoir quel goût ils avaient. C'était la première fois que je voyais la neige.

Les conditions climatiques en course vous ont-elles handicapé ?
L'étape a été épouvantable. En plaine, c'était la pluie et le vent glacé. Dès qu'on montait, c'était la neige et la tempête. Une étape d'apocalypse. Plus jamais je n'ai pédalé dans des conditions pareilles. Je me souviens qu'à l'arrivée, je ne pouvais pas descendre de vélo. Mes mains étaient soudées au guidon. Impossible d'ouvrir les doigts. Le soir, les soigneurs m'ont aidé à monter dans ma chambre. J'étais le nouveau leader parce que Pacho Rodriguez avait dû abandonner à cause d'une douleur au genou, puis ça a été au tour d'Aristizabal, à bout de fatigue. On n'était plus que deux, Pablo Wilches et moi.

Au matin de cette fameuse étape, Hinault est devant vous au général, comment pouvez-vous vous retrouver leader ?

Dès le départ, Pacho a appelé le médecin de la course pour son genou. Il n'avançait plus et n'avait aucune chance de terminer l'étape parce que, très tôt ce jour-là, Hinault et quelques autres avaient attaqué et pris huit à neuf minutes d'avance. Hinault devenait le nouveau leader, évidemment, et mon objectif, était de sauver ma deuxième place puisque j'avais une minute de retard sur lui et assez d'avance sur le suivant. Il restait alors plus de 100 km avant d'arriver au sommet. Mais Hinault a vu trop grand et on l'a rattrapé dans la dernière ascension. Quand je suis arrivé à sa hauteur, je l'ai laissé sur place pour lui reprendre plus d'une minute. Voilà comment j'ai pris le maillot pour quelques secondes, une vingtaine. Mais avec une étape en ligne et un contre-la-montre à disputer, Hinault restait le grand favori. À deux contre son équipe plus tous ceux qui travaillaient pour lui, c'était mission impossible.

Revenons à l'abandon de Pacho Rodriguez et son mal au genou. Il s'est dit et écrit beaucoup de choses à son sujet. De quel côté penchez-vous : pour un vrai mal au genou ou bien s'est-il laissé acheter ?

S'il a été payé, je peux vous jurer que moi, je n'ai pas touché un centime. Lui seul peut répondre. Je ne lui ai jamais posé la question et je ne le ferai pas. Mais je ne peux rien affirmer. Au fond de moi, j'ai trouvé ça bizarre. Aujourd'hui encore je reste avec le doute.

Son masseur, Roberto « Oso » Sanchez, a toujours soutenu que la veille, ses jambes et ses genoux étaient en parfait état et que des Français étaient venus voir Pacho Rodriguez à l'hôtel. Qu'en pensez-vous ?
Je ne sais pas où je devais être mais je n'ai pas vu les Français. Et Roberto Sanchez n'a fait aucun commentaire. Ce qui est étrange, c'est que le lendemain, des coureurs de La Vie Claire m'ont traité de truqueur et de malhonnête. Mais ce jour-là, dans l'avant-dernière étape, il s'est passé tellement de choses, des choses inimaginables, que je n'ai pas eu le temps de me demander pourquoi.

Que s'est-il passé d'aussi extravagant ?
À deux contre une partie du peloton, ce n'était pas à moi d'assumer le poids de la course. La vingtaine de secondes [22 exactement] de retard, Hinault devait me les reprendre facilement contre la montre. Donc on les a laissés travailler et surveiller les échappés. La seule tactique qu'on avait mise au point avec Pablo Wilches était que je reste dans la roue d'Hinault pendant que lui se tiendrait en retrait et me sifflerait chaque fois qu'une attaque menacerait la deuxième place que je visais.

Jusqu'ici rien d'anormal. Et ensuite ?

Ce jour-là, pendant que j'étais dans la roue d'Hinault, ils m'ont fait de tout. Des coups de coude, des coups de frein brusques, des queues de poisson, des insultes. À plusieurs reprises, même, certains ont essayé de me balancer au fossé. Je crois que c'est LeMond, je n'en suis pas sûr, qui leur a dit d'arrêter leurs conneries. Hinault était furieux parce qu'il n'arrivait pas à me sortir de sa roue, ni à la régulière, ni autrement. Alors il s'est mis à me traiter de *cokero*, d'Indien. Parce que j'étais collé à sa roue, il faisait semblant de me lancer du grain en imitant le « piou-piou-piou » du poulet. Il a pété un câble, mais ça peut arriver à tout le monde d'avoir un mauvais jour.

Avez-vous eu l'occasion, plus tard, de lui dire qu'il était votre idole ?

Ce qu'il s'est passé ce jour-là ne compte pas. Je ne lui en veux pas. Hinault, comme Merckx ou Cochise, ce sont les champions qui m'ont donné des frissons quand j'étais plus jeune. Mais je ne lui ai jamais dit que j'avais son poster dans ma chambre. J'ai ma dignité. Je l'ai recroisé au départ d'autres courses, j'ai dû le saluer quand il saluait Herrera, par un « Bonjour Monsieur », je ne sais pas dire autre chose en français. Je ne suis même pas sûr qu'il ait reconnu celui qui l'avait battu au Dauphiné.

Et pour terminer, dans le contre-la-montre où vous vous êtes expliqués « à la pédale », vous parvenez encore à le devancer. Qu'avez-vous ressenti ?

Il y avait une belle bosse dans la première partie, je l'ai faite à fond parce que je savais qu'ensuite, je perdrai du temps sur le plat. À l'arrivée, j'avais encore ajouté 5 secondes à l'avance que j'avais au départ. Ce contre-la-montre, c'est la chose la plus incroyable qui me soit arrivée dans toute ma carrière : battre Bernard Hinault qui avait déjà remporté à l'époque quatre Tours de France. Et aussi à deux contre tous et dans des conditions extrêmes ! Je me souviendrai toujours que, après la ligne, un reporter colombien s'est approché et m'a dit : « Martin, qu'est-ce que tu désires le plus en ce moment ? » Et moi spontanément : « Entendre l'hymne de Colombie. » Et avec un casque sur les oreilles, ils m'ont passé l'hymne national.

Votre retour à Bogota a, paraît-il, été à la hauteur de celui d'un chef d'État ?

L'apothéose ! Défilé sur un camion de pompiers dans tout Bogota de 7 heures du matin à 17 heures, devant des dizaines et peut-être des centaines de milliers de personnes qui avaient écouté la course à la radio. Le soir, il y avait un Clasico entre Millonarios et Santa Fe et je suis descendu en hélicoptère dans le rond central pour donner le coup d'envoi. Il faut dire que je n'étais revenu en Colombie que cinq jours après ma victoire. J'ai profité d'être à Paris pour faire un peu de tourisme.

Et pour signer votre premier contrat pro avec Système U et être au départ du Tour 1984. C'était votre récompense du Dauphiné ?

Cyrille Guimard m'avait contacté et j'ai signé un engagement pour un mois, juste pour le Tour. La tour Eiffel et les Bateaux-Mouches, c'est un bon souvenir aussi. Quand je suis rentré au pays, j'ai appris que j'avais gagné un appartement de la part d'un institut gouvernemental. Ce que je ne savais pas, c'est que je devais payer un loyer élevé pour mes petits moyens et, très vite, je me suis retrouvé écrasé par les mensualités.

Vous l'avez rendu ? Que s'est-il passé ?

Non, mais un an plus tard, je gagne le Tour de l'Avenir avec Café de Colombia, un peu grâce à Guimard d'ailleurs, qui m'avait prêté le vélo de contre-la-montre de Thierry Marie, ce qui m'a bien aidé pour distancer un coureur de La Vie Claire [Éric Salomon]. Après l'arrivée, Hector Urrego, de la radio RCN, s'approche, me tend son micro et me dit « Martin, le président de la République vous parle. » Et j'ai eu Belisario Betancur en ligne pour la première fois de ma vie. Devant des millions d'auditeurs, en direct, j'ai été obligé de lui dire que je le remerciais pour l'appartement du Dauphiné mais que c'était une fausse bonne idée parce que le loyer était trop cher pour moi. Le lundi matin en atterrissant à Bogota, un représentant du gouvernement m'attendait. Plus de loyer à payer, en contrepartie j'ai fait des annonces publicitaires à la télévision pendant un an.

Votre victoire sur Hinault a eu de grandes répercussions sur votre carrière et en dehors ? L'histoire du M-19[1] qui a fait de vous un « fils de la révolution », pure légende ou véritable info ?

L'histoire est authentique. J'habite encore chez mes parents. Il fait nuit. On frappe à la porte. Je vais ouvrir. Quatre types entrent, me serrent la main et m'expliquent qu'ils appartiennent au M-19 et viennent immortaliser ma victoire dans le Dauphiné par un trophée, de la part des fils de la révolution. (Il se lève et va le chercher.) Tenez, lisez : « À Martin Ramirez / Un fils du peuple / Pour sa victoire dans le Dauphiné 1984. » On s'est tous mis au garde à vous, mes parents aussi, ils ont caché leur visage et pendant qu'un des leurs filmait, on a chanté l'hymne national. La vidéo n'est jamais sortie et je n'ai plus jamais rien su d'eux. »

1. Le M-19, abrégé du « Mouvement du 19 avril 1970 », a été fondé par des membres dissidents des FARC. Il a participé à la guérilla colombienne jusqu'en 1990. Sa principale action est la prise du palais de justice de Bogota, en novembre 1985, qui a fait plus d'une centaine de morts.

La blessure ouverte de Pacho Rodriguez

Trente-cinq ans après l'un des plus grands exploits de l'histoire du Dauphiné, réalisé par le Colombien Martin Ramirez, une ombre entoure encore l'abandon de Pacho Rodriguez, son compatriote, leader de l'épreuve au moment des faits. Au début de la septième étape, Rodriguez se plaint du genou, appelle la voiture du médecin de course et, vingt kilomètres plus loin, s'arrête pour de bon. Jusque-là, le grimpeur colombien insolent de facilité n'a pas montré la moindre gêne. Cet abandon a beaucoup fait jaser en Colombie. Souffrait-il réellement de son articulation ? Ou s'est-il laissé tenter par une galette de billets ? Reconverti en professeur de tennis après sa carrière, Pacho Rodriguez est revenu, à 60 ans, vers ses premières amours, et est devenu coach de vélo handisport. Objectif : participer aux Jeux olympiques de Tokyo en 2020.

Nous le retrouvons chez lui, à Bogota, un dimanche ensoleillé de novembre. Acceptera-t-il de reparler de sa blessure au genou qui l'a contraint à l'abandon ? Trente-six ans après, le premier souvenir du Dauphiné 1984 qu'il évoque est « la façon dont [il a] fait "sauter" Hinault, en tête à tête ». La mémoire intacte, il raconte : « C'est une sensation incroyable. En italien il me dit : "*Tranquilo Colombiano, tranquilo*." Et là, je sens qu'il bluffe et qu'il est juste. Alors je mets une dent de moins et à la sortie d'un tunnel, il n'est plus là. » Il joue à saute-mouton avec ses souvenirs, passe du Dauphiné au Tour de France de la même année : « C'est mon premier contrat professionnel chez Splendor-Mondial Moquette, avec Claudy Criquielion. Je passe premier en haut du Galibier. » Puis à son podium (3e) sur la Vuelta 1985 : « Une malchance noire. Je suis pris dans une chute à 1,3 km de l'arrivée d'une étape et on me décompte un temps de 22 secondes sur Millar. Je les ai traînées comme un boulet. Quand les Espagnols ont vu que je ne referai pas mon retard, ils ont "enterré" Millar. La phrase de Txomin Perurena, le directeur sportif de Pedro Delgado, je l'entends tous les jours : "Si ce n'est pas un Colombien, alors c'est un Espagnol qui doit gagner." Et personne n'a roulé derrière Jose Recio et Delgado. »

Et ce genou dans le Dauphiné alors ? : « Ceux qui ont écrit que je n'avais pas mal et que je m'étais arrangé avec Hinault sont fous. Pourquoi j'aurais vendu ? J'étais là pour gagner. Je savais que c'était un tremplin pour le Tour. Non, je n'ai pas démenti ce qui a été écrit. J'ai préféré laisser dire. Il n'y a rien à faire contre la rumeur. Mais quand on m'en parle, la blessure est toujours présente. »

Quelques jours plus tard, toujours à Bogota, Roberto « Oso » Sanchez, ancien directeur sportif de Café de Colombia, naguère l'un des hommes de confiance de Lucho Herrera, interrogé sur cet épisode, prend la parole à son tour. Parce que sur ce Dauphiné, « El Oso » est venu dépanner et faire le masseur. Il a quitté Guzet-Neige où les Varta de Lucho Herrera préparent le Tour et arrive dans les Alpes au deuxième jour de course, pour voir Pacho Rodriguez jongler avec ses adversaires. Roberto Sanchez qui le masse tous les soirs est catégorique : « La veille de son abandon, sur la table de massage, Pacho n'avait aucune douleur, ni de problème au niveau musculaire ou osseux. Ses jambes étaient parfaites. Elles étaient celles d'un coureur prêt à défendre son maillot. Il aurait fallu un médecin pour faire un diagnostic. Mais à quoi bon, puisqu'il ne se plaignait de rien. »

Un autre fait troublant est venu épaissir ce mystère et Roberto Sanchez en a été le témoin : « Le même soir, des Français sont venus discuter à l'hôtel avec Pacho. J'ignore ce qu'il s'est dit. Pacho ne m'en a jamais parlé, ni à personne d'ailleurs. Pourquoi des Français qui étaient sur la course sont-ils venus ce soir-là ? Et pourquoi a-t-il abandonné le lendemain ? Une autre question me désoriente. Deux semaines plus tard dans le Tour, non seulement Pacho n'avait plus aucun problème de genou mais il était redevenu l'excellent grimpeur que j'ai toujours connu. »

Chapitre 9

Les années 1990

Le crépuscule

« Moins de pesos pour le vélo, plus de Pavarotti et de culture ! »

Éditorial du journal *El Tiempo*
après le Mondial 1995

La crise qui va frapper le cyclisme colombien ne se remarque pas tout de suite. Les jambes de Lucho Herrera, pense-t-on, peuvent encore faire des différences en montagne. En 1991, il remporte le Dauphiné, l'étape reine du Tour d'Espagne en haut des lacs de Covadonga et ramène le maillot de meilleur grimpeur. Une manière de se racheter de sa modeste 31e place dans le Tour de France. Il vient d'avoir 30 ans. Chez Postobon, sa nouvelle équipe, on est confiant et le bon comportement d'un petit nouveau, Alvaro Mejia, 24 ans, meilleur jeune au terme de son premier Tour, en 1991, ouvre de belles perspectives. Le cas de Fabio

Parra, sous pavillon espagnol, Kelme puis Amaya, est plus énigmatique. En 1991 et 1992, il abandonne le Tour chaque fois au bout d'une semaine mais flambe dans la Vuelta : 5e en 1991 et victoire d'étape, 7e en 1992. À 33 ans, à sa façon de s'entraîner avec le même sérieux, Javier Minguez, son directeur sportif, en est sûr, il sera encore son capitaine de route les deux prochaines années.

Pour Lucho, en revanche, malgré un bon Giro où il termine 8e, l'année 1992 finit mal. Au cours de ses campagnes de France, d'Italie et d'Espagne, il a souvent mis en avant une phrase passe-partout : « On court avec la tête et le mental, autant qu'avec les jambes. » Il n'a plus ni l'un ni l'autre, sur la route de Burgos dans la 12e étape de la Vuelta. À la sortie des dernières maisons d'un village de Castille, le vent glacé qui souffle en bourrasque le déséquilibre. Il tombe et abandonne. La carrière du meilleur grimpeur du monde des années 1980 vient de s'achever brutalement. Fabio Parra, diplômé universitaire en gestion et administration des entreprises, qui envisage de se lancer dans les affaires depuis un moment, décide lui aussi, la même année, qu'il est grand temps de mettre les pouces et, dans la foulée, crée sa propre usine à Bogota, dont il est toujours l'actionnaire principal aujourd'hui.

Sans les deux monstres sacrés des années 1980, les dirigeants de Postobon, dernière équipe colombienne à s'aligner dans le Tour de France, en mal de retombées et d'images, décident de se retirer. En 1993, pour la première fois depuis onze ans, le Tour de France s'élance sans une seule équipe colombienne. La décennie des années 1990, sans sponsors, sans têtes d'affiche, s'annonce chancelante. La seule chose à retenir est qu'en 1997 va naître celui qui, vingt-deux ans plus tard, deviendra le premier Colombien à remporter le Tour de France, Egan Bernal. Les meilleurs Colombiens sont forcés de s'expatrier. Alvaro Mejia file chez les Américains de Motorola. Oliverio Rincon, Nelson « Cacaito » Rodriguez et Jose Jaime « Chepe » Gonzalez mettent le cap sur l'Espagne et débutent chez Kelme. Quand le jeune Rincon, 25 ans, annoncé dans la lignée des grands grimpeurs andins, remporte la 15e étape du Tour, entre Perpignan et Andorre, en 1993, une lueur s'allume dans le brouillard. Que le succès de « Cacaito » en haut de Val-Thorens, dans le Tour 1994, ou celui de « Chepe », à Valence, Tour 1996, ont pourtant du mal à dissiper. La raison tombe sous le sens : ceux qui ont eu la chance de décrocher un contrat professionnel, en Espagne, en Italie ou ailleurs, n'ont pas l'envergure de leurs glorieux aînés.

Avec Indurain, Chiappucci, Rominger, LeMond et les autres, ils n'ont que des miettes, des victoires d'étapes, ce qui n'est pas si mal. Sans leur faire injure, les Hernan Buenahora, Abelardo Rondon, Julio Cesar Aguirre, Angel Yesid Camargo, Jose Castelblanco ou Carlos Alberto Contreras sont des équipiers de valeur mais pas des vainqueurs.

Alvaro Pino, qui a dirigé nombre de coureurs colombiens au sein de la formation espagnole Kelme, émet un avis tranché : « Le seul qui aurait peut-être pu rivaliser parce qu'il avait une mentalité de guerrier, toujours prêt à tout courir, partout, sans avoir le mal du pays, de la mama et du reste, c'est Buenahora. Il n'y avait pas plus régulier et constant dans l'effort. Sauf que ce n'était pas un gagnant, il ne savait que rouler. » L'exemple le plus marquant du glissement qui s'amorce, au fil des Tours de France, est celui d'Alvaro Mejia, surnommé « El Cometa » pour ses performances dans les contre-la-montre. Il est d'abord meilleur jeune du Tour 1991, 4e pour ses premiers championnats du monde, à Stuttgart la même année, et encore 4e du Tour 1993. Coureur complet, il abandonne néanmoins toute ambition et se contente d'un rôle d'équipier chez Motorola. La colonie colombienne ressemble à une peau de chagrin sur les routes du Tour. En 1994, ils sont sept au départ (victoire d'étape de « Cacaito » Rodriguez), six à Paris. En 1995, sur six partants deux atteignent les Champs-Élysées. Ils seront quatre sur cinq en 1996 (avec une étape pour « Chepe » Gonzalez), un sur deux en 1997, aucun arrivant en 1998 (sur trois partants) et deux sur deux en 1999. C'est tout un concept qui chavire.

Après les sponsors touchés au portefeuille par la crise, c'est au tour de la presse de déserter. L'éternel débat consiste à savoir si, mieux encadrés, ceux qui avaient assez de talent pour gagner des étapes auraient pu passer un cran au-dessus et relancer la locomotive. Le premier nom qui vient à l'esprit est celui de Rincon, des jambes et une « explosivité » dignes des grands *escarabajos*. Javier Minguez et Alvaro Pino, deux de ses directeurs sportifs, se rejoignent sur la réponse : « Une classe extraordinaire, un mental de verroterie. » Dans l'esprit de Pino, l'argument, plus poussé, devient : « Rincon pouvait rivaliser avec n'importe qui en montagne mais quand arrivait le moment décisif, une fois devant ses responsabilités, il se dégonflait. Il avait toujours un truc qui n'allait pas. La peur de ne pas être à la hauteur, je pense. Tout le contraire d'un leader. Il avait un autre défaut, son caractère. Oliverio était très difficile à diriger. Une fois qu'il avait dit non, c'était fini, je savais que je n'en tirerais plus rien si je le faisais courir. Et je le laissais rentrer dans sa famille. »

Il est donc question d'intégration, et sans doute les équipes espagnoles qui engagent des Colombiens n'ont-elles pas encore les structures et le budget pour accueillir à la fois les coureurs, leurs familles et les garder dans la Péninsule, sous pression, cinq à six mois d'affilée. Les Rincon, « Cacaito », « Chepe », Buenahora et les autres souffrent d'un autre handicap, ils sont de la génération *panela*, une appellation caricaturale qui montrait du doigt ceux qui avaient recours à cette boisson énergétique, à base de canne à sucre, pour effacer les coups de pompe et cicatriser les baisses de moral. Pure chimère. L'influence sur les résultats est nulle mais personne ne peut les blâmer de cet attachement à leurs racines. Biberonnés dès leur enfance à cette *agua de panela*, elle est source d'identité, au même titre que le maté chez les Uruguayens. Elle tisse le lien avec une famille dont ils se languissent. Kelme, la formation originaire d'Alicante, qui a compté jusqu'à 50 % de Colombiens dans son effectif, n'a ni le budget, ni l'encadrement nécessaire pour que les uns disputent des courses pendant que les autres s'entraînent et prennent la relève. L'équipementier espagnol a forcément essuyé des revers et renvoyé des coureurs respirer l'air de la Cordillère au lieu de faire le boulot pour lequel ils étaient payés.

Il y a aussi parfois de bonnes surprises. Le cas de « Chepe » Gonzalez, issu d'un milieu défavorisé, victorieux de la 11e étape du Tour de France 1996, est le plus notable, avec celui de « Cacaito » Rodiguez, lui aussi vainqueur d'une étape dans le Tour 1994. À cinq ans, oui cinq ans (!), Chepe part aider sa mère, journalière, qui s'échine *de sol a sol*, du lever du soleil au coucher, dans les champs de patates et d'oignons. Elle est seule, avec cinq filles à élever et lui, le seul homme de la famille. Comme tous les enfants de son âge, le petit « Chepe » fait des acrobaties avec le vélo des copains en attendant d'avoir le sien, un jour. L'argent du bus que lui donne sa mère pour se rendre à l'école servira en partie à cela. Il le cache dans un trou du matelas et préfère y aller en courant. Voilà comment tout commence souvent, chez les *destripaterrones*, les « éventreurs de mottes de terre ».

À vélo, le petit Gonzalez est doué, surtout en montagne. Il signe son premier contrat professionnel chez Kelme. Alvaro Pino, son directeur sportif, voit ce *corredor-gorrion* – un « coureur-moineau », rapport à sa petite taille – comme quelqu'un de « malin et même de très intelligent ». Sa victoire d'étape dans le Tour 1996 en est un échantillon. Mais son point fort, c'est la montagne et même la haute montagne. « À 100 % de sa forme, il est au niveau des meilleurs dans les grands cols ». Cette précision, rapportée dans *L'Équipe* du 8 juin 1997 après la victoire de « Chepe » Gonzalez dans la 20e étape du Giro, en haut du Passo Tonale, doublée du trophée de meilleur grimpeur, est confortée par un autre succès d'étape (5e) dans le Giro 1999 dont il finit encore meilleur grimpeur.

Aujourd'hui « Chepe » Gonzalez, l'enfant de Sogamoso, vit dans une petite hacienda, à la sortie de la ville, au milieu de ses vingt-cinq chevaux. Détail anachronique, dans ce paysage de verdure, une voiture Mavic, évocation des belles années, est garée dans une allée. Le vélo Gios, couleur bleu roi, celui de sa fameuse étape du Tour 1996, la 11e un 11 juillet, entre Gap et Valence, n'est pas loin. De son coup de maître, il se souvient des moindres détails. Depuis l'avant-veille au soir, où il a pris la décision d'abandonner, à la nuit blanche qui a suivi sa victoire. Version inédite de ce coup de génie, vingt-cinq ans après : « Je ne marche pas. Dès le départ je comprends que je n'ai pas fait le boulot à l'entraînement. Je suis largué dès que la route monte mais je sauve ma peau deux fois grâce à Frédéric Moncassin, largué lui aussi mais, à deux, on est arrivés à s'en sortir. Je souffre comme un chien, je décide d'arrêter les frais au bout d'une semaine et je dis au revoir à mes coéquipiers. Mais je réalise qu'en punition on va m'envoyer au Tour du Portugal et je change d'avis. Dans cette 11e étape, Fernando Escartin me demande de rester à côté de lui pour aller chercher des bidons, ce que j'ai fait tout le début d'étape. La veille, pendant la journée de repos, j'ai bien roulé, et mes sensations sont bonnes. Pour éviter des reproches, je rapporte une musette avec des bidons et du ravito à Escartin et, la conscience tranquille, je pars devant. J'accroche la bonne échappée. Mauvaise nouvelle, la voiture numéro 2 de Kelme n'est pas là pour me soutenir. Elles sont toutes là, sauf la mienne. Ça a été ma chance. Je vais de voiture en voiture demander un gel, un bidon, un petit pain. Je me souviens que le directeur sportif qui conduisait la voiture Mapei [Patrick Lefévère] parlait italien et me disait en rigolant : *"Gonzalez, l'acqua, tu la vuole minerale o gazzata ?"* À 15 km de l'arrivée, il me donne encore à boire et je décide de rester au niveau de la portière arrière parce que Manuel Fernandez Ginés, un Mapei, le plus rapide de l'échappée, est venu s'approvisionner à son tour et, pour rentrer dans le groupe, je décide de prendre sa roue. Et là, j'entends son directeur sportif lui décrire au virage près les deux derniers kilomètres. Je crois que j'ai mieux compris les instructions que lui. Le faux plat à 2 ou 3 %, le virage à gauche, encore 750 m, puis nouveau virage et au bout, la ligne d'arrivée. De tous, dans ce petit groupe, celui qui avait le moins de chances de gagner, c'était moi. Toute ma vie a été comme ça. Dans mon enfance, à l'école, à l'adolescence, il a toujours fallu que je me batte pour manger, travailler, vendre dans la rue. Et aujourd'hui j'ai le même mental. J'ai attaqué à 1,5 km de l'arrivée. J'ai pris 200 m pas plus et j'ai tenu grâce aux instructions du directeur sportif de Mapei et un peu grâce à la moto de la télévision puis à la voiture des commissaires qui m'ont aspiré chacune leur tour sur une trentaine de mètres. En passant la ligne, toute ma vie a défilé devant mes yeux. Je n'ai pas fermé l'œil de la nuit. J'ai recommencé la saison suivante à 1 000 euros par mois parce que le patron de Kelme n'a pas tenu ses promesses. »

Alvaro Pino, ancien bon grimpeur lui-même, vainqueur de la Vuelta 1986, qui a dirigé les Colombiens génération 1990, en a affronté une autre sur le terrain, bien plus redoutable, celle des Lucho, Fabio et Patrocinio. Auraient-ils été à la hauteur, les Lucho et compagnie, s'ils avaient dû disputer, sur leur terrain favori, le Mondial qui se déroule à Duitama, en 1995 ? Pino encore : « Parra en aurait été capable. C'était avant tout un coureur de grand Tour et, avec une bonne équipe autour de lui, sur son terrain, un dénivelé total qui dépassait les 5 000 m, il aurait été la meilleure carte des Colombiens. Dommage que ce type-là qui avait des qualités exceptionnelles sur une course de trois semaines n'ait pas eu des gars pour le protéger sur le plat, et deux ou trois grimpeurs autour de lui en montagne. Même un peu limité contre la montre, il avait tout pour gagner un grand Tour. Il avait une mentalité de fer, celle d'un vrai leader. » Le compliment de Pino tombe à pic, c'est lui, Fabio Parra qui est directeur sportif de la sélection de Colombie en 1995, dans le premier Championnat du monde qui se déroule en Colombie, sur ses terres, à 2 800 m d'altitude, sans Mejia (blessé), avec Rincon et « Chepe » Gonzalez comme chefs de file. Une « foule sentimentale » a envahi Duitama, département de Boyaca. Ce Mondial 1995 se déroule dans la liesse populaire, la ferveur, la communion et rassemble des dizaines et des dizaines de milliers de personnes. C'est le Woodstock du vélo. Sportivement en revanche, sur des routes qu'ils connaissent par cœur, où l'oxygène est rare, les Colombiens échouent. Écrasés par l'enjeu, la pression médiatique ou l'ampleur de l'événement. Et par les 265 km d'un circuit terrifiant. Au moment où la course bascule, Rincon n'a plus assez de forces pour prendre la bonne échappée. La face du vélo en aurait-elle été changée si l'un d'entre eux était monté sur le podium ? Rien n'est moins sûr. Après le Mondial de Duitama, le journal *El Tiempo* publie à sa une un édito musclé qui commence ainsi : « Moins de pesos pour le vélo. Plus de Pavarotti et de culture ! »

Chapitre 10

Nelson « Cacaito » Rodriguez, un César à Val-Thorens

« Courir, accrocher un dossard, c'est vivre. Je ne me suis jamais senti aussi bien qu'en course. »

« Cacaito » Rodriguez,
vainqueur d'étape à Val-Thorens, Tour 1994

Quand il a vu arriver Moreno Argentin, moulé dans son maillot bleu de la Gewiss-Ballan, l'air décidé, Nelson « Cacaito » Rodriguez a cru tout d'abord que l'ancien champion du monde venait le féliciter. Dans le Giro 1994, le Colombien au physique d'écureuil (1,57 m) est à l'attaque tous les jours depuis le départ de Bologne. Sans grande conséquence pour le maillot rose du Russe Evgueni Berzin, mais assez pour l'agacer. L'échange est courtois, inattendu, direct : « Ah ! Cacao, je te cherchais. On va te payer pour que tu restes tranquille aujourd'hui. » Après un temps de réflexion, le Colombien esquive : « Moreno, je te remercie mais je ne peux pas décider tout seul, tu comprends. Il faut en parler à Gianni Savio, c'est lui, mon patron, et il me paie pour que j'aille dans les échappées. » Assis au volant de la voiture ZG Mobili, le manager, Gianni Savio, écoute les deux hommes :

– Cacaito : Gianni, voilà, Moreno a une question pour toi.

– Argentin : Ce serait bien que Cacao ne mette pas le bazar aujourd'hui. Je le payerai.

La scène s'est déroulée il y a plus de vingt-cinq ans. Elle est intacte dans sa mémoire. Devant un cappuccino, à la terrasse d'une des nombreuses enseignes Juan Valdez Café, le planteur – et sa mule – le plus célèbre du monde, il m'assure, croix de bois, croix de fer, qu'« Argentin a fait un beau chèque à Savio. Pour un petit coureur comme moi, c'était exceptionnel. Surtout qu'il est revenu une seconde fois. Même proposition : "Tu restes dans le peloton et je te paye." Et il a payé. » Combien ? : « Bah ! quelque chose comme 30 millions de lires pour chacune des deux étapes... Gianni m'a tout reversé. Un caballero. Mon meilleur Giro sur tous les plans. Sixième à Milan derrière Berzin, Pantani, Indurain, le podium cette année-là, ça ne m'est plus jamais arrivé. Avec le recul, je comprends les Gewiss. Je n'aurais pas pu battre Berzin mais j'aurais pu le faire perdre. »

Nelson Rodriguez a 28 ans et son palmarès n'est encore pas très étoffé, à l'exception du Tour de Martinique 1987 et d'une étape du Tour de

Colombie 1988. Catégorique : « Un équipier qui fait bien son boulot, ça ne gagne pas souvent. » Mais dans le peloton, il s'est déjà fait une petite place et il en est fier. Pas pour le chèque signé par Argentin, mais « pour la considération » qu'on lui accorde. Il est loin de s'imaginer tout cela quand il vient en France pour la première fois, en 1986, disputer avec une équipe amateur colombienne la Ronde de l'Isard, en Ariège (2e). Parce que l'histoire de « Cacaito de Manizales » va bien au-delà de l'invraisemblance et de tous les codes d'ascension sociale. Sa mère a mis au monde quatorze enfants, six d'entre eux mourront. Très tôt orphelin de son père, Carlos dit « Cacao », aussi foncé qu'une pépite de chocolat, dont il hérite du surnom, le petit Nelson, des pattes fines comme des crayons, pas plus haut qu'une tête d'ail, n'use pas longtemps ses pantalons sur les bancs de l'école : « On était pauvres et j'ai été obligé de travailler très tôt. À 9 ans je poussais une charrette à bras dans la rue pour vendre des patates, des oignons, des carottes et toutes sortes de légumes. Certains autres jours, c'étaient des beignets ou des *tamales*, (une tarte cuite dans une feuille de bananier). Et quand ça ne suffisait pas pour manger, tôt le matin, à 5 heures, j'allais décharger les légumes à La Autonoma [le Rungis de Manizales] et ensuite j'aidais les femmes à charger leurs achats dans les camionnettes. À 13 ans, j'ai trouvé une place de livreur dans une importante quincaillerie. J'ai acheté un vélo pour faire les domiciles, mais quel vélo ! Il avait un porte-bagages, des garde-boue, un phare, j'aimais ça, rouler vite mais je ne vais pas mentir, à cette époque, je ne savais même pas ce qu'était le Tour de France. Je savais juste que de temps en temps, ici, le dimanche, il y avait des courses, organisées pour tous les livreurs, et un jour j'ai voulu essayer. »

« Cacaito » se présente en tennis et short de foot. 70 km séparent Chinchina, le départ, de Manizales, l'arrivée, avec un col de 19 km à monter. Qu'importe : « J'ai attaqué au départ, ils m'ont rattrapé au bout de 5 km et j'ai fini dernier, loin de l'avant-dernier. » Le début d'une aventure qui le propulsera à six reprises sur les routes du Giro et quatre fois sur celles du Tour de France. Encouragé par ses camarades de travail qui lui prêtent tantôt quelques pesos, tantôt partagent le pain et l'omelette avec lui à la pause de 10 heures, Nelson se prend au jeu. Se lève à 4 heures du matin pour aller s'entraîner, monte dans un bus avec son vélo à la gare routière, prend un aller simple quand il peut payer : « Au bout d'unc heure, le chauffeur me laissait au bord de la route et je rentrais à Manizales, par le col de Chinchina. J'en avais pour deux heures et demie. Le problème c'est que je partais le ventre vide et qu'à mon retour le frigo était toujours aussi vide. » Pudeur et silences émouvants, avant de poursuivre : « La quincaillerie baissait le rideau à midi et pour retourner à la maison il me fallait une demi-heure. Comme je savais qu'il n'y aurait rien à manger, je m'allongeais sur un banc dans le parc, de l'autre côté de la route, et j'attendais la reprise. Mon repas c'était un soda ou une limonade. »

En ce mois de novembre pluvieux, il a fait le voyage de Manizales à Bogota pour tenir compagnie à Maria Alejandra, sa fille, sur le point d'accoucher. Elle l'écoute sans l'interrompre. Découvre que l'enfance de son père a été « affreuse », que la faim a été son moteur principal mais qu'il n'a « jamais pris des chemins de traverses qui auraient pu le perdre ». On ne peut pas dissocier la carrière professionnelle de « Cacaito » Rodriguez de son histoire personnelle, de ses nuits presque blanches, du froid qui lui glaçait les pieds, debout immobile devant sa charrette à bras à héler les passants. Son histoire serait pathétique si l'autre face de sa vie ne lui avait pas apporté tout ce qu'un professionnel peut désirer : un vrai contrat, une étape du Tour de France, un top 10 dans le Giro. « Cacaito » le sait mieux que quiconque, le renom ou l'anonymat, le luxe ou le plat de pois chiches, ça se joue à rien. En 1989, il décroche son premier sésame au sein de l'équipe espagnole Kelme dirigée par Rafael Carrasco. Pour son premier Tour de France, en 1990, il se classe 32e dans un rôle de gregario au profit de son compatriote Fabio Parra (13e) ; puis 100e en 1993, sous ses nouvelles couleurs italiennes de ZG Mobili, au service de l'Italien Giancarlo Perini (29e) et du Vénézuélien Leonardo Sierra (34e).

Mais en Italie, où il réside huit mois de l'année dans un hôtel à Manciano, petite ville de Toscane, parfois il craque. Il vit seul, s'entraîne seul, mange seul et les soirées d'hiver, surtout, sont interminables. Quand il repose le téléphone de la cabine publique, après avoir tenté en vain de parler à sa fille, il pleure. « À mon retour à Manizales, j'essayais de la prendre dans mes bras mais elle partait en courant. Quand on était à nouveau une famille, qu'on était bien ensemble, je devais repartir. Je ne sais pas comment je n'ai pas tout planté. » Parce que la brindille a un moral de chêne. Parce qu'il a toujours dit, aujourd'hui avec un peu plus de nostalgie face à son cappuccino qui refroidit, « courir, accrocher un dossard, c'est vivre. Je ne me suis jamais senti aussi bien qu'en course ». À l'exception de cette arrivée à Armentières dans le Tour 1994 où il se mêle au sprint massif et se retrouve projeté dans les airs : « J'étais devant, je n'allais pas freiner. » En ce mois de juillet 1994, après son excellent Giro, son moral est au zénith. Gianni Savio, le manager de ZG Mobili en a fait son joker. « Tu as carte blanche, Cacaito. Tu ne t'occupes que de toi et tu fais ta course. » Le Colombien qui a bien récupéré de son vol plané dans la 2e étape, dans le Nord, sait qu'il n'a aucune chance au général mais pour une victoire d'étape, c'est différent. Il y a un mois, aux Deux-Alpes, dans le Giro, il a échoué d'un souffle, face à tout le gratin, les Berzin, Pantani, Indurain, Chiappucci et Pascal Richard. Au matin du 20 juillet, ses sensations sont bonnes. La veille, dans la montée de l'alpe d'Huez, où l'Italien Roberto Conti a connu son heure de gloire, il n'a pas forcé. Vers Val-Thorens, une échappée peut partir de loin, il sera attentif. Et l'offensive des Gewiss ne tarde pas. Au km 50, Bjarne Riis a pris le large. « Cacaito » pour la suite : « Quand Ugrumov, 2e au général, a attaqué, j'ai pris sa roue et on s'est retrouvé à trois devant. Riis a mené tout le temps. Normal, Ugrumov voulait faire un coup. » Et comme sur le Tour d'Italie, la discussion a repris avec deux autres Gewiss : « Riis insistait pour que je prenne des relais mais, à deux contre un, ils allaient me faire la peau. Quand Riis s'est relevé, au pied de la dernière montée, je me suis dit que le meilleur scénario, c'était de passer un peu. Et je lui ai fait le cinéma, à l'autre. On aurait dit que je portais la Croix. Ugrumov, au contraire, il faisait de la moto. Il voyait que je n'étais pas bien et il roulait, roulait sans se méfier. Val-Thorens, c'est mon meilleur rôle d'acteur. Cette victoire a changé ma vie. Gagner une étape du Tour, c'est mieux que de gagner à la loterie parce que ça reste toute la vie. »

Quand Agustin, son premier petit-fils sera né, Nelson Rodriguez retournera à Manizales et reprendra son poste d'entraîneur municipal. L'école de cyclisme, auprès des muchachos de 6 à 8 ans, c'est un peu l'enfance qu'il n'a pas eue.

Chapitre 11

Le nouveau siècle

Le « Tiburon » et le catcheur émotionnel

« C'est toujours difficile pour moi d'évoquer une époque où les titres de la presse nous ont mis sur un pied d'égalité avec des terroristes. »

Santiago Botero,
ancien protagoniste dans l'Opération Puerto

Il y a longtemps que la Colombie, touchée par une grave crise économique, a renoncé à aligner une équipe dans le Tour de France. Les derniers sponsors doivent se satisfaire des deux grandes épreuves andines, le Tour de Colombie et le Clasico RCN. En ce début du nouveau siècle et de vaches maigres, tout ne semble pas perdu. Surgissent sur le tard et presque au même moment, deux coureurs atypiques : le premier, Victor Hugo Peña, sorti des bassins de natation, le second, Santiago Botero, venu du VTT. Ils ont 23 ans à leurs débuts professionnels. Leur spécialité :

le contre-la-montre, ce qui en fait des précurseurs en Colombie. En 2000, Botero s'adjuge la 13e étape du Tour de France, entre Draguignan et Briançon, et ramène le maillot de meilleur grimpeur à Paris, plus conforme à la tradition colombienne. Il frappe encore plus fort dans le Tour 2002 : victoire dans le chrono de la 9e étape, entre Lanester et Lorient, où il s'offre le luxe de battre le grand favori, Lance Armstrong, et termine 4e à Paris. Deux mois plus tard, il devient le premier colombien à endosser le maillot arc-en-ciel dans un contre-la-montre en ligne, à Zolder.

Peña aussi entre dans l'histoire. Surnommé « El Tiburon », le requin, à cause de son passé dans les bassins, il est le premier colombien à remporter un contre-la-montre dans un grand Tour : 11e étape du Giro 2000, entre Legnano et Bibione. Et lui aussi surenchérit. Dans le Tour 2003, sous les couleurs de l'US Postal, au terme d'un contre-la-montre par équipes, entre Joinville et Saint-Dizier, il crée l'événement : premier Colombien à revêtir le Maillot Jaune. Il le porte trois jours. Dans son autobiographie, il confesse avoir « senti une vraie jalousie de la part d'Armstrong » au bout du deuxième jour : « Il ne m'adressait plus la parole et, au départ de la 3e étape, j'ai dû m'approcher de lui pour le rassurer et j'ai laissé filer. Le soir à table, j'étais redevenu le type le plus sympa de la terre et il me tapait sur l'épaule. » Pour l'anecdote, Peña avait encore une licence en 2014. À 40 ans, il a pris la 3e place contre la montre dans son championnat national. Derrière ces deux-là, les Colombiens titrés se comptent sur les doigts d'une main. Felix Cardenas rafle la 12e étape du Tour 2001, Carlos Alberto Contreras, la même année, la 14e étape du Giro dont Freddy Gonzalez termine meilleur grimpeur. Mais c'est en 2007 que va surgir de nulle part un ovni nommé Juan Mauricio Soler, une autre vendange tardive, à l'image de Botero et Peña, qui va donner des frissons et un espoir fou à la Colombie dans le Tour de France : victoire dans la 9e étape, la plus belle, qui enjambe le Galibier, et maillot de meilleur grimpeur à Paris. L'histoire s'est mal terminée pour cet *escarabajo* de la plus belle lignée. Après une terrible chute dans le Tour de Suisse 2011, les médecins déploreront vingt-deux fractures, dont une du crâne. Fin de carrière. Soler n'était âgé que de 28 ans au moment du drame.

Pour son premier Tour de France, en 2000, j'ai eu l'occasion d'interviewer Santiago Botero, victorieux jusque-là d'une étape au Tour du Chili 1997 et de deux autres dans le Tour d'Andalousie et Paris-Nice 1999. Personne n'aurait misé un peso sur les chances du coureur de Medellin dans la course au maillot à pois. Dans *L'Équipe* du 16 juillet 2000, il déclare : « Je ne suis pas arrivé dans le cyclisme en pensant à Lucho Herrera. Je suis venu par hobby. Au début, ma vision de ce nouveau milieu a été récréative. Découvrir de nouveaux pays, rencontrer des gens. J'ai toujours été timide. Dans les travaux de groupe à l'université, je ne prenais jamais la parole devant un jury. J'ai pensé que le vélo pouvait m'aider à vaincre cette anxiété et à mieux m'intégrer dans la société. La compétition, la concurrence, c'était secondaire. »

Vingt ans ont passé et jamais le Botero intimidé, tout en retenue, de ses débuts n'aurait imaginé devenir un consultant motivationnel de renom, devant des parterres de quatre cents à cinq cents cadres d'entreprises. Un challenge osé quand il s'agit de succéder à des personnalités telles que Jorge Valdano, ancien champion du monde de foot avec l'Argentine de Maradona en 1986, Francisco Maturana, sélectionneur de la Colombie, César Rincon, torero, ou César Gaviria, ancien président de la République colombienne. Cela fait onze ans, à raison de cinquante semaines par an, que Santiago Botero monte sur les planches, en Amérique latine et centrale. Il est devenu une sorte de catcheur émotionnel qui doit à la fois « convaincre, dynamiser, rassurer, optimiser, transformer, enrichir, détendre ».

Le 30 novembre 2019, à Bogota, après avoir mis en parallèle les différents aspects de sa carrière, « en positivant toujours », face à une centaine de personnes du ministère de l'Éducation, il s'est astreint à une deuxième séance, en tête à tête celle-là. Et ce n'est plus l'étudiant effarouché et frileux ou le coureur discret et distant qui a déroulé vingt et un ans de carrière, VTT et route confondus. Une trajectoire qui a failli virer au tragique avant même de commencer. En 1993, au cœur d'une des années les plus terrifiantes du cartel de Medellin, Pablo Escobar s'est évadé de la prison de la Catedral. Un groupe de paramilitaires, « Los Pepes », bien décidé à miner son pouvoir économique et à l'éliminer, le pourchasse partout. La famille Botero vit dans le quartier chic El Poblado, face à la maison de Hermilda Escobar, la mère des frères Escobar. Elle est la cible des paramilitaires. En pleine nuit, ils font exploser une voiture bourrée de pains de plastic et de dynamite. Le toit, les portes, des pans de murs entiers de la maison des Botero sont soufflés. « J'étais en train de me coucher. La peur de ma vie. 1993 restera une année noire. Mon père, au plus bas dans les affaires, n'avait pas les fonds pour reconstruire la maison. Trois mois plus tard, en revenant d'un entraînement, dans une descente, un taxi m'a percuté de plein fouet. Jambe et côtes cassées, hématome sous-dural qui me comprimait le cerveau, il a fallu m'opérer. Je suis resté paralysé du côté droit pendant plus d'un mois. »

Son exil en Espagne, trois ans plus tard, relève d'un défi personnel. Il n'est qu'un vététiste du dimanche, sur le point de décrocher un master en administration des entreprises, et il a déjà refusé plusieurs postes à responsabilité dans le secteur bancaire, quand il débarque chez Kelme, à Alicante. Lors de sa première visite médicale, il accuse 78 kg pour 1,75 m et un taux de graisse supérieur à 10. « Huit kilos de trop », lui dit-on. Il sourit : « Le poids a toujours été mon talon d'Achille. Personne non plus ne m'avait parlé de régime et au début je mangeais de tout. Même les desserts que laissaient les autres. Envisager de descendre à un taux de graisse de 4, ce n'était pas la peine. Tout a été très dur. Je ne savais pas garder ma place dans le peloton, ni prendre une musette au ravitaillement et j'étais incapable de finir une course. Jusqu'à ce qu'Eufemiano Fuentes, un jeune médecin qui venait d'arriver, me tienne un discours hippocratique, nuancé de psychologie, et j'ai suivi ses conseils à la lettre pour m'entraîner et perdre du poids. » Limpide. Cela le mènera au pied du podium dans le Tour 2002 et sur la plus haute marche au Mondial de Zolder. « Ce titre de champion du monde du contre-la-montre, on m'en parle encore tous les jours. Des gens me remercient, d'autres me disent qu'ils ont pleuré. Je suis toujours ému par ces paroles. Je crois que je n'ai jamais été aussi en forme de toute ma vie que ce jour-là, dans la pluie, le vent sur un parcours plat comme la main, tracé pour moi. »

Je n'attendais pas grand-chose comme révélation de son côté obscur : deux contrôles positifs à la testostérone en 1999 et 2002, pris ensuite dans les filets de l'Opération Puerto, diligentée par la Guardia Civil en 2006. Pas facile à expliquer. Je me suis trompé, Botero a été le premier à se lancer.

À propos de la testostérone : « Après un premier contrôle positif en 1998, au Tour de Romandie, j'ai passé des batteries d'examen à l'Institut Complutense de Madrid et au vu des résultats, l'UCI a admis que mon taux élevé de testostérone était naturel. Ils ont fixé un plafond à 9 de façon arbitraire, j'ignore encore pourquoi. Dans toutes les courses que j'ai disputées en 1999, Tour de Valence, Paris-Nice, Semaine Catalane, j'ai été positif. À Lausanne, de nouveaux examens ont encore démontré que tout était naturel. Mais l'UCI a quand même fait pression pour que je sois sanctionné et la Fédération colombienne m'a suspendu six mois. Je pense que le président de l'UCI de l'époque a voulu faire la preuve de son autorité avec un coureur débutant qui n'avait pas les moyens de se défendre. » La réflexion n'est pas dénuée de sens et renvoie à une époque où la conduite tortueuse du premier mandataire de l'UCI s'avérera par la suite déloyale et arbitraire à bien des égards.

De l'Opération Puerto, moment critique et traumatisant, sa confession est la suivante : « C'est toujours difficile pour moi d'évoquer une période où les titres de la presse nous ont mis sur un pied d'égalité avec des terroristes. Je ne suis ni un criminel, ni un trafiquant. Je faisais ce qu'on me demandait. Le jour où j'ai décidé de me lancer dans le vélo, je l'ai pris comme une lutte personnelle. Je ne dis pas que j'ai tout bien fait, ni tout mal non plus. Je ne suis ni un démon, ni un saint. Puerto, c'est le syndrome d'une génération. Chacun aura un regard différent selon son prisme. Le mien, c'est la fierté de ma carrière et jusqu'où j'ai pu arriver, à force de sacrifices, en laissant derrière moi ma famille et mon pays, en me relevant d'accidents graves, en travaillant pour un coéquipier, en perdant ou en gagnant. Tous ceux qui ont été impliqués ne pensent certainement pas comme moi. Aucune importance. Quinze ans ont passé, ceux qui ont gagné ont gagné, ceux qui ont perdu ont perdu. » Pas de *mea culpa* mais ceci pour boucler la boucle : « On apprend de ses erreurs pour devenir plus fort et meilleur. »

Aujourd'hui, face aux gens du ministère, il a débuté sa séance de motivation en parlant de vélo, de lui, de ses phobies : « Au début, je descendais les cols avec un boulet attaché à la roue arrière. La peur. J'ai fini par la dominer à force de volonté et de courage. » Il a conclu comme il le fait toujours, par ses six vertus cardinales, celles qui ont jalonné toute sa carrière : « La discipline, avoir des objectifs, se relever de ses échecs, le travail d'équipe, le risque et la passion. » Et tout a fini comme cela avait commencé il y a trente ans, par une heure de vélo. C'était sa grande passion, c'est désormais son bien-être.

Chapitre 12

Mauricio Soler, le cœur brisé

« *Ma rééducation, je l'ai transformée comme un entraînement pour le Tour de France. Je me faisais mal à hurler mais je tenais deux ou trois minutes avant de revenir à ma zone de confort.* »

Juan Mauricio Soler,
après son accident au Tour de Suisse 2011

Le 16 juin 2011, au cours de la 6e étape du Tour de Suisse, le Colombien Juan Mauricio Soler avale à grande vitesse la route en pente qui file vers Malbun, un village de montagne du Liechtenstein. Il est dans les dernières maisons de Tobel, un bourg du canton de Thurgovie. À la hauteur d'un jardin d'enfants sur la droite, pour une raison inconnue, il perd le contrôle de son vélo et vient heurter de plein fouet un poteau en acier. Sous le choc, son corps est disloqué. Soler est transporté en hélicoptère à l'hôpital de Saint-Gall où les médecins diagnostiquent vingt-deux fractures.

Celle à la base du crâne laisse craindre le pire. Sa prometteuse carrière est anéantie. Son succès dans la 9e étape de montagne du Tour 2007, Val-d'Isère – Briançon, le maillot à pois de meilleur grimpeur, c'est déjà de l'histoire ancienne. Les mauvaises nouvelles arrivent à Ramiriqui, une bourgade de 6 000 âmes, département de Boyaca, le fief de Mauricio Soler. Au téléphone, Alfredo Zuñiga, le médecin de l'équipe Movistar, ne cache rien à Patricia Soler, l'épouse : « Je suis peiné de vous parler aussi brutalement mais Mauricio est dans un état très grave. Seul un miracle peut le sauver. »

Huit ans ont passé. Il a fallu du temps, un miracle peut-être, mais le chouchou prodige de Ramiriqui est remonté du gouffre d'où on ne sort pas indemne et il fait à nouveau du vélo. Début décembre 2019, il a même mis un dossard, le jour de la course Grand Fond organisée par Nairo Quintana, un autre Boyacense. 90 km ont suffi à son bonheur. Ce jeudi matin de décembre, sur la place du marché de Ramiriqui, les derniers bovins partent dans des bétaillères. Le soleil fait de son mieux. Dans les cafés à balcon de bois, les ponchos et les chapeaux discutent encore affaire, pendant que leur champion est à la recherche d'un coin tranquille pour parler. Par la fenêtre, on aperçoit la sculpture en métal qui immortalise sa courte carrière. Haute de 1,87 m, comme lui, l'artiste l'a imaginé debout sur les pédales, le buste penché en avant. À hauteur de sa roue arrière, l'auteur a reproduit, à la demande de Mauricio, son fidèle labrador, Aquilès, compagnon de longs mois de souffrance. Une étincelle de gaieté dans le regard : « Monter à bicyclette a été la meilleure thérapie. Recommencer à sentir la brise, entendre les oiseaux, les chiens qui aboient, c'est merveilleux. » Puis d'un sourire contrit : « C'était tout au début, un chien m'a fait tomber, je me suis cassé la clavicule. »

Accident bénin, comparé à tout ce que Mauricio Soler a dû supporter. Transféré à l'hôpital universitaire de Navarre, à Pampelune, spécialisé dans les grands traumatismes, son coma se prolonge vingt-neuf jours. Quand il se réveille, sa mémoire est vide. Il ne peut pas dire son nom. Il ignore s'il est marié. Il ne lui reste que deux certitudes : il a un fils et il est coureur professionnel. Le début d'une lente et douloureuse rééducation. Réapprendre à parler, à marcher, à manger. Une somme d'efforts colossaux. « Au début, j'avais la moitié droite du corps paralysée. Le docteur me disait : "Lève le bras gauche, Mauricio" et je levais le droit. "Lève la jambe gauche" et je levais la droite, parce que mon cerveau ignorait que j'avais un côté gauche. Je ne me rendais pas compte de la gravité de mon état. Un jour Eusebio Unzue, le manager de Movistar, est venu me rendre visite et je lui ai demandé de me préparer le vélo de contre-la-montre. Le mieux était qu'il me l'amène à la maison. Pour moi, ce n'était qu'une question de semaines ou de mois. » Mauricio Soler ignore encore que son grand corps malade a été démantibulé, cassé : clavicule, tibia, péroné, cheville, sept côtes, mâchoire et pommette gauche, rein gauche lacéré, le tout aggravé par une paralysie faciale et un nerf optique endommagé. Il a commencé à réaliser, et à déprimer tout court, lorsque Patricia, sa femme, a poussé le fauteuil roulant. Mais à ce stade de douleur physique et morale, un compétiteur aura toujours un coup d'avance : « Ma rééducation, je l'ai transformée dans ma tête comme un entraînement pour le Tour de France. Si tu veux gagner, tu dois être capable d'exiger plus de ton corps, de supporter la souffrance. Je me faisais mal à hurler mais je tenais deux, trois minutes, puis je revenais à ma zone de confort. Si je voulais pouvoir prendre Junior [son fils] dans mes bras, il fallait passer par là. Et très vite, j'ai dégagé le fauteuil roulant, deux mois plus tard, les béquilles. Le matin à 6 heures, je faisais de la gym comme on peut en faire dans mon état. Mais mon plan a fonctionné. Au cinquième mois j'ai commencé à marcher en zigzag. On m'en avait prédit neuf. »

Et puis un jour, entre deux interventions et des greffes sur ses paupières, pour soulager son œil gauche qui restait grand ouvert, le verdict du neurologue, celui qu'il n'aurait jamais voulu entendre, est tombé. Il ne remonterait plus jamais sur un vélo en compétition : « Au-delà d'un certain effort qui dépasse le seuil de la zone aérobie, la pression intracrânienne devient trop forte et produit de violents maux de tête. Un trop grand effort sur le vélo provoquerait une pression mortelle. » Le grand Soler, que les locuteurs des radios colombiennes surnommaient « El Escarabajo estilizado », le scarabée stylisé, à cause de son profil longiligne, s'est accroché. Pour son fils, son moteur tout au long de ces moments incertains et chaotiques : « Il m'a donné la force de me lever chaque jour pour faire les choses ordinaires, comme elles étaient avant. Mon accident a eu lieu le 16 juin 2011, je l'ai pris pour la première fois dans mes bras, le 23 décembre 2011. Mon plus grand bonheur. » De Patricia, sa femme, il dit en baissant la voix : « Elle m'a tout réappris. J'oublie encore pas mal de choses, ma mémoire me trahit, elle seule peut y faire face. » Des spécialistes sont aussi venus à son secours pour le guider dans son labyrinthe. Il a recalé ses souvenirs de coureur à l'aide de vidéos, d'articles de presse ou par Internet. « Ma victoire dans la 9e étape du Tour 2007, je la connais par cœur à force de revoir mon attaque dans le col du Télégraphe. C'est beau de passer en haut du Galibier dans ce tunnel de gens. Et puis la descente vers Briançon, la course-poursuite derrière moi, le suspens jusqu'à l'arrivée. Claudio Corti, le manager de l'équipe Barloworld, se brûlait les doigts avec ses cigarettes, tellement il était fébrile. En réalité, je n'en ai aucun souvenir mais j'ai entendu et vu l'histoire tellement de fois que je sais que c'est moi. » Ce Tour de France 2007 a redonné à Ramiriqui, connu jusque-là pour être le berceau d'un ancien président de la République, Jose Ignacio de Marquez, un coup de pinceau sur sa renommée. Sa photo en maillot à pois s'affiche dans les bars, les commerces, les bazars, comme un porte-bonheur. Orgueil de Boyacense, fierté de champion : « Ce maillot de meilleur grimpeur je ne l'ai pas gagné dans les cols de troisième ou quatrième catégorie. Je l'ai gagné en vrai *escalador*. Un des grands avantages que j'avais sur mes adversaires du peloton international est d'être né ici, à Boyaca, à 2 700 m où il n'y a pas un mètre de plat. Tous les jours pour rentrer chez moi, après une journée de travail aux champs, l'époque où j'habitais chez mes parents, je devais escalader sur un vieux VTT la route que tout le monde ici appelle la *Pavimentada*, à moitié pavée, à moitié en terre. Ces cinq kilomètres, avec des passages à 28 %, c'était mon test quotidien. »

À bord de son SUV Mazda, aux rétroviseurs décorés de pois rouge, il a fallu aller se rendre compte sur place. Mauricio a insisté. À la sortie du bourg, route de Miraflores, la fameuse *Pavimentada*, irrégulière, champêtre, escarpée, commence fort. Sur la droite, une vierge de bord de route dans son petit sanctuaire. Cinq cents mètres de terre et de silex, puis la route à nouveau qui se cabre, se calme avant d'offrir son profil le plus farouche. Cinq kilomètres plus haut, sur la droite, on ralentit devant une ferme aux murs saumon, ceinturée par un muret en brique qui s'ouvre sur un horizon de prairies, de vaches, de poules, de cochons. C'est la ferme de sa jeunesse, celle de Manuel et Maria del Carmen, ses parents. Eux aussi ont accroché dans un cadre Mauricio et son maillot à pois. Le lauréat a ajouté comme un clin d'œil, cette légende : « Le Cirque du Soler ». Et en dessous, de son écriture, la dédicace d'un fils : « Merci pour m'avoir donné ces jambes si fortes / Je remercie Dieu d'avoir des parents comme vous / Je vous aime / Votre fils, Mauricio. »

Le jeune Mauricio est le cinquième et dernier de la fratrie Soler et jusqu'à ses 15 ans sa vie s'est limitée aux travaux des champs, dans le sillage de son père. Serafin Bernal, un entraîneur chevronné, à Tunja, le chef-lieu, à une heure de route de Ramiriqui, en a vu défiler beaucoup des cyclistes qui aspiraient à devenir des champions. Il est interloqué par la force dégagée par ce nouveau, « tombé du ciel à 16 ans », avance une explication : « La discipline de la vie aux champs contribue à forger le caractère d'un coureur cycliste. À la ville, la vie coule toute seule, facile, mais le cyclisme, c'est d'abord du sacrifice. »

Au début, son histoire ressemblait presque à ces contes pour enfants. Un dimanche, une course est organisée pour les jeunes de Ramiriqui. Pour y participer, il suffit d'avoir un vélo et rien d'autre. Chez les Soler, celui qui roule et se prend pour Fabio Parra quand il s'entraîne, c'est Omar, l'aîné. Il ne prête jamais son vélo à personne et, bien sûr, il s'est inscrit à la course. Mais un imprévu de dernière minute l'oblige à aller faire un travail à Bogota. Mauricio en profite, court à sa place et gagne avec deux tours d'avance. Auparavant, Mauricio n'avait marqué que peu d'intérêt au monde du vélo. Sauf une fois : « Les Championnats du monde, à deux heures d'ici, à Duitama, m'intriguaient plus qu'autre chose. J'avais 12 ans. Ce jour-là, j'ai été fasciné par un coureur. Il s'appelait Miguel Indurain. Et puis la vie a continué comme avant. Loin du vélo. »

Son ascension chez les amateurs est météorique. Mais un problème va vite devenir un sujet de préoccupation : il tombe souvent. Un chien, une voiture, à l'entraînement, en course. Une malchance noire. En 2001, à quelques semaines de participer à la Vuelta del Porvenir, le Tour de l'Avenir, réservé aux moins de 18 ans, un élan de solidarité monte dans le bourg. Une sorte de quête géante est organisée pour lui offrir un vrai vélo de compétition. Il rêve de courir depuis longtemps avec un cadre Trek, celui qu'enfourche Lance Armstrong. La levée de fonds se chiffre à huit millions de pesos. L'engin ne lui fera pas plus d'une semaine. Au retour d'un entraînement à Tunja, une voiture lui coupe la route. Il s'en sort avec quelques éraflures mais le vélo a explosé. Intrigué, Sérafin Bernal va jusqu'à imaginer qu'il est victime d'une malédiction. Pour chasser le mauvais sort, il contacte le père Alvaro de Jesus Puerta, connu pour désenvoûter les personnes. Une messe est dite à son intention. Rien n'y fait. Des années plus tard, les médecins de Movistar, confrontés au même problème, lui feront subir des examens de réflexologie, testeront ses réactions musculaires, examineront sa vision périphérique. Tout est normal.

Jusqu'à ce fatidique 16 juin 2011 où sa vie et sa carrière se sont jouées sur si peu. Aveu d'Eusebio Unzue, son manager : « À 28 ans, il avait tout pour gagner le Tour. C'est lamentable qu'il n'ait pas pu disputer le Tour 2011. Il était le meilleur grimpeur du monde quand il était dans de bonnes dispositions. »

Cela va faire deux ans maintenant que Mauricio Soler n'est pas retourné passer des tests à l'hôpital universitaire de Navarre : « Mais il y a encore des mauvais jours où je ne sais pas comment ni où trouver le courage de marcher. » Du Tour de France, qui lui a « enlevé tant de fois le sommeil avant de pouvoir accrocher [son] premier dossard, le 219 », il assure n'avoir aucune nostalgie mais pas encore la force d'être au bord de la route et le regarder passer. « Un jour peut-être, si Junior devient coureur. Ce jour-là, je serai l'homme le plus heureux de la terre. » Il fait beau dehors. La vie peut être ensoleillée et féroce.

Chapitre 13

Fabio Parra, le semeur

« Le métier a changé de monde. Quand on arrivait en stage à Madrid, on logeait dans un hôtel familial près de l'aéroport. Eux, ils vivent six mois et demi par an à Monaco où ils sont devenus résidents. »

Fabio Parra, 3e du Tour 1988

Chaque mois de décembre, la cérémonie du meilleur sportif de l'année organisée par le journal *El Espectador* récompense une vingtaine de lauréats. Aucune discipline ne manque à l'appel. En cyclisme, Flor Bernal, la mère du Maillot Jaune du Tour de France 2019, Egan, a recueilli la palme à la place de son fils, déjà à pied d'œuvre quelque part sur les routes européennes. Le protocole de cette édition 2019 a aussi décerné à Fabio Parra un prix spécial. « L'homme de fer », c'était son surnom, a été honoré en qualité de vainqueur moral du Tour de France 1988, dont il s'est classé 3e. Commentaire de l'impétrant, en direct, face à un parterre amusé : « J'ai reçu une convocation mais je ne savais pas qu'il y avait un prix à la clé. » Cela lui a été présenté comme une sorte de « dédommagement moral », parce que l'Espagnol Pedro Delgado, qui a terminé 1er, a été reconnu positif au cours de la troisième semaine et n'a dû son salut qu'à un vice de forme, voilé d'un certain obscurantisme. Moral toujours, parce que le Néerlandais Steven Rooks, son dauphin, a admis devant les caméras de télévision de son pays, avoir consommé des amphétamines et de la testostérone.

Cette affaire n'en est pas restée qu'au stade honorifique. Des avocats et des juristes éminents, en Colombie et en Espagne, ont étudié l'aspect légal de ce dossier et se sont proposés de porter l'affaire dans un prétoire, en ayant pris soin au préalable d'épuiser tout recours devant le Tribunal arbitral du sport. Fabio Parra, qui détient toujours le record pour un Colombien de participations au Tour de France, huit fois, et qui a disputé la Vuelta à sept reprises, dont il s'est classé 2e (1989) et 5e à quatre reprises (1985, 1988, 1990, 1991), a tenu à déminer et neutraliser une polémique qui s'emballait : « Il s'est passé du temps avant que j'arrive à me défaire de ce poids. Je ne veux pas me lancer dans des poursuites aujourd'hui. Plus de trente après, je n'obtiendrai jamais réparation. Je pense parfois en me rasant à ce qui aurait pu être et qui n'a pas été. Je reste avec ma conscience, en paix, et je me contenterai d'être le premier Colombien à être monté sur le podium du Tour. »

À Tunja, capitale du département de Boyaca, Parra dirige l'Institut Indeportes, un organisme officiel rattaché au ministère des Sports et qui rassemble toutes les disciplines. Cette nouvelle charge témoigne avec éloquence de ce qu'il représente à Boyaca, sa terre natale, et en Colombie. « Fils de » (Humberto), « frère de » (Ivan et Humberto) et « père de » (Fabio Andrès), tous cyclistes à un moment de leur vie, Fabio Parra occupe ce poste depuis bientôt un an. Il a pour habitude d'être debout à 5 heures, d'aller rouler sans les voitures, sur des routes qui sont celles de ses belles années.

Ce jour-là, il m'a donné rendez-vous à 8 heures. Dans le panorama de la Via Olimpica, sous la lumière d'un soleil plein de bonne volonté, une cinquantaine de danseurs se secouent sur une piste en ciment, sur des rythmes de salsa et de reggaeton, juste en face l'entrée du stade de foot et d'athlétisme. Nous sommes au point d'intersection de la fête et du sport de haut niveau mais il n'y a pas d'accroc dans le ménage. « *Un tinto ?* » – c'est comme ça qu'on désigne le café noir en Colombie – et nous voici dans le vif du sujet tout de suite. La controverse autour de la disqualification du laboratoire antidopage de Bogota ? Balayée d'un revers de main : « L'agrément lui sera rendu en 2020. Nous allons dans la bonne direction pour que tous les doutes soient levés. » Les différents cas de coureurs colombiens positifs chez eux, et qui pourraient projeter une ombre sur les performances de ceux qui évoluent en Europe, n'entament pas son optimisme : « Avant chaque compétition les clubs, les Ligas, les compétiteurs, les parents, sont informés des risques, éduqués. C'est une priorité absolue. Une prise de conscience et une alchimie sont en train de s'opérer dans les mentalités. »

La Liga de Boyaca, à laquelle il est affilié, est loin d'être la plus importante des vingt-sept Ligas que compte la Fédération colombienne de cyclisme. Il ne s'en plaint pas. Question de tautologie. Boyaca est la Mecque du cyclisme. Le vélo en Colombie, c'est Boyaca. Par son abattage et ses résolutions, sa Liga a souvent eu plus d'une idée d'avance. Exemple, pour appuyer sa politique de détection, le gouvernement a créé un programme baptisé *Boyaca, raza de campeones*, race de champions. Sous ce label, un week-end sur trois, des compétitions rassemblent entre 800 et 1 500 champions en herbe, de 8 à 18 ans, route, piste et VTT confondus. Le succès est total. Chez lui, Parra joue sur du velours. Longtemps à la tête d'une entreprise de fabrique de plastiques, il a donné une nouvelle orientation presque naturelle à sa vie d'après, tant son image renvoie aux grandes heures du cyclisme en Colombie : « Le caractère plus écologique des nouveaux produits et le coût des matières premières lié au cours du pétrole m'ont poussé vers d'autres fonctions. Passionnantes, parce qu'il s'agit d'éduquer de futurs champions, leur donner les moyens de grandir dans nos nouvelles structures, les voir de plus en plus nombreux pratiquer le vélo. »

AU CŒUR DE LA CORDILLÈRE

1 Sous une chaleur accablante et 90 % de taux d'humidité dans l'air, le peloton du Clasico RCN 1982 part à l'assaut du terrible Alto de Minas : 42 km de long et 15 % de pente par endroits.

2

3

2 Roberto « Pajarito » Buitrago, échappé, futur vainqueur du Tour de Colombie 1962, s'est alloué les services d'une camionnette d'assistance à tout faire et se fait rafraîchir au moyen d'un tuyau d'arrosage relié à une citerne située sur la plage arrière.

3 Tour de Colombie 1963. Entre La Pintada (Antioquia) et Supia (Caldas), le peloton traverse à gué le Rio Cauca, sorti de son lit pendant la nuit. Les itinéraires alternatifs n'existent pas encore. À droite, un concurrent en profite pour se désaltérer.

4 Les caprices du Rio Seco qui a coupé la route avant l'arrivée à Honda, premier obstacle du Tour de Colombie 1951, ne freineront pas Efrain « El Zipa » Forero qui court vers la victoire, le vélo sur l'épaule. Pendant que sa bétaillère-dépanneuse, où sa mère fait figure de directeur sportif, est tombée dans un trou d'eau.

5 « Être collé à la route » n'a pas la même signification partout. En Colombie, dans les années 1960, un orage transforme vite une route en bourbier et grimper un col dans ces conditions nécessite parfois un petit coup de main.

4

5

6

7

6 À la cime des cols, il y a presque toujours une croix, un autel ou la statue d'une vierge. La trilogie homme-montagne-religion est une particularité forte de la Colombie.

7 Dans le Tour de Colombie 1961, le coureur antioqueño Hernan Medina, surnommé « Le Prince étudiant » et vainqueur de l'édition précédente, passe seul en tête au sommet du fameux col de La Linea (3 265 m, 18 % max).

8 Parmi les ingéniosités de Carlos Arturo Rueda, la voix de la radio en Colombie, le « Jules Verne du journalisme sportif », il y avait ce traîneau à roulettes remorqué par une voiture de presse. À chaque traversée de ville, Rueda grimpait dessus et narrait l'évolution de la course.

9 Dans les années 1980 les dépannages sur crevaison se font à l'aide de motos. Mais la victime peut parfois attendre longtemps.
La camionnette qui charrie la presse sur sa plate-forme ne pourra que relayer l'incident à la radio. Sur la droite, les passagers de plusieurs motos tiennent deux roues dans chaque main et filent derrière les échappés.

10 Mars 1995. Luc Leblanc en reconnaissance, avec « Cacaito » Rodriguez (à droite), du futur tracé du Championnat du monde qui se déroulera à Duitama, en septembre, la même année. Le champion du monde sortant est effaré par la pente du col El Cogollo, emprunté seulement par les mulets et leurs chargements de bois.

11 Luc Leblanc, le « Lucho » français, est la star du Clasico RCN 1995. Ici, il est invité à trinquer par le grand patron du groupe Ardila Lülle (trois milliards de dollars de chiffre d'affaires), pas peu fier de lui faire découvrir la Leona, sa toute dernière bière.

12 Dans la moiteur tropicale du Valle del Cauca, Pascal Simon et ses compagnons d'échappée, flanqués des incontournables motos dépanneuses, foncent vers Cali où le Français remportera au sprint la 1re étape du Clasico RCN 1982.

13 Roberto Escobar, tour à tour coureur, entraîneur, directeur sportif et patron de sa propre équipe, avait fondé de grands espoirs sur la réussite de ses coureurs. Mais ses liens avec Pablo, son frère, patron du cartel de Medellin, matricule 128482 sur la photo, ont bouleversé ses plans.

14 L'équipe des frères Escobar se distingue jusque dans la publicité. Des hôtesses accompagnées de mascottes déguisées en ours distribuent sous le manteau des sachets de marijuana.

15 Sur une route de Boyaca, le peloton n'a pas le temps de se laisser tenter par cette composition érotique de pommes, de poires et de citrons.

16 Julian Alaphilippe est très populaire en Colombie depuis son match avec Egan Bernal dans le Tour de France 2019. Le Français est acclamé lors de la présentation du Tour Colombia 2020 à Tunja.

17 Le désordre et la plus grande confusion règnent dans la zone de départ de cette étape du Clasico RCN 1982. On ne sait ni quand, ni comment mais le bouchon finit toujours par sauter et les coureurs pourront s'élancer vers leur destination finale.

Le changement de génération, la sienne contre celle des Bernal, Quintana, Uran ou Gaviria, le fait sourire : « Ils sont presque déjà vieux (sauf Bernal) si je me fie à tous les jeunes qui arrivent derrière. » Il reconnaît aux pionniers dont il se revendique « le mérite de leur avoir transmis cette envie, de leur avoir montré surtout que ce n'était pas impossible de gagner le Tour. » Les nouveaux biotopes, les conditions de vie ultramodernes des pros d'aujourd'hui n'ont plus rien à voir avec le sentiment d'exode qui accompagnait chaque voyage en Europe des précurseurs des années 1980. « En quelques années, le métier a changé de monde. Quand on arrivait à Madrid, pour les stages d'entraînement, on logeait à Torrejon, dans un hôtel familial, à côté de l'aéroport de Barajas. Eux, ils vivent six mois et demi par an à Monaco où ils sont devenus résidents. » Parra ne compte même plus le nombre de fois où il s'est perdu pendant une sortie d'entraînement, sur ces routes de la grande périphérie madrilène, parce qu'il fallait tracer le parcours à la main, la veille au soir, sur des cartes routières où il manquait toujours un carrefour ou une nouvelle intersection. « Aujourd'hui, c'est impossible, avec Waze [une application], ils peuvent partir et revenir les yeux fermés. » Sans porter de jugement de valeur, il s'autorise un court instant à commenter la décision prise par son voisin, Nairo Quintana, deux fois 2e du Tour (2013 et 2015) puis 3e (2016), vainqueur du Giro (2014) et de la Vuelta (2016), de quitter Movistar, une formation du

World Tour, pour Arkéa-Samsic, une équipe française qui n'appartient pas à l'Élite : « Le cycle normal d'un coureur dans une équipe, de mon point de vue, est de trois ans. Nairo est resté huit ans chez Movistar. Il a bien fait de bouger. Parce qu'on se fatigue des mêmes gens et que les gens se fatiguent de toi. La routine est l'ennemie du coureur. La troisième année, en arrivant en stage, on entend les mêmes histoires, on refait les mêmes gestes, on prend les mêmes repas. Il faut fuir tout ça. Nairo arrive dans une nouvelle équipe, supposée plus faible mais sans la pression de devoir absolument gagner le Tour, avec une nouvelle préparation, un nouveau directeur sportif. Et cette pression qu'il s'enlève, c'est du sommeil en plus, de la tranquillité, de l'énergie qui lui seront indispensables dans les moments clés. »

La soixantaine optimiste, Fabio Parra nourrit, du haut de ses quatorze saisons d'une vie de professionnel, un dernier regret. Celui de « n'avoir pu remporter un grand Tour ». S'il a évacué sa frustration du Tour 1988, il repense souvent, « mais sans amertume », insiste-t-il, au Tour d'Espagne 1989, « qu'[il] aurai[t] pu, ou dû gagner ». Pas besoin de lui demander de raconter comment. Les circonstances défilent à toute vitesse dans sa tête. Dans le cours de l'avant-dernière étape très montagneuse, il s'échappe, devient leader et virtuel vainqueur, avant le critérium du dernier jour, une formalité, sur la Castellana à Madrid. Il s'est enfin débarrassé, croit-il, de son bourreau du

Tour 1988, Pedro Delgado, à bout de forces dans la sierra madrilène. Mais encore une fois, le coureur colombien sera le dindon. Delgado rallie à sa cause le Russe Ivan Ivanov, un rouleur infatigable, ainsi qu'une partie du peloton espagnol pour mener la poursuite, et Parra terminera 2ᵉ. Le lendemain Delgado est pris en flagrant délit par les caméras d'une télévision espagnole en train de remettre une enveloppe au coureur soviétique. Perdu dans ses pensées, « l'homme de fer », imperturbable, sourire clair, le regard tourné vers le bleu du ciel, pédale vers d'autres horizons. « Demain, dit-il, si le beau temps persiste, j'irai rouler. »

Partie IV

UN PAYS QUI TRANSPIRE LE VÉLO

Chapitre 1

Les routes du Diable

« C'est moi qui ai fixé le salaire de Lucho Herrera et jamais je n'aurais permis qu'un gramme de cocaïne se glisse dans le contrat du meilleur coureur et porte-drapeau de la Colombie. »

Miguel Angel Bermudez,
ancien président de la Fédération

Ce mercredi 10 mai 1995, comme chaque fois qu'il part s'entraîner, Jaime Bolivar, coureur amateur de 26 ans, dévale de son quartier, le barrio Antioquia, par la route la plus raide, ses copains lui ont donné rendez-vous à El Poblado, un quartier chic à 5 km de chez lui. Cela ne lui arrive jamais mais ce vendredi matin, Jaime est en retard. Il est 6 heures, l'air est déjà tiède et il y a longtemps que Medellin s'affaire. La circulation est dense. Feu rouge. Le jeune Bolivar déchausse un cale-pied, attend. Une moto, qui devait le suivre comme une proie, arrive à sa hauteur et le serre. Assis à l'envers, le passager sort un revolver et lui ordonne de lâcher son vélo. « *Plomo o bici* », du plomb ou le vélo. Le discours des sicarios, ces bandes de jeunes armés, est efficace. Avant que le feu ne repasse au vert, l'équipage et son butin se perdent dans le flot des voitures. Jaime Bolivar, employé dans une menuiserie, vient de voir s'envoler dix mois de salaire. Mille dollars en fumée. Deux ans d'économie pour s'offrir un vrai vélo. Un engin avec lequel il pouvait enfin disputer honorablement des courses le dimanche.

À Medellin, Bogota ou Cali, la violence apparaît comme un moyen privilégié de résoudre les problèmes. Des braquages de ce genre, il s'en produit des dizaines chaque jour. Celui de Jaime Bolivar a fait quelques lignes dans le journal *El Colombiano*, entre une publicité pour les poulets Kokorico et des produits cosmétiques, parce qu'il est un bon coureur de l'équipe amateur Aguardiente Nectar, en Antioquia. Je suis arrivé une semaine plus tard à Medellin et Bolivar rentrait cette fois d'une vraie sortie d'entraînement, sur un vélo neuf acheté à crédit. Aveu douloureux : « Il vaut mieux ne pas résister quand ça te tombe dessus. C'est l'une des premières choses qu'on apprend à l'école. Rien n'est plus important que la vie. » Habitués à ces situations périlleuses, les Colombiens et leur sens de l'humour essaient de les rendre plus légères en se moquant d'eux-mêmes. Un personnage du romancier Gabriel Garcia Marquez affirme ainsi que « l'Amérique latine, c'est un homme avec une moustache, une guitare et un revolver ». La caricature n'a pas été du goût de tout le monde à Medellin. La capitale du département d'Antioquia revendique le privilège d'avoir été visitée par Dieu, se présente comme le berceau du sport colombien, avec des jumeaux terribles à élever : le football et le vélo, et accessoirement comme la capitale mondiale du tango (Carlos Gardel y mourut dans un accident d'avion.)

Martin Emilio Cochise Rodriguez, aujourd'hui âgé de 77 ans, est l'une des grandes stars du cyclisme colombien des années 1970. À son record de l'Heure (1970) et son titre de champion du monde de poursuite (1971), il a ajouté une distinction rare pour l'époque, un contrat professionnel chez la prestigieuse maison de cycles italienne Bianchi, dont le chef de file n'était autre que Felice Gimondi, le vainqueur du Tour de France 1965. Comme le jeune Bolivar, Cochise est né dans l'un des cinq cents quartiers pauvres de Medellin qui s'accrochent aux parois de la montagne. Et le propos de l'ancien recordman de l'Heure (Mexico 1970, 47,553 km) est à la fois lucide et amer : « La violence fait partie de notre culture. En début d'année, un conducteur est descendu de voiture et a abattu l'automobiliste qui était devant lui parce qu'il lui avait fait une queue de poisson. »

Que fait la police ? Quand elle n'est pas dépassée, elle est elle-même régulièrement épinglée dans des affaires de petits trafics. Le cas de ce policier qui stockait dans son garage une soixantaine de vélos volés vient renforcer ce constat. L'arnaque du vélo au feu rouge, où pas grand monde ne s'arrête, est un grand classique. Un vélo volé est repeint dans l'heure et immédiatement revendu à son nouveau propriétaire qui en a passé commande depuis des semaines. À coup de 2 millions pesos (1 000 euros environ), le commerce parallèle du cycle se porte bien. Cochise toujours : « Le piège, c'est de ne pas se laisser tenter ou corrompre. Parce qu'une fois dans la spirale il y en aura toujours un pour ne pas te rater. »

Alfonso Florez, vainqueur du Tour de l'Avenir 1980, a été assassiné au volant de sa voiture par deux sicarios à moto et tant d'autres après lui. Andrés Escobar, footballeur de grand talent, surnommé « El Caballero », sera lui aussi victime de ces règlements de compte funestes, pour avoir marqué un but contre son camp au cours du Mondial 1994, une action qui élimina son pays de la compétition.

Dieu s'est peut-être montré généreux avec Medellin, trois cathédrales en guère plus de deux siècles, mais la réponse du diable a été cinglante : il y a fait naître Pablo Escobar. Le chef du cartel de Medellin, le plus sanguinaire qui ait jamais existé, a donné au crime le visage de la démesure. Un témoin qui ne tient pas à laisser de trace, fait remarquer que « El Doctor » (l'un des surnoms de Pablo Escobar) a aussi joué un rôle dans le vélo et dans le sport : « Les *pelados* [diminutif des enfants des bidonvilles] pouvaient aller s'entraîner sur son vélodrome privé [aujourd'hui à l'abandon]. Il a créé sa propre fabrique de cycles, les vélos Ositto, avant de lancer une équipe professionnelle du même nom. » Une affaire de famille très lucrative qui ne servait en réalité qu'à blanchir l'argent de la cocaïne. Roberto Escobar, ancien coureur amateur, frère de Pablo, en a été le manager pendant trois ans. Mais quel crédit apporter à la version selon laquelle « El Patron » aurait payé avec des *dineros calientes*, de l'argent sale, la différence du contrat de Lucho Herrera pour qu'il continue à courir dans une équipe colombienne ? « Aucun ! » s'insurge Miguel Angel Bermudez, ancien président de la Fédération colombienne de cyclisme (1980-1981 et 1982-1990), qui dissipe d'une voix rocailleuse ce brouillard légendé : « C'est moi qui ai fixé le salaire de Lucho et jamais je n'aurais permis qu'un gramme de cocaïne se glisse dans le contrat du meilleur coureur et porte-drapeau de la Colombie. Pour qu'il nous reste fidèle, j'ai créé ProCiclo, une fondation, qui a établi les contrats des coureurs. Café de Colombia les a endossés et a tout payé intégralement. »

Retour à Medellin, moteur de l'économie colombienne, qui fournit 50 % de l'or et 30 % du café, deux des principales richesses du pays. De tout temps l'argent y a été roi et aujourd'hui encore, les extrêmes continuent de se côtoyer. Les buildings ultramodernes avec les *comunes*, le nom donné aux bidonvilles, les technologies de pointe avec les *cartoneros* qui, dès la nuit tombée, ramassent tout ce qui traîne dans les rues à l'aide de charrettes à bras. De l'argent, tout le monde veut en gagner. En remportant des courses, en décrochant un contrat professionnel, en volant ou en tuant. Une statistique aggrave le cas de Medellin : la mort violente est la cause première de mortalité chez les 15-40 ans. C'est la préoccupation majeure des habitants de la capitale d'Antioquia, celle aussi de tous les Colombiens. Résultat d'une récente enquête officielle : « La douleur morale et physique est le principal motif de plainte auprès des autorités. » On continue pourtant de vivre avec fièvre à Medellin qui embellit sans cesse. Pour Laura Restrepo, auteure à succès, le mode de vie des *Paisas*, les habitants de Medellin, tient en un seul mot : « Passion ! » Ici, la règle veut que, « pour s'en sortir, il faut y mettre plus de hargne, plus de rage, de folie parfois ». Le pourcentage de ceux qui s'élèvent dans la jungle de Medellin est pourtant infime et les laissés-pour-compte, toujours plus nombreux. En majorité, ils ont entre 8 et 15 ans et, pour les recevoir, les maîtres d'école sont obligés de faire les trois-huit. La plupart des gamins ont quitté le domicile familial ou sont abandonnés et vivent dans des foyers ou chez des particuliers.

Alfonso De Jesus Moncada, visage ridé comme une pomme, à la fois « abbé Pierre », éducateur scolaire et directeur sportif le dimanche (décédé le 22 septembre 2016 à 81 ans) était un de ceux-là. Toute sa vie, il l'a consacrée au vélo sur des routes qu'il a baptisées *las carreteras del Diablo*, les routes du diable. Depuis le mont Nutibara, sorte de pain de sucre de verdure et de fraîcheur, au cœur de la ville, où j'ai rendez-vous, Medellin, avec arrimés sur ses parois ses quartiers les plus défavorisés, effraie et fascine. Trois fois par semaine, Moncada programmait des sorties d'entraînement pour ses gamins qu'il tentait de tenir loin des mauvais coups.

Cet après-midi là, ils sont dix à avoir répondu présent. L'éducateur insiste : « Interdiction de se disperser ! Le danger peut surgir de partout. » Viré de la maison à l'âge de 10 ans parce que sa tête ne revenait pas au nouvel homme de sa mère, messager sur un vélo à pignon fixe, ouvrier dans un magasin de cycles, coureur amateur : au total, Moncadita, comme tout le monde l'appelle ici, aura passé plus de cinquante ans de sa vie à pédaler. Un jour, une voiture l'a renversé et l'a laissé infirme. Depuis lors, dans ce no man's land social, il consacre son temps à la misère des autres et à ces enfants venus de banlieues lunaires. Cela fait trente ans que ça dure. « Je n'ai pas le compte exact mais je dirais qu'ils sont plus de cinq mille à être passés par ici et à qui j'ai appris à rouler. »

Dans le hangar en terre battue, aux murs décorés de posters, Cochise, Merckx, Herrera et d'autres moins connus, les vélos sont mis sous clé quand ils ne servent pas. D'un geste circulaire : « Tout ce qu'il y a ici, on me l'a donné. Deux fois par semaine, je fais le tour des commerces dans les quartiers voisins.

En priorité, je récupère des habits, des souliers, de la nourriture. Avant les entraînements, je leur prépare à manger, je trace le circuit et les niños partent rouler. » Dans sa jeep usée jusqu'au châssis, une image collée au tableau de bord affirme que les sorties se placent sous la protection de la Vierge del Carmen, quand le 4 x 4 veut bien démarrer ou qu'il y a de l'essence dans le réservoir. Un bras tendu vers le petit groupe, un signe de croix de l'autre main : « Tout le monde nous connaît par ici mais j'ai toujours peur qu'il m'en manque un au retour. Il y a deux mois, trois types cachés derrière un poste à essence leur ont tiré dans les roues. Les gosses ont paniqué. On a perdu quatre vélos mais personne n'a été touché. Juste quelques écorchures et une grosse frayeur. » Moncada a repris son affaire sans bouger un cil. Dans une semaine, ils ne seront que douze à prendre le départ de la course du dimanche et une dizaine d'autres à regarder. « Parce qu'il n'y a jamais eu assez de vélos pour tout le monde. » Un problème réglé au mérite. « Ce sont les plus en forme qui courent le dimanche. » Fier du travail accompli et du slogan qui barre leur maillot : *Por La Paz en Colombia*.

« La paix » est un mot qui revient souvent. Marlon Perez, champion du monde junior de la course aux points, en 1994 à Quito, médaille d'or du contre-la-montre aux Jeux panaméricains en 2011, est un pur produit de l'école Moncada. Lui aussi est un enfant de la rue. Avant d'intégrer le Centre national des sports à Medellin, l'équivalent de l'INSEP, il vend sur les trottoirs de Tamesis, un gros bourg à une heure de Medellin, des mouchoirs en papier, des scapulaires et des jeans de contrebande du Venezuela. Claudia, sa mère, l'a toujours mis en garde : « Il y a les *hijos de la coca*, les *hijos de puta* et les *hijos de la calle*. » Avec interdiction de se tromper de camp. Marlon a tout bien fait et mené une carrière professionnelle honorable en Europe dans les années 2000 (Selle Italia, Orbitel, Caisse d'Épargne, Universal Caffè, Colombia Comcel), avant de succomber à la tentation et d'être contrôlé positif aux anabolisants dans la Vuelta Costa Rica en 2012. Oubliées les couillonnades, il y a trois ans, il est devenu éducateur diplômé et guide en cyclisme paralympique. Il entraîne aujourd'hui Javier Serna, malvoyant de naissance. Après avoir été champion du monde sur route en 2017, en Afrique du Sud, et obtenu quatre médailles d'or aux Jeux panaméricains en 2018 à Lima, l'objectif du tandem est de se qualifier pour les Jeux olympiques de Tokyo 2021.

Délaisser Medellin et le département d'Antioquia pour Bogota, la capitale, ce n'est pas changer de monde et de chimère pour autant. Au début des années 1980, Alirio Chizabas, professionnel chez Kelme, s'est fait voler son vélo de compétition au cours d'une sortie d'entraînement. Sur le même *modus operandi* qui a affecté Jaime Bolivar à Medellin. Par la suite, Chizabas a réglé le problème lui-même, en glissant un flingue entre les galettes de maïs, dans la poche arrière de son maillot. Les routes sans lois. Triste privilège de la Colombie tout entière. Nestor Mora, Augusto Triana et Hernan Patiño, trois coureurs professionnels de la formation Postobon, rodés aux embûches de la circulation, ont été écrasés à l'entraînement par un semi-remorque dont les freins ont lâché dans la descente d'un col. Les automobiles, les bus et les camions sont des fléaux, autour de Bogota, partout. Leonidas Herrera était une institution au cœur du barrio Santa Fe, l'un des plus populaires de la capitale. En février 1957, il avait fondé CicloAses, le club le plus ancien et le plus célèbre du pays, et cumulé tous les postes au sein de sa petite entreprise : président, directeur sportif, mécanicien, chauffeur, juge, masseur, organisateur. Leonidas Herrera savait tout faire. En particulier, organiser ces fameux *turismeros*, des courses sur pignon fixe qui pouvaient rassembler jusqu'à trois cents concurrents. On l'appelait « l'Apôtre » mais il n'avait guère besoin de prêcher pour s'entourer des meilleurs amateurs. De Rafaël Niño, six fois vainqueur du Tour de Colombie, record à battre, à Lucho Herrera, en passant par Alvaro Pachon, Patrocinio Jimenez, Pacho Rodriguez, les frères Wilches, Martin Ramirez, Raul Montaña ou Julio Cesar Aguirre, la liste est longue. Tous ont écouté les conseils et les mises en garde de Don Leo. Le visage rond, la lèvre souriante, il pestait chaque fois qu'un des siens se faisait renverser. « En trente-huit ans, ils m'en ont tué dix-neuf. »

Au plus fort de la colère, cela se traduisait par une marche de protestation vers le palais du Gouverneur. Avec en épilogue toujours la même phrase : « Pisser contre un mur aurait autant d'effet. » Parce que CicloAses représentait toute sa vie et qu'il y consacrait une partie de ses nuits, il avait pris le parti d'habiter sur place. Au rez-de-chaussée, un bureau, deux douches, un atelier pour réparer les vélos et une salle de gym. Un deux-pièces-cuisine, très spartiate, au-dessus. Ses journées étaient bien réglées. Après la paperasse, Leonidas Herrera partait recueillir des fonds auprès des commerçants pour la course du dimanche. Le pompiste de la Calle 21, son voisin, était toujours le premier sollicité. Après avoir fait ses comptes, Don Leo respirait la bonne humeur. « Dimanche, l'équipe I va courir pour une marque d'huile de vidange, l'équipe II, pour une marque d'amortisseurs. » Sur la ligne de départ, tous ses coureurs portaient le même maillot : rouge, ceint d'une bande noire.

Le dimanche matin, sur l'étagère du vieux bureau, la statue du Divino Niño avait toujours droit à une prière et un signe de croix. Il ne demandera plus à la mort d'attendre encore un peu « parce que ces petits me donnent tellement de boulot… » Celui que tout le monde appelait « Don Leo », qui avait fait du vélo un sacerdoce et rêvait de se réincarner en condor, est mort le 30 décembre 2015. Embolie pulmonaire.

Chapitre 2

« Si Dieu le veut... »

« Au départ et à l'arrivée de chaque étape, des fidèles distribuaient des bibles dans le public. L'impact a été au-delà de tout ce qu'on pouvait imaginer. »

Omar Hernandez,
ancien équipier de Miguel Indurain
et directeur sportif de l'équipe
Les Cyclistes de Jésus-Christ

Avant le départ de l'avant-dernière étape du Giro 1994, Les Deux-Alpes – Sestrières, Nelson « Cacaito » Rodriguez est au micro d'un reporter de la RAI. Le Colombien de Manizales est 6e au classement général. Il est en forme et fait partie du lot des favoris pour la victoire d'étape.

– Nelson, tu l'as dans les jambes cette étape ?

– Aujourd'hui, je gagnerai si Dieu le veut, répond sobrement le coureur de l'équipe ZG Mobili-Selle Italia.

Plus téméraire, Gianni Savio, le manager de la formation italienne, ose et pousse le bouchon plus loin : « Si Dieu le veut et même s'il ne le veut pas. » « Cacaito » ne gagnera pas cette fois-là mais il s'offrira, deux mois plus tard, la 17e étape du Tour de France en haut de Val-Thorens et signera le plus grand exploit de sa carrière.

En s'en remettant à Dieu le Père, « Cacaito » a eu la formule adéquate. Pas un coureur qui ne l'a prononcée un jour à un micro. La Colombie est le pays le plus catholique d'Amérique du Sud. Quelques instants avant le JT de 20 heures, alors que la France, l'Italie ou l'Espagne croulent sous les réclames publicitaires, la Colombie observe un autre rituel. Dans les programmes télé, on l'appelle *El Minuto de Dios*. Le principe est simple. En une minute d'antenne, un prêtre – longtemps ce fut le père Rafael Garcia Herreros – délivre un message. Le thème varie. Selon l'actualité, il peut être social, politique ou sportif et le cyclisme n'est pas oublié. Il faut reconnaître à ces « curés minutes », du père Rafael à ses successeurs, le talent de savoir traiter une audience. Pendant plus de trente ans, *El Minuto de Dios* est restée l'émission la plus populaire du pays. C'est dans ces moments de surréalisme télévisuel, où Dieu, le sport et la violence passent à l'antenne, que la Colombie touche au sommet de son plus grand talent : le naturel pour des scènes invraisemblables.

« Cacaito » Rodriguez est comme de nombreux autres coureurs, il pense qu'il « faut faire les choses bien pour être fidèle à Dieu ». Juste avant le départ d'une course, il se tient l'épaule gauche « celle où, dit-il, se posent les anges gardiens. » En Colombie, le peloton est très dévot, à l'identique d'autres couches sociales, et tout Bogota se presse à la chapelle du Divino Niño parce qu'il fait des miracles. Les hommes politiques y viennent avant une élection. Les joueurs de foot de Millonarios ou de Santa Fe en font autant avant les matches importants. Les cyclistes viennent s'y recueillir avant le départ pour le Tour de France. La religion est un peu l'ancre de la Colombie et cette dévotion peut donner lieu parfois à des scènes surréalistes. Comme celle tirée du livre *José Beyaert, Vélo d'or,* sous la plume du journaliste Jean-Pierre Mortagne : « Dans le Tour de Colombie 1952, un prêtre, le père Efrain Rozo, spécialement venu de Bogota, vient en pleine nuit réveiller le Français José Beyaert, leader de l'épreuve. Il veut savoir s'il y a vraiment des miracles à Lourdes et entame un long dialogue avec le coureur. »

La cordillère andine occupe une place très importante dans le cœur des cyclistes colombiens. La trilogie homme-montagne-religion est une particularité forte du pays. À la cime des grands cols, il y a presque toujours une croix, un autel, la statue du Divino Niño ou celle de la Virgen del Carmen. « Le cyclisme est souvent pratiqué par des gens d'origine pauvre, modeste, des paysans qui voient dans ces sommets la représentation du défi ultime, celui qui permet d'atteindre la gloire sportive, impossible à réaliser sans l'aide divine », explique César Dusan, dans une étude consacrée à l'histoire du cyclisme colombien. Rafael Cepeda, curé de Cucaita, petite ville du département de Boyaca, fournit une explication plus théologique : « Il y a un grand respect pour les montagnes et certains coureurs assimilent ces sommets à une marche qui les rapproche du Royaume de Dieu. » On observe tous les comportements chez les concurrents dès qu'ils ont un dossard. Dans les premiers Tours de Colombie des années 1950, le coureur Jose Armando Alfaro, sans palmarès, sans budget et sans voiture d'assistance, exhibait pendant l'étape un scapulaire par-dessus son maillot. Chaque fois qu'il se hissait en haut d'un col, il mettait pied à terre, s'agenouillait et priait la Virgen del Carmen et tous les saints. Derrière lui, la caravane était obligée de s'arrêter et d'attendre la fin de son oraison. La Vierge n'a jamais exaucé ses prières mais le soir après l'étape, il était nourri, logé, blanchi dans un couvent, une confrérie ou un presbytère. Il est devenu célèbre sous le surnom du « coureur de la Virgen del Carmen ». Des Vierges, comme dans tous les pays catholiques, il en existe à foison. Les virginologues en perdraient presque le compte : Santa Maria, Carmen, Chiquinquira, Fatima, Bojaca, Guadalupe, Morca ou Milagros del Topo. Chaque région a la sienne. À son retour du Tour d'Espagne, en 1987, Lucho Herrera est allé présenter le trophée du vainqueur à la Vierge de Chiquinquira, la patronne du pays, pour qu'elle le bénisse. Et le petit

« Chepe » Gonzalez, vainqueur d'étape sur le Tour de France 1996, disputait les courses avec une fiole d'eau bénite provenant du sanctuaire de Morca, près de Sogamoso, département de Boyaca, où la Vierge Marie serait apparue.

Il arrive aussi hélas que surviennent des dérapages. Rafael Niño, vainqueur de six Tours de Colombie dans les années 1970, ancien professionnel sous les couleurs de la formation italienne Jolly Ceramica, en a été la victime. Une sale histoire de pogrom, relatée par le quotidien national *El Tiempo*, le 13 janvier 1998. Les faits se sont produits dans la ville de naissance de Niño, à Cucaita, département de Boyaca. Ce soir-là, le meilleur coureur colombien des années 1970 et une vingtaine d'évangélistes prévoient de projeter un film sur la vie de Jésus de Nazareth, puis d'en débattre en public. Mauvaise idée. *El Tiempo* : « Les fidèles de l'église catholique qui sortaient de leur office, une rue à côté, se sont regroupés devant la salle des évangéliques, les ont menacés, insultés et soudain, des hommes armés de barres de fer, de briques et de bouteilles sont entrés et ont tout cassé : écran, projecteur, enceintes, chaises, tables. » Il y aura des blessés, une plainte sera déposée mais le jugement n'aura jamais lieu. Souvenir de Rafael Niño : « J'ai été insulté et menacé de mort par des gens qui m'adoraient quand je courais et pouvaient faire une centaine de kilomètres, juste pour avoir un autographe. La nature humaine est bien basse. »

Tout ne s'est pas toujours aussi mal passé pour les fidèles de Jésus. En 1997, Gonzalo Ortiz, un pasteur protestant, décide d'aller à la rencontre des gens et de créer une équipe cycliste professionnelle. À titre d'exemple, elle évoluerait aujourd'hui en Continental. Omar « El Zorro » Hernandez, quatre Tours de France à son actif, meilleur jeune de la Vuelta España 1986, vainqueur d'une étape dans l'édition suivante, leader durant dix jours de cette même épreuve en 1989, est choisi pour en être le directeur sportif. Nom de baptême : Les Cyclistes de Jésus-Christ. Le maillot bleu marine porte trois inscriptions : Jésus-Christ vient. Jésus-Christ sauve. Jésus-Christ purifie. Une quatrième, sur le cuissard, dit : « Lisez la Bible. » Budget annuel : 30 000 euros. L'expérience se prolongera pendant quatre ans. Omar Hernandez se souvient : « Les coureurs avaient un salaire uniquement pour les courses qu'ils disputaient, en plus de l'hébergement et des repas. Au départ et à l'arrivée de chaque étape, des fidèles distribuaient des bibles dans le public. L'impact a été au-delà de tout ce qu'on aurait pu imaginer. »

L'histoire d'Omar Hernandez, devenu pasteur, barrio Fontibon à Bogota, est à la fois singulière et dramatique. Après six ans de carrière chez les professionnels, il rate sa reconversion et tombe dans la drogue : « J'avais déjà touché à la marijuana quand je courais mais comme ça esquinte les poumons, ce qui n'est pas compatible avec le métier, j'ai arrêté. À la fin de ma carrière, en 1992, je suis passé aux drogues dures, à l'alcool, aux femmes et je suis devenu dépendant. J'errais dans les bas-fonds de Bogota, j'étais descendu en Enfer, on me surnommait "le nouveau Pambelé"[1]. J'ai tout perdu, y compris ma famille. Un jour j'ai décidé d'en finir et j'ai programmé mon suicide. » Une mort annoncée, aurait dit « Gabo ». La suite, l'intéressé me l'a racontée dans le détail : « J'avais prévu de lancer ma voiture à 180 km/h contre un camion, sur la route Bogota-Tunja. Deux jours avant la date que je m'étais fixée, un type est entré chez Don Gustavo, mon lieu de perdition. Au départ, je l'ai pris pour un fanatique avec sa bible sous le bras mais c'est grâce à lui que je suis revenu des Enfers. »

La foi, Carlos Mario Jaramillo, équipier préféré de Lucho Herrera dans les années 1980 et actuel sélectionneur national, l'a toujours eue. De sa petite enfance, il se souvient qu'il « fallait manger à 5 heures en fin d'après-midi à la lumière du jour, parce qu'il n'y avait pas d'électricité. Nous étions dix enfants. À 6 heures, il faisait nuit, papa et maman nous installaient sur un lit les uns contre les autres et on priait la Virgen del Rosario ».

---

1. Antonio Cervantes, dit « Kid Pambelé », 75 ans, a été l'un des plus grands boxeurs colombiens de l'histoire du noble art. Entre 1972 et 1980, il a défendu son titre des super-légers WBA à dix-huit reprises. Hors des rings sa vie a été entachée par de nombreux scandales dus principalement à son addiction aux drogues hallucinogènes. Il n'a plus touché à un seul produit depuis 2008 mais son surnom est toujours attribué aux junkies du pays.

Au cours de ses six Tours de France de coureur ou ses Tours de l'Avenir, récemment comme directeur sportif, il ne compte plus les fois où il est allé assister à un office : « J'entends les cloches et partout où je me trouve je vais à la messe. C'est naturel. » Pendant les derniers Jeux panaméricains de 2019, à Lima, Jaramillo réunit à plusieurs reprises la délégation des cyclistes dans sa chambre pour prier : « Un jour nous étions treize – coureurs, masseurs, médecins, mécaniciens – le temps d'un "Notre Père" et d'un "Je vous salue Marie". Nous avons une mission devant l'Être suprême. »

Pour se donner toutes les chances de gagner une course, d'autres s'arrangent avec la foi et prennent tout : le culte religieux, les images saintes, l'horoscope mais aussi sa défiguration superstitieuse. Il ne peut pas y avoir plus disparate dans les offrandes : cigares, alcool, bricoles hétéroclites, plats cuisinés, bougies, fleurs, phares de voiture. Le fétichisme est une chance de plus et, en poussant plus loin, la sorcellerie n'est pas en reste. Omar Hernandez l'avoue, il s'est laissé tenter par ces pratiques occultes : « J'ai bu du sang de pigeon mélangé à du brandy. J'ai pris des bains dans des décoctions de plantes qui soi-disant portent chance, selon un rite indigène vieux d'un siècle. Il m'est aussi arrivé de courir avec un nid de macua, une espèce d'oiseau rare qui vit dans la jungle, caché dans la poche du maillot. Tous ces sortilèges sont irrationnels, maintenant je le sais. La seule vérité, c'est la parole de Jésus-Christ. »

Le christianisme a pris de l'importance, des cultes parallèles sont apparus mais le fétichisme reste très fort et Omar Hernandez trouve parfois que son pays a des « airs de Babylone ». Ainsi va la vie du peloton, entre les saints et ses succédanés.

Chapitre 3

La radio, c'est plus marrant en chantant

> Carlos Arturo Rueda, « la voix de la Colombie », paye de sa poche des jeunes surnommés *gorrion*, moineau, parce que leur boulot était de rester en haut des poteaux téléphoniques pour rétablir la communication.

La voix de la radio en Colombie, celle de la narration sportive, porte un nom : Carlos Arturo Rueda, né au Costa Rica, naturalisé colombien. Son style, sa tonalité, son improvisation, sa phonétique ont fait naître des images à la radio bien avant l'arrivée de la télévision. Aventurier, pionnier, visionnaire, « une sorte de Jules Verne du journalisme sportif », selon *El Tiempo*, Rueda, surnommé « El Campeon », a été tour à tour boxeur amateur, chanteur de tango, vendeur de cercueils, animateur et enfin journaliste. Grâce à son ingéniosité, il a permis aux auditeurs, l'oreille collée au transistor, de découvrir des villes et des paysages méconnus, ou plutôt de les imaginer et, bien sûr, de pénétrer dans la vie des champions cyclistes. Au cœur des années 1960, la technique est encore rudimentaire, les retransmissions en cours d'étape, fréquemment coupées. Rueda invente alors une parade pour régler le problème. Il paye de sa poche des jeunes, surnommés *gorrion*, moineau, parce que leur boulot est de rester perchés en haut des poteaux téléphoniques. Dès que la connexion est interrompue, les « moineaux » la rétablissent à l'aide de pinces et le tour est joué. Avec lui encore est né ce rite populaire et enchanteur du surnom qui effacera le patronyme de l'état civil dans la mémoire collective. *Escarabajo*, scarabée, sa grande trouvaille pour qualifier les petits grimpeurs andins, est devenu un label mais de nombreux autres pseudonymes portent sa signature : *El Zipa* (Forero), *El Pajarito* (Roberto Buitrago), *El Tigrillo de Pereira* (Ruben Dario Gomez), *El Leon de Tolima* (Pedro J. Sanchez), *El Condor de Cundinamarca* (Alvaro Pachon), *El Jardinerito* (Lucho Herrera), *El Loco* (Carlos Julio Siachoque), *El Zorro* (Omar Hernandez) et des centaines d'autres. Cinquante ans après, les reporters radio continuent de s'en inspirer, répètent ses phrases ou essayent de garder ce ton à la fois humoristique, imagé et chantant si caractéristique des retransmissions en Amérique latine.

Quand ils débarquent sur les routes du Tour de France, dans les années 1980, les narrateurs colombiens de RCN (Radio Colombia Nacional) et de Caracol Radio, deviennent les attractions du public qui découvre aussi leurs véhicules à six roues, équipés de tourelles, de radars, en même temps que leurs voix exotiques roulant les rrr… avec les trémolos d'un rossignol. On notera au passage que le sponsor de la première équipe amateur colombienne alignée dans le Tour 1983, Pilas Varta, était un fabricant de piles pour transistor, l'accessoire le plus vendu à cette époque-là, dont les ventes ont explosé au bout de trois semaines. La notoriété des journalistes leur permet aussi parfois de précéder ou de faire l'actualité. La démarche d'Hector « El Profe » Urrego, commentateur à RCN, qui va frapper à la porte de Xavier Louy, directeur du Tour de l'Avenir, dans les locaux de *L'Équipe* 10, rue du Faubourg-Montmartre à Paris, est à l'origine de l'invitation, en 1980, de l'équipe colombienne qui remportera l'épreuve avec Alfonso Florez. Ancien pistard, compétiteur dans l'épreuve de vitesse aux Jeux olympiques de Mexico (1968) remportée par Daniel Morelon, champion de Colombie sur le kilomètre en 1969, Urrego a l'avantage d'avoir été acteur avant de passer derrière un micro. Il sent les coups et les anticipe. En 1983, après la première participation d'une équipe colombienne au Tour de France, qu'il couvre pour RCN, le grand écart qui sépare les grimpeurs andins des coureurs européens le tarabuste. À la fin du Tour de l'Avenir 1983, il se rend en Bretagne chez Bernard Hinault qui vient d'annoncer son départ de l'équipe Renault pour La Vie Claire. Raul Mesa est présent. L'entregent du « Profe » Urrego est précieux. Des confessions de Hinault on passe à l'adaptation du cyclisme colombien. Deux heures plus tard, les deux compères repartent avec les carnets d'entraînement du « Blaireau », ses programmes de récupération et ses fiches de nutrition. Un trésor. Mesa reconnaîtra plus tard que l'initiative d'Urrego leur a fait gagner dix ans.

On assiste à tous les événements avec les journalistes phares des deux principaux médias colombiens, RCN et Caracol. À la fin de la Vuelta 1987 et de la victoire de Lucho Herrera, Ruben Dario Arcila, dit « El Poeta », narrateur phare de Caracol, sitôt le protocole terminé, enlève le vainqueur, encore en cuissard et maillot *amarillo*, à bord d'un hélicoptère et l'emmène dans les studios de la maison de la radio espagnole. Il a calculé que la différence horaire doit permettre d'être en direct dans le JT à Bogota. Grâce à lui, ils seront des millions ce jour-là devant leur poste, à écouter les premiers mots de l'idole nationale. Emporté par l'émotion et une rhétorique grandiloquente, Arcila, toujours lui, chantera ainsi, de sa voix de baryton, le dernier kilomètre du Giro 2014 de Nairo Quintana : « Enfin la symphonie du dernier km ! / Comme un vol d'oiseaux migrateurs partis d'Irlande / Voici qu'arrive l'Empereur / Le gladiateur / Devant lui s'ouvre la porte du Cirque romain / Le Giro d'Italia et ses dieux de l'Olympe Coppi-Bartali / Avec la Virgen del Milagro / Champion Quintana / Que Dieu te bénisse ! » Une vidéo regardée des millions de fois et qui tourne encore sur la Toile. De même dans le Tour 2019, la dernière ligne droite d'Egan Bernal sur les Champs-Élysées permet à Alfredo Castro, dit « El Comandante », autre grande figure chez les narrateurs colombiens, de signer une envolée lyrique que le célèbre Juan Diego Florez, ténor de charme latin, n'aurait pas reniée. Dix mois après, les trémolos du « Comandante » qui finit en larmes et au bord du malaise font toujours se pâmer les internautes sur la Toile. La radio, c'est beaucoup mieux en chantant.

Chapitre 4

Dopage : grandeur et décadence

> « *Je me moque qu'un coureur se dope encore à 40 ans. Il est perdu depuis longtemps. Mais un jeune de 18 ans qu'on entortille, c'est criminel et inacceptable.* »
>
> **Luis Fernando Saldarriaga**,
> directeur sportif et formateur
> de Nairo Quintana et Esteban Chaves

Pendant que le Colombien Egan Bernal lève les bras sur le podium des Champs-Élysées, à l'arrivée du Tour de France 2019, le cyclisme de son pays éprouve les plus grandes difficultés à se soustraire aux démons du dopage et s'enlise dans des problèmes préoccupants. Le 11 juin 2019, l'Union cycliste internationale a suspendu le Team Manzana-Postobon, la seule équipe qui représentait encore la Colombie chez les professionnels, catégorie Continental, la deuxième division du cyclisme, à la suite de deux nouveaux cas de dopage. Produits incriminés : l'EPO pour Wilmar

Paredes, 22 ans, un stéroïde anabolisant pour Juan Jose Amador, 21 ans. Conséquence immédiate, plus de quarante familles, toutes salariées de Postobon, se sont retrouvées au chômage. Le processus est irréversible. Après quarante ans passés dans le peloton, la plus ancienne équipe colombienne qui a toujours milité pour un cyclisme propre, est allée au-delà de la sanction infligée par l'UCI et a décidé de se retirer définitivement du vélo.

Grandeur et décadence. C'est l'étrange paradoxe dans lequel se débat le cyclisme colombien. D'un côté, les Bernal, Quintana, Gaviria, Uran, Lopez, Chaves, la talentueuse génération partie à la conquête du Vieux Continent, rejointe par les Sosa, Hodeg, Sebastian Henao, Bohorquez, Higuita, Molano, Daniel Martinez, Buitrago, une lignée tout aussi prometteuse que s'arrachent les équipes du World Tour. De l'autre, sur les contreforts de la Cordillère, le peloton colombien, miné par les affaires de dopage et des institutions mises à l'index par l'Union cycliste internationale. Avec ses quarante-deux suspendus pour dopage, dont huit à titre conservatoire, la Colombie occupe en 2019 le deuxième rang mondial dans ce domaine, juste derrière le Costa Rica. Un fléau qui a mis fin, en avril de la même année, à la carrière de Jarlinson Pantano, 30 ans, vainqueur de la 15e étape du Tour de France 2016, entre Bourg-en-Bresse et Culoz sous les couleurs de IAM Cycling, et contrôlé positif à l'EPO, après le Tour du Haut-Var 2019, sous le maillot de Trek-Segafredo, une autre formation de l'Élite. Pantano n'a pas demandé de contre-expertise. Il a estimé qu'il n'avait « ni assez d'argent, ni de temps à perdre » dans des méandres administratifs. Au début du mois de juin 2019, il a mis un terme à sa carrière et s'est lancé en politique pour tenter de remporter un siège de conseiller municipal dans sa ville de Cali, une opportunité que les électeurs lui ont refusée au mois de novembre 2019.

En février 2017, le laboratoire de contrôle antidopage de Coldeportes, l'organisme administratif officiel transformé en ministère depuis, a vu son agrément retiré par l'Agence mondiale antidopage (AMA). Motif : manque de garantie et de fiabilité. Alertée quelques mois plus tôt par la Cycling Anti-Doping Foundation qui avait décelé de nombreuses anomalies durant les épreuves locales, l'AMA a voulu tester le fonctionnement du laboratoire de Bogota. Elle lui adresse deux faux tests positifs à analyser. Le laboratoire de Coldeportes ne décèle rien. Le faux pas de trop, c'est la suspension. Responsable de la politique sportive en Colombie, Coldeportes ne veut pas être le seul à affronter la tourmente et accuse la Fédération colombienne de cyclisme de ne pas assumer ses responsabilités. En juin 2019, dans le *New York Times*, Orlando Reyes Cruz, le coordinateur du programme national antidopage et délégué de l'AMA, a révélé un des manquements de la politique fédérale : « Pour bien effectuer les contrôles antidopage, il est essentiel de savoir où sont les coureurs. Cette information doit nous être communiquée par la Fédération. Or, une semaine avant le départ du Tour de Colombie, en mai 2019, Coldeportes n'avait reçu ces informations de localisation que pour neuf équipes sur les quinze engagées. On ne sait jamais où sont réellement les coureurs, ce qui rajoute à la confusion et à la difficulté d'effectuer les contrôles dans les normes. » Réponse de Jorge Ovidio, le président de la FCC, démissionnaire pour raison de santé : « L'institution responsable du bon déroulement de la politique sportive dans le pays, c'est Coldeportes. C'est à elle d'agir. La Fédération a de trop petits moyens. »

Pendant que la caravane aboie, les distributeurs de produits dopants agissent. Cela donne lieu parfois à des scènes rocambolesques. En 2018, pendant le déroulement de la plus ancienne épreuve du pays, la Vuelta Colombia, la direction de la course a dû exclure une moto accréditée en qualité de mécano assistant et pilotée par un certain Oscar Ochoa, dit « El Gigante ». En réalité, le boulot du motard consistait à approvisionner les coureurs en produits interdits, parfois en cours d'étape, essentiellement le soir dans les hôtels. La Cycling Anti-Doping Foundation, arrivée par surprise sur la course, s'est immédiatement rendu compte du manège. Elle en a informé la direction du Tour de Colombie qui a été obligée de sévir. Le pilote lui, court toujours.

Du côté des bonnes nouvelles, la Vuelta Colombia, après deux ans d'exclusion du calendrier UCI America

Tour, retrouve sa place en 2020, en partie grâce à une édition 2019 sans scandale, où les deux frères Duarte se sont illustrés à leur manière : Fabio, l'aîné, ancien champion du monde sur route des moins de 23 ans en 2008, par sa victoire au classement général ; Alvaro, le cadet, par un contrôle positif ! Les observateurs savent que derrière le bon déroulement des épreuves, les pratiques dopantes continuent d'empoisonner le climat. Et lorsqu'un courageux fait fi de l'omerta, pointe du doigt dopeurs et dopés, gare à lui. En juin 2019, Juan Pablo Villegas, 31 ans, qui traîne ses guêtres dans les équipes colombiennes depuis quatorze saisons, écœuré par cette chienlit, se met à table dans les colonnes du *New York Times* : « J'ai toujours accroché un dossard avec l'idée que je pourrais un jour gagner une course, sans toucher à la moindre saloperie et parce que je suis un idéaliste. Quand j'ai enfin compris que je n'y arriverais jamais, à cause de tous les produits qui circulent ouvertement dans les chambres d'hôtel, les voitures des directeurs sportifs et partout, j'ai explosé. Cette situation me révolte. Mais je ne me doutais pas que mon geste me vaudrait autant de haine. J'ai été lynché sur les réseaux sociaux, insulté par des coureurs, menacé de mort au téléphone. Je sais que ce n'est pas une simple intimidation, que certains sont capables du pire. Alors je préfère tout arrêter. Je rêvais d'une autre fin de carrière mais je ne regrette rien. Dommage que beaucoup de gens de mon entourage m'aient tourné le dos. Le temps me donnera raison. » Villegas qui vient tout juste de surmonter une dépression, tente de reprendre une activité normale dans les champs et les cultures, du côté de Medellin.

Luis Fernando Saldarriaga, directeur sportif, connu pour son éthique de fer, considéré comme le père de la génération 2000, celle des Quintana et Chaves qui ont grandi sous son autorité et remporté le Tour de l'Avenir avec lui, s'est toujours senti esseulé, mal soutenu, dans ses prises de position contre le dopage. Les dirigeants de Manzana-Postobon lui avaient confié la responsabilité de leur équipe, certains qu'avec lui l'emblème d'un cyclisme propre serait honoré. En septembre 2019, dans le quotidien *El Espectador*, Saldarriaga, effondré par les contrôles positifs de Paredes (hormone de croissance) et d'Amador (EPO), deux de ses plus belles promesses, avoue : « Nous avons fait nous-mêmes des contrôles régulièrement, respecté les différentes étapes pour le suivi du passeport biologique, insisté sur la partie éducative, les risques et les conséquences du dopage. Je ne comprends plus rien. Le circuit social est contaminé, il est à revoir entièrement. J'ai peur pour les jeunes. Beaucoup d'entre eux, qui rêvent d'Europe, sont livrés à eux-mêmes, n'ont pas d'entraîneur, disposent d'une vague structure d'accueil mais ne suivent aucune planification et ne participent pas à l'élaboration d'un passeport biologique. »

Trancher le nœud gordien ne sera pas une mince affaire. En Colombie, l'article 380 du Code pénal stipule que le dopage n'est pas un délit. Ni pour celui qui en fait l'usage, ni pour celui qui en fait le commerce. Les produits les plus dangereux pour la santé, l'EPO, différentes sortes de stéroïdes anabolisants, le GW1516, l'AICAR ou le TB500[1] se retrouvent en vente libre et accessibles sans aucune prescription médicale. Une aubaine pour les docteurs Mabuse qui hantent le peloton. Des réseaux aux connexions solides ont pignon sur rue. La rentabilité est si élevée que de véritables organisations sont en train d'accaparer le marché. Sur le papier, le match entre le ministère (Coldeportes) et les pourvoyeurs, dont tout le monde connaît l'identité, est inégal. Le cas du Dr Alberto Beltran Ruiz, connu dans toutes les sphères du cyclisme mondial, en est la parfaite illustration. Né en Colombie, titulaire d'un passeport espagnol, Alberto Beltran était encore récemment une personnalité influente dans le peloton, jusqu'à peser sur le choix des coureurs proposés aux équipes étrangères. Son rôle est d'établir

1. L'AICAR entraîne une modification moléculaire qui permet au muscle d'améliorer ses capacités sans faire appel à plus d'oxygène (donc sans EPO ou transfusion). L'augmentation estimée est de 44 % de plus que la normale. Le GW1516 a les mêmes propriétés avec une augmentation de la puissance musculaire encore plus élevée, environ 68 %. Certains coureurs combinent les deux. Le GW1516 est d'une très grande toxicité pour l'organisme (tumeurs, stérilité...). Quant au TB500, c'est une hormone de croissance utilisée sur les chevaux de course. Elle est sur le marché à des prix attractifs. Elle offre une augmentation de la capacité musculaire d'environ 20 %.

des programmes d'entraînement – il sévit en Europe et aux États-Unis – complétés par des prises d'AICAR ou de TB500. Une enquête diligentée par des agents fédéraux américains, prolongée par Interpol et finalisée par une unité colombienne spécialisée dans le transport et la vente de drogues, a abouti à sa capture en 2016. L'Espagne a aussitôt demandé son extradition. Refusée par la Cour suprême de justice de Bogota, au motif que « l'administration, le trafic ou la prescription de substances dopantes à des sportifs pouvant altérer leurs résultats en compétition ne sont pas mentionnés dans le catalogue des délits prévus par la loi ».

Après cinq mois de détention préventive, le Dr Beltran s'est à nouveau évanoui dans la nature. Aux dernières nouvelles, il s'est rétabli d'un AVC et, de bonne source, aurait repris ses activités. Le seul changement que Beltran doit affronter est la concurrence. Elle a largement empiété sur son territoire durant son absence. Selon *El Tiempo*, une sportive de haut niveau de nationalité brésilienne s'est installée en Colombie en 2019 et propose les mêmes services, EPO, Saizen, GW1516… Tandis qu'un troisième gang sévit désormais à La Ceja, une petite ville située à 40 km de Medellin. En attendant une réforme de la Constitution et du Code pénal, la Colombie, qui s'honore d'être le pays d'Egan Bernal et de Nairo Quintana, deux des meilleurs coureurs mondiaux, se retrouve impuissante face à de telles pratiques. Le pays qui a liquidé les cartels de la drogue aussi puissants que celui de Pablo Escobar devrait pouvoir, s'il le veut, se débarrasser de ces bandes spécialisées dans la vente de produits dopants. Un commerce « qui frappe à l'aveugle », s'inquiète Luis Fernando Saldarriaga qui n'a jamais voulu que Nairo Quintana et Esteban Chaves, du temps où il les dirigeait, participent à un Tour de Colombie : « D'abord parce qu'on aurait douté immédiatement de leur potentiel. Ensuite parce que les vautours ne dorment jamais. Ils savent que les jeunes sont pressés, veulent des résultats tout de suite et qu'une occasion va se présenter. Je me moque qu'un coureur se dope encore à 40 ans, il est perdu depuis longtemps. Mais un jeune de 18 ans qu'on entortille, c'est criminel et inacceptable. »

« ALLO, DOCTEUR ALVARO MEJIA ? »

La reconversion de celui qui fut meilleur jeune du Tour de France 1991, 4e en 1993, 4e la même année du championnat du monde sur route à Oslo, équipier de Lance Armstrong chez Motorola durant trois saisons, n'a pas été la plus classique. À 31 ans, Alvaro Mejia s'est lancé dans des études de médecine, à l'université de Manizales, département de Caldas. Il l'imaginait et s'y préparait depuis longtemps. Au cours de sa parenthèse vélo, qui a duré neuf ans, il a passé de longues heures, le nez dans des bouquins de neurologie, rhumatologie et autres, quand il ne restait pas une partie de la nuit à parler et questionner les docteurs Hector Fabio Cruz chez Postobon ou Massimo Testa chez Motorola.

Au cours de mon périple colombien en 2019, j'avais coché dans mon agenda la ville de Pereira, la capitale du café, où le Dr Alvaro Mejia a pignon sur rue. Mon intention était de le consulter sur l'état de santé du cyclisme colombien, triomphant et rayonnant en Europe, fébrile et même franchement miné par les affaires sur ses terres, dont celle du laboratoire antidopage de Bogota, suspendu par l'UCI et l'AMA depuis le mois d'octobre 2018, n'est pas des moindres. Il n'y a pas meilleur spécialiste de la question qu'Alvaro Mejia, engagé, missionnaire, intransigeant, pour expliquer ce paradoxe.

Un contretemps est venu bouleverser mes plans en dernière minute. Plusieurs dizaines de millions de Colombiens se sont donné rendez-vous dans la rue, à Bogota, Medellin, Cali, Carthagène, et partout dans le pays, en signe de protestation contre le chômage, la corruption, la violence et les assassinats des populations indigènes. Toutes les communications ont été paralysées. De violents affrontements, à Bogota en particulier, ont opposé l'armée et la police à des bandes organisées qui ont semé la terreur. Le couvre-feu a été décrété pendant six jours. Quarante-deux ans qu'une telle mesure n'avait pas été prise par un président de la République. C'est donc par téléphone que le Dr Alvaro Mejia, aujourd'hui âgé de 52 ans, spécialiste en médecine sportive, tour à tour responsable du suivi de l'équipe continentale américaine Motorola, la sélection nationale colombienne et la formation espagnole Movistar Continental, m'a accordé une longue consultation.

« *Requalifions la sanction sportive en délit* »

Ils doivent travailler main dans la main en matière de dopage. Cela n'a pas toujours été le cas mais chacun doit remplir son contrat. La Fédération colombienne de cyclisme est propriétaire du Tour de Colombie, réintégré au calendrier UCI America Tour en 2020. C'est à elle de programmer et de communiquer à Coldeportes les hôtels où sont logées les équipes, afin de lui faciliter les contrôles antidopage. Récemment certaines équipes n'ont pas été localisables. J'ignore pourquoi et je ne juge pas mais c'est une faille du système. La Fédération et l'administration doivent unir leurs forces et poursuivre le même objectif. Il y va de la crédibilité de notre cyclisme. Si chacun reste dans son rôle – la Fédération organise, le ministère effectue les prélèvements – tout doit bien se passer. Un autre problème a surgi et empêché le bon déroulement des contrôles dont Coldeportes, devenu ministère en juin 2019, a l'entière responsabilité. L'équipe de médecins était bien programmée mais aucun n'avait les kits nécessaires pour effectuer les prélèvements. C'est une faute grave. De même que Coldeportes qui avait cru bien faire en lançant sa propre équipe de cyclisme, catégorie Continental en 2012, a fait appel à une société privée pour effectuer les contrôles qu'elle aurait dû faire elle-même. Une ambiguïté critiquable qui met en évidence qu'on ne peut pas être juge et partie. Je sais que l'objectif prioritaire du Dr Ernesto Lucena, actuel ministre des Sports, est de réhabiliter le laboratoire antidopage de Bogota, que l'UCI et l'AMA ont suspendu en 2017, à la suite de plusieurs erreurs. Toute la cohérence du sport colombien est en jeu. Il est anormal que les tests réalisés aujourd'hui soient envoyés dans des laboratoires américains ou canadiens. Sur ce terrain, les choses avancent bien. Le ministère doit prendre des mesures pas seulement en faveur du cyclisme mais pour tous les sports et une commission travaille actuellement sur un texte de loi pour que le dopage devienne un délit. Aujourd'hui il ne l'est pas, et le sportif reconnu positif est simplement puni par la Fédération. Aucune poursuite ne peut être engagée contre lui. En 2020 ça ne devrait plus être pareil.

La disparition de l'équipe Postobon

C'est l'une des affaires qui m'a le plus touché, comme cycliste, comme aficionado et comme ancien coureur de l'équipe. À mes débuts, j'ai porté ce maillot. Chez les moins de 23 ans, l'équipe s'appelait Castalla, une marque de boisson comme Postobon, toutes les deux du groupe Ardila Lülle. Et un jour Castalla a disparu. J'ai appris plus tard que des problèmes, disons administratifs, mais aussi de comportements de certaines personnes, étaient à l'origine de cette décision. Il y a quelques années, dans un congrès à Bogota, j'avais réussi à parler avec le bras droit d'Ardila Lülle, le grand patron du groupe (il pèse 3 milliards de dollars). Je lui avais alors expliqué ce que représentait Postobon dans le cyclisme, en particulier à l'étranger, le poids de l'histoire, presque quarante années de présence dans le peloton, les grands noms qui avaient porté ce maillot. Quatre ans plus tard, cette même personne a décidé de monter une équipe de cyclisme avec un seul impératif : n'avoir jamais à subir de contrôle positif. Dans le cas contraire tout s'arrêterait. Par la faute de deux irresponsables (Wilmar Paredes et Juan Jose Amador, respectivement positifs à l'EPO et à un stéroïde anabolisant), c'est ce qui est arrivé. Je comprends la colère des uns et la douleur de ceux qui ont perdu leur travail. C'est le grand drame du sport en général en Colombie. Souvent des personnes uniquement intéressées par l'argent démarchent des dirigeants de grosses sociétés, décrochent un budget et sont prêtes à tout pour avoir des résultats. Mon intention est d'envoyer des documents au Dr Ardila Lülle et de lui expliquer pourquoi et comment Postobon doit rester dans le vélo. J'ai des arguments et les personnes dans la même ligne éthique que moi, pour travailler proprement. Il y a deux raisons majeures au retour de Postobon. La première est éducative, la seconde est sportive et permettrait aux plus méritants d'arriver dans l'Élite en totale transparence.

Sa conception de l'éthique et des contrôles antidopage

Il n'y a pas d'alternative mais une seule règle : la propreté. Quand on sanctionne un coureur, il est trop tard. La répression, c'est la solution finale. Je suis partisan de requalifier en délit la suspension sportive pour en finir une fois pour toutes avec ceux qui trafiquent ou distribuent les produits interdits. Mais il existe une solution éducative, hélas trop négligée. Un autre constat : en Europe, tous les coureurs colombiens, qui sont contrôlés des dizaines et des dizaines de fois par saison, sont propres. Jarlinson Pantano, positif à l'EPO, le 26 février 2019, est l'exception mais dans un champ de blé il peut y avoir une mauvaise herbe. Cela veut dire que les contrôles stricts de l'UCI sont efficaces et c'est tout à l'honneur de cette nouvelle génération de coureurs qui a replacé la Colombie tout en haut de la hiérarchie, dans l'Élite. Personne ne peut douter d'Egan Bernal qui a été contrôlé une dizaine de fois pendant son Tour de France 2019. Ni de Nairo [Quintana], ni des autres. Ils véhiculent tous les valeurs fondamentales chez un cycliste : honnêteté, discipline, sérieux.

Chez nous, en Colombie, les choses sont un peu différentes. Le laboratoire de Coldeportes a perdu son agrément en raison d'irrégularités, et ce qui m'attriste encore plus est de voir que nous sommes le deuxième pays au monde qui compte le plus de cas positifs derrière le Costa Rica. C'est totalement anormal. Cela veut dire que le système a des ratés. Bien sûr, le premier responsable est le coureur. Il est censé savoir le nom du produit qu'il prend et les risques auxquels il s'expose. Mais le gouvernement (Coldeportes), qui n'a pas mis en place le bon programme de sensibilisation et n'a pas obligé les équipes à se doter de médecins responsables, a aussi sa part de responsabilité. Quand on m'a confié l'équipe Movistar Continental, je faisais moi-même, tous les quinze à vingt jours, des contrôles surprises, dans les mêmes conditions que celles de l'UCI. Je n'ai pas eu une seule mauvaise surprise. Je ne parlais pas seulement aux coureurs des conséquences d'un contrôle positif sur leurs CV de cyclistes, j'évoquais aussi les risques sur leur santé. Il m'est arrivé d'en recevoir certains à mon cabinet qui avaient oublié ces principes élémentaires. Ils n'avaient pas d'excuses, je les ai vraiment engueulés et je leur ai montré, images à l'appui, ce que provoque sur l'organisme un cancer.

Ses préconisations

Si les dirigeants de Coldeportes avaient lancé des programmes éducatifs pour les jeunes coureurs, obligé les parents à suivre les mêmes réunions et rejeter en bloc tous les produits interdits, on n'en serait pas là. Ceux qui ont continué à utiliser des substances interdites n'imaginaient pas que leurs prélèvements seraient envoyés aux États-Unis. Je crois que le Dr Lucena a conscience de la gravité de la situation et que le projet de loi qui permettra de poursuivre les dopés et les trafiquants sera voté très vite. Si on veut vraiment tourner la page, ne plus être regardé de travers, il ne faut plus se contenter de faire des contrôles uniquement dans certaines courses. Il faut aller dans toutes les épreuves, des cadets aux juniors, des moins de 23 ans à l'Élite, y compris chez les seniors-masters. Et que l'UCI et l'AMA s'impliquent davantage. À mon sens, ils ont laissé trop seules les fédérations de certains pays d'Amérique latine. Un dernier point sur les contrôles antidopage en Colombie, pour tenter de dissiper un malentendu. En 2019, une course importante du calendrier colombien, le Clasico RCN, a été remportée par un coureur âgé de 43 ans, il s'agit d'Oscar Sevilla, un Espagnol impliqué en 2006 dans l'Opération Puerto menée par la Guardia Civil. Je le connais personnellement, il est très professionnel mais s'il s'aide avec des médicaments pour arriver où il est, je l'ignore. En Colombie, il y a beaucoup de difficultés pour savoir la vérité et beaucoup de travail pour réaliser un contrôle propre. Ce qui me gêne, ce n'est pas le cas de Sevilla que je respecte. C'est que l'UCI le sanctionne pour un autre contrôle positif en 2010 et que son équipe amateur, rattachée à la Ligue d'Antioquia et admise au calendrier continental, le conserve dans son effectif. Pour ceux qui arrivent après lui et se rendent compte que, après tout, se doper n'est pas si grave, le procédé est un très mauvais exemple.

Les soins

En vingt ans, le suivi médical d'un sportif de haut niveau a beaucoup changé. Il est devenu plus scientifique et le médecin aujourd'hui est accompagné par trois ou quatre spécialistes : diététicien, entraîneur, informaticien. Avant, tout reposait sur le seul médecin d'équipe. Il faisait les menus, les plans d'entraînement, les tests d'effort, soignait les tendinites et les bobos. Et il portait sur ses épaules toute la pression des sponsors, des managers qui recherchaient coûte que coûte le rendement du coureur et les résultats. Alors le médecin jonglait, parfois avec le règlement et d'autres fois, non. Je n'ai jamais été d'accord pour l'emploi de substances interdites mais il y a un point sérieux du règlement UCI qui m'incommode. À savoir qu'il est interdit de soigner une lésion avec un anti-inflammatoire par injection intramusculaire ou intraveineuse. Je comprends que l'UCI cherche à anticiper et veuille s'assurer du contrôle le plus rigoureux sur ce genre de pratiques en interdisant sous toutes ses formes l'usage de seringue. Mais il serait judicieux qu'elle évolue. Lorsqu'un coureur a investi des heures et des heures d'entraînement et de sacrifices, il arrive qu'en course il se déshydrate, et la seule manière de le réhydrater est par voie intraveineuse. Ce qui est interdit. Un sportif de haut niveau soumis aujourd'hui à des températures d'efforts physiques très élevées ne peut pas récupérer parce qu'il a perdu beaucoup de liquide par son appareil digestif. Il existe pourtant des solutions salines à la concentration en sodium équivalente à celle contenue dans l'organisme. Le produit est absolument physiologique mais comme l'UCI veut conserver le contrôle de tous les médicaments, elle a dit non à ces liquides et non aux aiguilles. Dans un sport aussi exigeant et compliqué que le cyclisme, il y a matière à trouver une autre solution. Aujourd'hui, sauf événement extraordinaire et à demander une autorisation spéciale (AUT) aux médecins de la course, l'usage des aiguilles reste proscrit.

Chapitre 5

Quand les Escobar rêvaient du Tour de France

> « *Ils* [Netflix] *me doivent un million de dollars. Si je ne reçois pas l'argent, je leur ferai fermer leur petit spectacle.* »
>
> **Roberto Escobar**

Il fallait y penser. Fonder un jour le « Pablo Escobar Tour ». Une visite guidée des caches du « Patron » dans les alvéoles de Medellin, *via* son vélodrome privé, jusqu'à sa dernière hacienda tombée en ruine et un musée souvenir, la Casa Pablo, où dorment motos de marque, voitures américaines, jet-ski, la voiture de directeur sportif de Ositto – son équipe cycliste – et tout un tas d'objets personnels. Les Américains adorent. Coût de cette piqûre d'adrénaline : 30 dollars. Celui qui est derrière ce commerce n'est autre que Roberto de Jesus Escobar Gaviria, le frère aîné de Pablo, tour à tour cycliste à la charnière des années 1960-1970, fabricant de vélos, directeur sportif, manager et, par la suite, bras armé du cartel de Medellin. Un dernier rôle qu'il nie farouchement. Plus jeunes, les frères Escobar étaient des passionnés de cyclisme. Dans une classique Medellin-La Pintada, qui pourrait ressembler à une étape musclée du Dauphiné, Roberto, 11 ans, hisse son petit frère, Pablo, de deux ans son cadet, sur le cadre de son vélo et ils vont se poster dans un virage du Alto de Minas, un col à cracher ses poumons, où l'oxygène est rare, des passages à 15 %, 42 km de long, taux d'humidité 90 %. Ils sont éblouis. Ramon Hoyos, leur idole, cinq fois vainqueur du Tour de Colombie, est passé en tête, loin devant les légendes du Tour de France, Fausto Coppi et Hugo Koblet, qui vécurent un calvaire.

Roberto Escobar n'est pas encore « Osito », un surnom qui le suivra toute sa vie, mais à force de s'entraîner, de rêver qu'il parvient à tenir la roue de Cochise Rodriguez, la gloire montante, il débute dans une course amateur. Le ciel, chargé comme une panse d'âne, déverse ce jour-là des trombes d'eau sur Medellin. La route en terre est devenue un immonde bourbier quand Escobar se présente à l'arrivée. On ne voit plus son visage, ni son maillot, ni son dossard. Le commentateur s'égosille : « En voilà un que sa mère serait incapable de reconnaître, on dirait un *osito* [un petit ours]. » À vélo, ce n'est pas un foudre de guerre, mais dans le peloton il se fait remarquer par sa puissance et son endurance. Il se classe 3e du championnat national par équipes en 1966, une saison auréolée de trente-sept victoires, dont il faut retirer la médaille d'or sur route aux Jeux bolivariens, à Guayaquil, qu'il n'a jamais gagnée contrairement à ses affirmations. Le palmarès officiel fait foi. Dans l'ordre, Severo Hernandez, le vainqueur, bat les Colombiens Alfonso Galvis et Alvaro Pachon et sur piste, Cochise remporte la médaille d'or en poursuite. Ce dont on ne peut pas douter en revanche, c'est que Roberto Escobar aime passionnément le vélo et rêve du Tour de France.

Pourtant il est moins assidu aux entraînements depuis quelque temps. L'influence de son frère, qui a commencé par détrousser les cimetières avant de passer aux enlèvements contre des rançons exorbitantes, pourrait en être la cause. Mais « Osito » garde encore le cap. Sa reconversion, il la voit dans le vélo, pas dans les vols de voiture ou les trafics en tous genres. L'opportunité va se présenter vite. Il est d'abord nommé entraîneur de l'équipe amateur d'Antioquia puis la Fédération colombienne lui confie la responsabilité de la sélection nationale amateur dans des courses à l'étranger, Mexique, Venezuela, Équateur. Il vient d'avoir 30 ans. Une aubaine pour le petit frère dont les affaires continuent de prospérer. Tous ces nouveaux pays sont de nouveaux marchés potentiels pour son bizness. On ignore lequel des deux a eu l'idée de créer une usine pour fabriquer des vélos. Roberto en rêvait sans doute et Pablo l'a fait. Le siège social des Bicicletas Ositto – avec deux « t » parce que

« c'était plus italien, plus classe », disait l'aîné – est à Manizales. Le chiffre d'affaires, très moyen dans un premier temps, s'accroît de façon exponentielle en deux ans, ce qui ne cesse d'intriguer. Installée dans un tout petit local, l'usine n'a pourtant ni les infrastructures, ni les salariés pour fabriquer autant de vélos. Le doute n'est plus permis, la Ositto Ltd n'est qu'une façade derrière laquelle est blanchi l'argent de la cocaïne. Et comme ce n'est toujours pas assez, les frangins créent une équipe cycliste professionnelle. Les Escobar veulent du standing. Une équipe qui gagne, qui se fasse remarquer, si elle veut traverser l'Atlantique. Le fantasme du Tour de France ressurgit. Ils débauchent le meilleur directeur sportif, Ruben Dario Gomez, vainqueur de deux Tours de Colombie (1959 et 1961) et de deux Clasico RCN (1961 et 1962). Le leadership est pour Manuel Ignacio « El Sardino » Gutierrez, l'une des grandes promesses du peloton. Le maillot carmin, manches noires, est frappé des caractères « Bicicletas Ositto » et le cuissard, de « Pablo Escobar, Renovation Liberal », le nom de son parti politique.

Au départ des courses, le comportement des salariés d'Ositto dépasse vite les bornes. Des hôtesses, encadrées de mascottes déguisées en petits ours, distribuent des prospectus publicitaires pour les vélos Ositto et y glissent sans se gêner des sachets de marijuana. À l'arrivée de la Clasica Antioquia, Pablo Escobar en personne remet le trophée au vainqueur. Dans le Tour de Colombie 1977 et l'étape qui finit à Medellin, « El Patron » envoie un hélicoptère chercher ses coureurs pour les faire dormir dans son Hacienda Napoles, un fief pour milliardaire, à une centaine de kilomètres de Medellin, où l'on pénètre par un portique en ciment surmonté d'un petit avion monomoteur. La rumeur voulait qu'il ait transporté le premier chargement de cocaïne vers les États-Unis. Les fenêtres des chambres des visiteurs et des coureurs ce soir-là donnaient sur les enclos des grands fauves, lions, tigres, éléphants, hippopotames, de son extraordinaire parc zoologique.

Mais aussi vite qu'elles se développent, leurs affaires dans le vélo vont se dégonfler. Roberto Escobar, président de la Ligue de Caldas, est destitué par le président de la Fédération colombienne de cyclisme, Miguel Angel Bermudez, qui ne sait pas comment se débarrasser de ce rival encombrant et tout-puissant, candidat présumé à la course à la présidence de la Fédération. Il lui colle une faute professionnelle pour avoir fait l'impasse sur les Mondiaux de Bonn, en 1978. Un acte qui sonne comme une déclaration de guerre. La contre-attaque sera violente. En 1982, la voiture de Bermudez, piégée, explose mais trop tôt. Il a la vie sauve et un contrat sur sa tête qui lui bousillera plusieurs années de sa vie. Sa seule satisfaction est qu'une équipe sponsorisée par les Escobar ne fera jamais le Tour de France.

Les deux frères quittent le devant de la scène, mais ne disparaissent pas pour autant du paysage cycliste.

Le plan de Pablo, devenu richissime, 7e fortune mondiale, estimée à 30 milliards de dollars par le magazine *Forbes* – de quoi éponger la dette extérieure de son pays – est diabolique. De nouvelles équipes à la réputation sulfureuse, Perfumeria Yaneth, Joyerias Felipe, prennent le relais de Bicicletas Ositto et vont lui servir de couverture. Objectif : étendre toujours davantage ses réseaux vers le Mexique, l'Équateur, les États-Unis et l'Europe. Les coureurs ont un nouveau boulot : *mulas*. C'est ainsi qu'on appelle les passeurs de drogue dans des valises à double fond, les guidons ou les cadres de vélo. Beaucoup, à qui on fait miroiter une maison, une auto, un magasin, acceptent de jouer le jeu. Ils le payeront de leur vie. Le tournant des années 1980 et 1990, et plus tard encore, se traduira par une véritable hécatombe. Voici dans le désordre quelques-uns des exemples les plus marquants qui ont traumatisé l'opinion. Alfonso Florez, vainqueur du Tour de l'Avenir 1980, invité souvent à venir s'entraîner sur la piste du vélodrome privé de Pablo Escobar, est assassiné à Medellin en 1992. Sa connexion avec les narcos n'est pas avérée. Florez aurait entretenu une liaison avec la femme d'un chef de clan apparenté à Escobar : quatre balles en pleine tête. Quand Juan Carlos Castillo, en septembre 1991, arrive à Madrid-Barajas avec l'équipe Postobon pour disputer la Vuelta, il a quatre kilos de cocaïne dans ses bagages. Il sera abattu à Pereira en 1993. Le 24 octobre 1991, c'est une équipe entière qui est arrêtée à Fiumicino, l'aéroport de Rome. La cocaïne est cachée dans les cadres des vélos des coureurs du Banco Nacional America de Comercio, un sponsor inconnu quelques mois auparavant. Gonzalo Marin, ancien coureur chez Ositto, condamné aux États-Unis pour trafic de cocaïne, se fait dessouder à son retour à Medellin, en avril 1990. Même sort pour Marcos Wilches, ancien coéquipier de Lucho Herrera dans la Vuelta 1987, tué au volant de son taxi à Facatativa, près de Bogota, en 2002. Un an avant, Gustavo, son frère, ancien professionnel lui aussi, est arrêté à l'aéroport El Dorado de Bogota avec quarante capsules d'héroïne dans l'estomac. Les temps sont difficiles pour l'image du cyclisme colombien. Ricardo « El Pinta » Zea, un entraîneur, Jose Vicente Diaz, ancien coureur de Kelme, Elkin Dario Rincon : tous exécutés. Carlos Julio Siachoque, chez qui on a retrouvé une tonne de cocaïne dans des sacs de café, est l'un des très rares à être passé à travers les mailles.

Que devient Roberto Escobar pendant ce temps ? Il est accusé d'être le chef des sicarios, une bande d'assassins sans foi ni loi, ce qu'il a toujours réfuté et affirme au contraire « n'avoir été que le soutien moral de son frère ». Seule certitude, il a rejoint l'organisation criminelle du cartel de Medellin et sa tête est mise à prix : 10 millions de dollars ! À la demande de son frère Pablo, il se rend à la police en 1991, s'évade en 1992, se rend à nouveau en 1993, où il s'en faut de presque rien pour qu'une lettre piégée ne le tue.

L'attentat lui crève un œil, détruit ses tympans, et lui abîme salement le nez et la bouche. Après avoir purgé sa peine de prison dans un hôpital de Medellin, entouré de policiers, le voici donc reconverti dans le « tourisme » à la tête de sa petite affaire, le « Pablo Escobar Tour ». Où, pour 30 dollars, on peut toucher la carrosserie d'un pick-up rouge, version James Bond, équipé d'un système de lâcher de fumée en cas de course-poursuite et dont la vitre avant droite porte la trace d'une balle, caresser le vernis d'une Harley Davidson offerte par Frank Sinatra, des limousines, des scooters des mers et écouter ses histoires rocambolesques. Il est question « de voitures blindées, de tiroirs à double fond, de fuites dans la jungle, de centaines de milliers de dollars en petites coupures qui pourrissaient à cause de la forte humidité et que les rats, la nuit, venaient manger. Même qu'un jour, perdu pour perdu, il a fallu balancer une grande quantité de billets dans le rio Magdalena, tellement ça puait ».

Le moment est surréaliste. Voir un Escobar gagner son argent de poche en ressuscitant les fantômes du passé rappelle pourtant que le cartel de Medellin n'est pas une fiction de l'histoire. Dernièrement, les affaires de Roberto ont pris un méchant coup dans l'aile. Faute des permis nécessaires, les autorités lui ont intimé l'ordre de fermer son « musée » et lui ont collé une amende d'un million de pesos pour tourisme illégal. « L'argent que je reçois va dans cette jarre mais il n'est pas pour moi, se défend-il. Le contenu du pot au lait de couleur verte est ramassé tous les mois et apporté à un hospice pour personnes démunies. » À Medellin, le souvenir de Pablo Escobar fascine toujours autant. Le Monaco, l'immeuble de luxe qu'il avait fait construire dans le quartier chic El Poblado était devenu officieusement le « monument » le plus visité de la ville. Jusqu'en 2019, des centaines de touristes étrangers ont pris la pose ou multiplié les selfies devant sa façade. Preuve de la volonté du gouvernement de lutter contre les balafres du passé, l'édifice a été démoli en février dernier et un mémorial en l'honneur des victimes du narcoterrorisme devrait être érigé sur le lieu.

Pendant ce temps, à Casa Pablo, Roberto veille jalousement sur ses « reliques ». Souvenir du bon vieux temps dans les pelotons, un vélo Ositto y a trouvé une place et côtoie des avis de recherche à 10 millions de dollars, le matricule 128482 de Pablo à la prison de la Catedral, des photos de famille, des montres, un carnet d'adresses, des tableaux de maîtres. Sur un cintre, un maillot offert par Nairo Quintana, dont Roberto se dit proche : « C'est un petit gars extraordinaire. Il n'y a qu'à voir ses résultats et tout ce qu'il fait pour le vélo en Colombie. » Quand l'aîné des Escobar est en forme, il gratifie les Américains d'un petit couplet sur ses démêlés avec la plate-forme Netflix et le procès qu'il a intenté à ses dirigeants, après la diffusion de la série *Narcos*. Enjeu : les droits d'images de son frère, dont il est l'unique héritier et qu'il a pris soin de faire enregistrer par un tribunal californien. « Ils me doivent un million de dollars. Si je ne reçois pas l'argent, je leur ferai fermer leur petit spectacle. » Un Escobar reste un Escobar jusqu'au bout.

ANNEXES

Les cols mythiques

En Colombie, la Cordillère se divise en trois chaînes de montagnes. La Cordillère occidentale, au nord du pays, d'une longueur de 1 200 km, a pour point culminant le volcan Cumbal (4 764 m). La Cordillère centrale, qui s'étire du département de Cauca jusqu'au nord du pays, est longue de 1 000 km. Elle est la plus haute et la plus volcanique, avec les célèbres Nevado del Huila (5 750 m) et Nevado del Ruiz dont l'éruption, en 1985, a détruit les villes d'Armero et de Chinchina, tuant plus de 25 000 personnes. Enfin la Cordillère orientale, du nord-ouest du pays jusqu'au département de La Guajira, dans la mer des Caraïbes, mesure 1 200 km et est dominée par la sierra Nevada Cocuy, haute de 5 330 m. Chaque cordillère se ramifie en sierra, ce qui rend le pays extrêmement montagneux et propice, depuis des décennies, à la pratique de la bicyclette. La légende des *escarabajos* s'est écrite sur ces routes.

Le mieux était encore de laisser l'honneur à l'un d'entre eux, Alvaro Pachon, dit « El Condor de Cundinamarca », vainqueur du Tour de Colombie 1971, du Clasico RCN 1969 et du Tour du Mexique 1967 et 1972, de répertorier et classer par ordre de difficultés les cols les plus célèbres.

Paramo de Letras – Cordillère centrale. Relie Bogota à Manizales, département de Caldas. L'un des cols les plus longs du monde (par le versant de Mariquita). Il fait plus de 40 °C au pied et 100 % d'humidité. Longueur : 80,7 km ; hauteur : 3 677 m ; dénivelé : 3 200 m ; pourcentage : max. 11 %, moyen 4 %.

Alto de la Linea – Cordillère centrale. Situé dans El Eje Cafetero (le triangle du café). Il relie les villes d'Armenia et Ibague. Comparé au Stelvio des Dolomites italiennes. Longueur : 23 km ; hauteur : 3 265 m ; dénivelé : 1 687 m ; pourcentage : max. 18 % – moyen 6 %.

Escobero – Cordillère centrale dans le Valle de Aburra, près de Medellin. Longueur : 9,6 km ; hauteur : 2 520 m ; dénivelé : 931 m ; pourcentage : max. 18 % – moyen 9,7 %.

Alto de Minas – Dans le prolongement de la Cordillère centrale vers le département d'Antioquia où le baromètre au pied de Minas dépasse fréquemment les 35 °C avec un taux d'humidité de 90 %. Longueur : 42,3 km ; hauteur : 2 650 m ; dénivelé : 1 820 m ; pourcentage : max. 15 % – moyen 4,3 %.

El Salvador – Cordillère occidentale. Plus connu comme la « montée de Jerico ». Réputé pour ses portions de pente très raides. Longueur : 22,4 km ; hauteur : 2 050 m ; dénivelé : 1 452 m ; pourcentage : max. 18 % – moyen 7 %.

Santa Elena – Cordillère centrale. En Antioquia. Longueur : 16,2 km ; hauteur : 2 500 m ; dénivelé : 1 015 m ; pourcentage : max. 16 % – moyen 6,3 %.

Alto de Mondoñedo – Cordillère centrale. L'accès le plus abrupt et le plus éprouvant pour les organismes en raison du mauvais état de la route est le versant par la ville de Tena (Cundinamarca). Longueur : 25,7 km ; hauteur : 2 675 m ; dénivelé : 1 455 m ; pourcentage : max. 9 % – moyen 5 %.

San Miguel – Cordillère centrale. Il démarre dès la sortie de Fusagasuga. C'était le jardin de Lucho Herrera, qui l'a rendu célèbre. Longueur : 14,4 km ; hauteur : 2 770 m ; dénivelé : 903 m ; pourcentage : max. 13 %, moyen 6,3 %.

El Vino – Cordillère centrale. L'un des cols les plus populaires pour les cyclotouristes, dont beaucoup partent de Bogota à l'assaut du sommet. Longueur : 38,5 km ; hauteur : 2 835 m ; dénivelé : 1 984 m ; pourcentage : max. 10 % – moyen 5,2 %.

Les Colombiens dans le Tour de France

Jusqu'en 2019, le nombre de coureurs colombiens ayant mis un dossard au départ du Tour de France s'élevait à quatre-vingts. Le premier à ouvrir la voie a été Cochise Rodriguez en 1975. Il aura fallu attendre quarante-quatre ans pour voir un *escarabajo* ramener le Maillot Jaune à Paris, un exploit signé Egan Bernal dans l'édition 2019.

Tour d'horizon des 21 victoires d'étapes, 11 maillots distinctifs et 5 podiums des coureurs de la Cordillère.

2019

Egan Bernal : 1er et Maillot Jaune, maillot blanc de meilleur jeune.

Nairo Quintana : 18e étape (Embrun-Valloire).

2018

Fernando Gaviria : 1re étape (Noirmoutier – Fontenay-le-Comte) et 4e étape La Baule-Sarzeau ; 1 journée en Jaune.

Nairo Quintana : 17e étape Bagnères-de-Luchon – Saint-Lary-Soulans.

2017

Rigoberto Uran : 2e ; 9e étape Nantua-Chambéry.

2016

Nairo Quintana : 3e.

Jarlinson Pantano : 15e étape Bourg-en-Bresse – Culoz.

2015

Nairo Quintana : 2e ; maillot blanc de meilleur jeune.

2013

Nairo Quintana : 2e ; 20e étape Annecy-Annecy ; maillot à pois de meilleur grimpeur, maillot blanc de meilleur jeune.

2007

Mauricio Soler : 9e étape Val-d'Isère – Briançon ; maillot à pois de meilleur grimpeur.

2003
Victor Hugo Peña : 4e étape Joinville – Saint-Dizier (contre-la-montre par équipe) ; premier Colombien Maillot Jaune (3 jours).

2002
Santiago Botero : 9e étape Lanester-Lorient, 15e étape Vaison-la-Romaine – Les Deux-Alpes.

2001
Félix Cardenas : 12e étape Perpignan – Ax-les-Thermes.

2000
Santiago Botero : 14e étape Draguignan-Briançon ; maillot à pois de meilleur grimpeur.

1996
Jose Jaime « Chepe » Gonzalez : 11e étape Gap-Valence.

1994
Nelson « Cacaito » Rodriguez : 17e étape Bourg-d'Oisans – Val-Thorens.

1993
Oliverio Rincon : 15e étape Perpignan-Andorre.

1991
Alvaro Mejia : maillot blanc de meilleur jeune.

1988

Fabio Parra : 3e ; 11e étape Besançon-Morzine.

1987

Lucho Herrera : maillot à pois de meilleur grimpeur.

1985

Lucho Herrera : 11e étape Pontarlier – Morzine-Avoriaz ; 14e étape Autrans – Saint-Étienne ; maillot à pois de meilleur grimpeur.

Fabio Parra : 12e étape Morzine – Lans-en-Vercors ; maillot blanc de meilleur jeune.

1984

Lucho Herrera : 17e étape Grenoble – Alpe-d'Huez.

1983

Pilas Varta : 1re équipe colombienne à disputer le Tour.

1975

Cochise Rodriguez : premier Colombien sur le Tour de France.

Les coureurs cités dans ce livre

Colombiens

Rafael Acevedo
Julio Cesar Aguirre
Juan Diego Alba
Jose Armando Alfaro
Juan Jose Amador
Winner Anacona
Rogelio Arango
Camilo Andres Ardila
Armando Aristizabal
Egan Bernal
Hernando Bohorquez
Santiago Botero
Hernan Buenahora
Roberto « Pajarito » Buitrago
Santiago Buitrago
Angel Yesid Camargo
Felix Cardenas

Henry « Cebollita » CARDENAS
Manuel CARDENAS
Jose CASTELBLANCO
Juan Carlos CASTILLO
Esteban CHAVES
Alirio CHIZABAS
Carlos Alberto CONTRERAS
Edgar « Condorito » CORREDOR
Jose Vicente DIAZ
Alvaro DUARTE
Fabio DUARTE
Alfonso FLOREZ
Efrain « El Zipa » FORERO
Alfonso GALVIS
Fernando GAVIRIA
Juliana GAVIRIA
Ruben Dario GOMEZ
Freddy GONZALEZ
Jose Jaime « Chepe » GONZALEZ
Manuel Ignacio « El Sardino » GUTIERREZ
Sebastian HENAO
Omar « El Zorro » HERNANDEZ
Luis HERRERA
Sergio HIGUITA
Alvaro HODEG
Ramon HOYOS
Carlos Mario JARAMILLO
Giovanni JIMENEZ
Jose Patrocinio JIMENEZ

Antonio Londoño
Miguel Angel « Superman » Lopez
Jorge Luque
Gonzalo Marin
Daniel Felipe Martinez
Alvaro Mejia
Raul Mesa
Juan Sebastian Molano
Raul Montaña
Reynel Montoya
Nestor Mora
Camilo Muñoz
Rafael Niño
Alvaro Pachon
Jarlinson Pantano
Wilmar Paredes
Fabio Parra
Ivan Parra
Hernan Patiño
Victor Hugo Peña
Marlon Perez
Dayer Quintana
Nairo Quintana
Martin Ramirez
Elkin Dario Rincon
Gustavo Rincon
Oliverio Rincon
Brandon Rivera
Martin Emilio Cochise Rodriguez

Fabio Rodriguez
Nelson « Cacaito » Rodriguez
Pacho Rodriguez
Abelardo Rondon
Julio Alberto Rubiano
Einer Rubio
Miguel Samaca
Pedro Julio Sanchez
Wildy Enrique Sandoval
Carlos Julio Siachoque
Alvaro Sierra
Juan Mauricio Soler
Ivan Sosa
Javier « El Ñato » Suarez
Augusto Triana
Rigoberto Uran
Hector Urrego
Oscar de Jesus Vargas
Juan Pablo Villegas
Gustavo Wilches
Pablo Wilches
Marcos Wilches
Ricardo Wilches

Français
Julian Alaphilippe
Jacques Anquetil
Vincent Barteau
Roland Berland

José Beyaert
Philippe Crépel
Laurent Fignon
Raphaël Geminiani
Cyrille Guimard
Bernard Guyot
Bernard Hinault
Emmanuel Hubert
Jean-Marie Leblanc
Luc Leblanc
Yvon Ledanois
Roger Legeay
Thierry Marie
Frédéric Moncassin
Daniel Morelon
Charly Mottet
Christian Palka
Nicolas Portal
Raymond Poulidor
Bernard Richard
Alain Santy
Guy Santy
Éric Salomon
Pascal Simon
Alain Vasseur
Sylvain Vasseur

Espagnols

Vicente BELDA
Pedro DELGADO
Fernando ESCARTIN
Manuel Fernandez GINÉS
Jose Manuel FUENTE
Jose Gomez DEL MORAL
Jose Antonio Gonzalez LINARES
Miguel INDURAIN
Julio JIMENEZ
Javier MINGUEZ
Luis OCAÑA
Txomin PERURENA
Alvaro PINO
Jose RECIO
Joaquim « Purito » RODRIGUEZ
Oscar SEVILLA

Italiens

Paolo ALBERATI
Moreno ARGENTIN
Franco BALMAMION
Gianbattista BARONCHELLI
Gino BARTALI
Michele BARTOLI
Giovanni BATTAGLIN
Fabio BORDONALI
Claudio CHIAPPUCCI
Agostino COLETTO

Angelo CONTERNO
Roberto CONTI
Fausto COPPI
Claudio CORTI
Nino DEFILIPPIS
Giancarlo FERRETTI
Riccardo FILIPPI
Massimo GHIROTTO
Felice GIMONDI
Gastone NENCINI
Vincenzo NIBALI
Marco PANTANI
Giovanni PETTENELLA
Guido DE ROSSO
Giacinto SANTAMBROGIO
Mario SCIREA
Andrea TAFI
Italo ZILIOLI

Américains

Lance ARMSTRONG
Greg LEMOND
Jonathan VAUGHTERS

Belges

Ferdinand BRACKE
Claudy CRIQUIELION
Eddy MERCKX
Guido VAN CALSTER

Lucien Van Impe
Rik Van Looy

Autres
Phil Anderson (AUS)
Evgueni Berzin (RUS)
Richard Carapaz (EQU)
Mogens Frey (DAN)
Christopher Froome (ANG)
Ivan Ivanov (RUS)
Vladimir Karpets (RUS)
Hugo Koblet (SUI)
Robert Millar (ECO)
Pascal Richard (SUI)
Maximiliano Richeze (ARG)
Bjarne Riis (DAN)
Stephen Roche (IRL)
Tony Rominger (SUI)
Steven Rooks (NED)
Sergeï Soukhoroutchenkov (RUS)
Neil Stephens (AUS)
Geraint Thomas (GAL)
Piotr Ugrumov (LET)
Romans Vainsteins (LET)
Joop Zoetemelk (NED)
Bradley Wiggins (ANG)
Jesper Worre (DAN)

Autres personnalites sportives citées

Andrés Escobar (COL)
René Higuita (COL)
Francisco Maturana (COL)
Kid Pambelé (COL)
Jorge Valdano (ARG)
Carlos « Pibe » Valderrama (COL)

Table des matières

Partie II : Ils lui ont montré la voie

Partie III : Les illustres

Partie IV : Un pays qui transpire le vélo

Annexes

Jeu et joueurs

Sans la présence à mon côté d'Hector Urrego, gardien du temple éternel, mon livre n'aurait pas les mêmes arômes. Son carnet d'adresses, long comme un parchemin, a été un inestimable outil de travail. Qu'il me pardonne si j'ai pris la liberté de ne pas suivre parfois le chemin qu'il m'indiquait. C'était pour mieux le rejoindre plus loin. Ma collaboration avec Rafael Mendoza, tombé gravement malade au cours de mon périple, a été un enchantement. Prompt rétablissement ! La lecture du quotidien *El Espectador* m'a été d'une aide permanente, notamment les articles de Thomas Blanco et les conseils éclairés de Luis Guillermo Ordoñez sur « le phénomène Nairo Quintana ». J'ai une dette conséquente envers Alvaro Pachon, mon guide de la Cordillère, que je remercie pour sa disponibilité et sa patience. Une mention spéciale à Fabio Rodriguez et Pablo Mazuera pour m'avoir cornaqué dans les méandres de la vie de la famille Bernal, et à Raul Mesa, Cochise Rodriguez et Carlos Mario Jaramillo qui sont de formidables conteurs. J'attache une importance particulière à l'accueil que m'ont réservé « El Zipa » Forero, Lucho Herrera, Fabio Parra, « Chepe » Gonzalez, Omar Hernandez, Rafael Acevedo, Nelson Rodriguez, Pablo Wilches, Patrocinio Jimenez, Pacho Rodriguez et Henry Cardenas. Je leur suis profondément reconnaissant d'avoir ouvert les penderies de leur vie. De même que la confiance accordée par Santiago Botero, Martin Ramirez et Alvaro Mejia va bien au-delà du statut que confère une carte de presse. L'intervention de Miguel Angel Bermudez, brève mais percutante, a été décisive pour chasser la rumeur autour de Herrera.

J'adresse une pensée affectueuse à Mauricio Soler dans le combat qu'il mène. Toute ma gratitude à Giovanni Ellena qui a permis à mon imagination de vagabonder sur les routes du Piémont et à Patricia Ochoa pour m'avoir dévoilé de nombreux souvenirs et anecdotes de l'élève Bernal. Malgré les mille et une tâches dont le vainqueur du Tour 2019 devait s'acquitter, je lui sais gré d'avoir trouvé le temps, grâce aux bons offices de Camilo Castiblanco, de m'accorder un court entretien. Les informations d'Alfredo Castro, retrouvé au Guatemala, ont enrichi mes notes sur le rôle majeur de la radio. De même que la restitution fidèle par Xavier Louy du début des Colombiens dans le Tour de France a été une excellente source de renseignements. Dans un autre registre, la documentation de Nino Minoliti, mon vieux complice à *La Gazzetta dello Sport*, et les archives de *L'Équipe* fournies par Boris Larignon m'ont fait gagner un temps inestimable. Quant à Franco Balmamion, Marlon Perez et Roberto Sanchez, ils m'ont donné chacun un grain à moudre spécial. J'ai senti Luc Leblanc, à qui j'ai demandé d'écrire la préface, très ému en évoquant ce qui n'est sans doute pas son meilleur souvenir et Pascal Simon ravi de reparler de ses belles années. Qu'ils en soient l'un et l'autre chaleureusement remerciés. Comme Javier Minguez, Alvaro Pino, Antonio Gonzalez Linares, Vicente Belda et Gianni Savio, relais techniques indispensables en Espagne et en Italie.

Parmi les ouvrages qui m'ont aidé à restituer au plus juste les mécanismes de la société et du sport en Colombie, je cite avec reconnaissance : Gabriel Garcia Marquez (biographie de Ramon Hoyos, *Cent ans de solitude*), Alvaro Mutis (*La Dernière Escale du Tramp Steamer*), Laura Restrepo (*Douce compagnie*), Fernando Vallejo (*Et nous irons tous en enfer*), Jose Angel Baez (*Llegar a la cima* ou « Arriver au sommet », en français), Matt Rendell (*Kings of the Mountains*, « Rois des montagnes »), Asier Bilbao et Gustavo Duncan (*Los Puertos donde se han forjado los escarabajos*, « Les cols qui ont forgé les escarabajos »). Dans les nuits colombiennes, l'occurrence des chansons de Charles Trenet et Carlos Vives, deux époques, deux monuments, a rythmé mon travail d'écriture. Un grand merci à Jean-Philippe Bouchard pour avoir cautionné toutes mes initiatives et à Laurence Gauthier pour le soutien de mon projet. Toute ma reconnaissance à Jérôme Cazadieu et Jean-Philippe Leclaire pour leur confiance.

CRÉDITS PHOTOS

Couverture : Presse Sports

CAHIER 1

PRESSE SPORTS : 5, 8, 9,10,11, 12,13, 14, 15, 16, 17, 18, 19, 20, 21, 23, 24

D.R. : 1, 2, 3, 4, 7, 22, 25

CAHIER 2

PRESSE SPORTS : 1,4, 5, 9,10, 11, 12, 13, 14, 15, 16, 17, 18, 20, 22, 23, 24, 25, 26, 27, 28, 29, 30, 31 33, 34

ARCHIVO MUNDO CICLISTICO : 2, 3, 7

GAZZETTA DELLO SPORT : 6

D.R. : 8,19, 21, 32

CAHIER 3

PRESSE SPORTS : 1, 9, 10, 11, 12, 15, 16, 17

BIBLIOTECA PUBLICA MEDELLIN : 2, 3, 5, 6, 7, 8

D.R. : 4,13, 14

SOLAR EDITIONS

Directeur : Jean-Louis Hocq
Direction éditoriale : Jean-Philippe Bouchard
Édition : Maxime Lafon
Couverture : Thierry Sestier
Mise en page : Nord Compo
Fabrication : Emmanuelle Laine

L'ÉQUIPE

Direction éditoriale : Laurence Gauthier
Iconographie : Virginie Hadri

Achevé d'imprimer en mai 2020
par Normandie Roto Impression s.a.s.
61250 Lonrai
N° d'impression : 2001581

Imprimé en France